中国书籍学研丛刊

公司财务与会计研究

广东财经大学学报编辑部 | 编

图书在版编目（CIP）数据

公司财务与会计研究/广东财经大学学报编辑部编．－－北京：中国书籍出版社，2021.9
　ISBN 978－7－5068－8646－8

　Ⅰ.①公…　Ⅱ.①广…　Ⅲ.①财务管理—文集②财务会计—文集　Ⅳ.①F275-53②F234.4-53

中国版本图书馆 CIP 数据核字（2021）第 175553 号

公司财务与会计研究

广东财经大学学报编辑部　编

责任编辑	牛　超
责任印制	孙马飞　马　芝
封面设计	中联华文
出版发行	中国书籍出版社
地　　址	北京市丰台区三路居路 97 号（邮编：100073）
电　　话	（010）52257143（总编室）　（010）52257140（发行部）
电子邮箱	eo@chinabp.com.cn
经　　销	全国新华书店
印　　刷	三河市华东印刷有限公司
开　　本	710 毫米×1000 毫米　1/16
字　　数	310 千字
印　　张	17
版　　次	2021 年 9 月第 1 版
印　　次	2021 年 9 月第 1 次印刷
书　　号	ISBN 978－7－5068－8646－8
定　　价	95.00 元

版权所有　翻印必究

编辑委员会

主　任：邹新月
成　员：何　剑　汤　菲　欧翠珍
　　　　胡慧河　谢文亮

主　编：何　剑
副主编：汤　菲

目 录
CONTENTS

第一部分　宏观政策与企业行为

战略差异度、女性高管与企业成本粘性
　　——来自制造业上市公司的经验证据 ································ 3
企业高管在职消费、超额在职消费与企业价值
　　——"代理观"与"效率观"的理论协调及其实证检验 ············ 21
产品市场竞争、管理层持股与管理效率
　　——基于中国制造业企业面板数据的研究 ·························· 36
论"一带一路"视域下的中国会计变革
　　··· 54

第二部分　内部控制与审计研究

法律背景、公司违规与高管变更 ·· 69
管理层语调是否配合了盈余管理行为 ······································ 88
产权性质、管理层持股与外部审计需求 ·································· 109
内部控制政府监管、审计介入与会计信息可靠性 ····················· 125

第三部分　公司财务与资本市场

机构投资者是更积极的监督者吗
　　——来自创业板的证据 ·· 139

私募股权投资有助于提升中小企业绩效吗 …………………………… 151

投资者情绪、异质预期与定向增发公告效应 …………………………… 169

客户集中度影响公司股利政策吗：治理效应抑或风险效应 …………… 186

第四部分 股权激励与高管薪酬

股权激励提升企业技术创新的路径与效果研究 ………………………… 205

机构投资者持股、高管超额薪酬与公司治理 …………………………… 219

美貌溢价效应存在吗
　——来自高管超额薪酬的经验证据 ………………………………… 239

第一部分 01
宏观政策与企业行为

战略差异度、女性高管与企业成本粘性[*]
——来自制造业上市公司的经验证据

一、引言及文献综述

成本习性（Cost Behavior）是指在一定条件下成本总额变动与特定业务量之间的依存关系。在传统的成本习性模型中，成本被分为固定成本和变动成本两类，前者在一定时期内保持稳定，不随业务量的变化而变化。但是 Noreen 和 Soderstrom（1997）[1]的实证研究发现，与传统成本理论相悖，成本和业务量之间的依存关系会受到管理者的影响而表现出非线性变化，成本随业务量上升时增加的幅度大于成本随业务量下降时降低的幅度，即成本随业务量的变化幅度表现出不对称性，这种现象被定义为成本粘性或者成本不对称（Anderson Banker 和 Janakiraman，2003）[2]。在国内，孙铮和刘浩（2004）[3]、孔玉生等（2007）[4]学者最早对我国上市公司的成本粘性问题进行研究，发现在我国的资本市场中确实存在一定的成本粘性问题；刘武（2006）[5]基于不同行业成本粘性的实证分析发现，在制造业和信息技术行业存在较强的成本粘性，而房地产业成本粘性较弱。

一般认为，成本粘性产生的原因主要有调整成本、管理者乐观预期和代理成本（Banker 和 Chen，2007；Banker 等，2010；Kama 和 Weiss，2013）[6-8]。代理动机和过度乐观是成本粘性的基本动机，调整成本是其结果以及成本粘性的直接成因。基于过度乐观和代理动机，管理者为了获取超额利润有可能采取激进的投资策略，从而在销量上升时过度扩张，盲目扩大生产能力；而在销量下降时保留生产能力，从而产生了调整成本，引起成本粘性。成本粘性的这一现

---

[*] 原载于《广东财经大学学报》2016 年第 6 期第 64~74 页。作者：车嘉丽，广东财经大学会计学院教授；段然，广东财经大学会计学院研究生。

象反映了管理者对企业经营状况的错误判断以及不准确的战略定位，极大地损害了利益相关者的利益。

基于过度乐观和代理动机，企业战略的选择也会受到一定程度的影响，同时它也是两种基本动机影响成本粘性的重要中间环节。过度自信是一种认知偏差，是管理者对自身能力的高估。过度自信的管理者通常会高估未来收益，低估风险，造成企业过度投资（田利辉和李春霞，2014）[9]。郝颖等（2005）[10]和王霞等（2008）[11]的研究均表明，管理者过度自信会促进企业的过度投资；程博等（2015）[12]也认为自信会促进企业的并购行为；Malmendler 和 Geoffrey Tate（2008）[13]则发现，过度自信的管理者在并购时会过高估计并购产生的收益，从而支付过高的价格。此外，过度自信会促进新产品的研发，因为过度自信的管理者更愿意承担研发过程中可能产生的风险。基于以上分析，我们认为，过度自信的管理者更加倾向于选择多元化战略，而多元化战略也意味着和本行业常规战略有较大的差异。

如果说过度自信是因为管理者认知偏差所导致的对未来判断的失误，那么代理动机则是管理者为了一己私利主动损毁公司价值。由于两权分离，管理者天然地具有扩大企业规模的动机，而更大的规模意味着将更多人的利益捆绑在一起，管理者因此可以获取更多的薪酬以及更多的在职消费。基于这种动机，管理者一方面会进行大量的投资（Jensen，1986）[14]，另一方面则是积极并购（Bebchuk 等，2014）[15]，而大规模的投资和并购必然会使企业战略偏离行业常规战略，造成战略差异度的提升。因此，基于对未来过于乐观的估计以及个人利益的驱使，管理者会选择和行业常规战略有较大差异度的战略，而较大的战略差异度常会导致企业经营业绩的波动（Tang 等，2011）[16]，进而导致成本粘性的产生。

分析上述文献可知，有关过度乐观、代理问题与调整成本作为成本粘性的成因，学者们已取得共识，基于代理成本和对未来过于乐观的预期，管理者会选择与行业常规战略有较大差异度的战略。同时，随着我国经济发展进入新常态，经济发展速度放缓，原有的粗放式发展模式无法持续，产业升级和转型势在必行。本文基于我国 2009—2014 年沪深两市制造业上市公司的数据，实证检验战略差异度与成本粘性之间的关系，并验证女性高管对这一关系是否具有调节作用。

二、理论分析与研究假设

（一）战略差异与成本粘性

根据伍业君（2012）[17]的研究，当经济体达到中等收入水平时，由于成本上升以及新产品与现有产品之间差距过大等原因，容易发生产业升级和断档，导致增长停滞。管理者在追求超额利润时，会选择具有较大差异度的新兴战略来确立竞争优势，然而代理成本以及对于未来过于乐观的预期与新兴战略相伴而生，导致企业在选择实施新兴战略时有可能面临经营业绩的大幅波动[16]，从而使调整成本增加，产生成本粘性。

1. 战略差异与经营业绩波动

较大的战略差异度会给企业带来较大的风险。一个行业在发展的过程中往往会形成相对固定的战略，即被行业内大多数企业所采用的战略（叶康涛和张姗姗，2014）[18]。行业内常规战略的形成主要有三种原因：一是监管部门强制要求采用某一战略，接近行业的常规战略模式更加符合监管部门的要求；二是采取行业内常规战略可以更好地应对本行业特有的风险；三是行业内专家意见的传播也使得大多数企业的战略趋于一致。因此，如果一个企业的战略与行业常规战略有较大偏差，则新的战略或者可能违背行业法规，或者无法规避行业常规风险，从而有可能导致企业的经营风险及财务风险。Tang（2011）[16]的研究证实，战略偏离行业均值越大的企业其业绩波动也越大，更有可能取得高于行业平均水平的收益率，同时也更有可能失败，即战略差异度导致了更大的需求不确定性，进而引起业绩的波动。

2. 经营业绩波动与成本粘性

经营业绩的波动也会引起成本粘性的产生。Banker等（2014）[19]研究发现，不确定的经营环境意味着企业的销售量更有可能出现异常，当需求量显著高于平均水平时，管理者为了满足较高的需求，会投入大量的固定成本来满足未能实现的需求，从而造成大量的向上调整成本；而当销量下降时，所投入的资源难以在短时期内变现，导致较小的向下调整成本，最终导致成本粘性的产生。

战略差异和经营业绩波动是连接管理者动机和调整成本的重要环节，即管理者出于对未来经营状况过度乐观的估计以及建立商业帝国的代理理论动机，会选择与同行相比更具差异性的战略，从而引起经营业绩的剧烈波动，导致成本粘性的产生。基于上述分析提出：

假设1：战略差异度与企业的成本粘性显著正相关，差异越大，成本粘性越严重。

（二）女性高管、战略差异与成本粘性

1. 女性高管与战略差异

Madhura等（2014）[20]研究发现，男性和女性的大脑神经元连接结构存在显著差异，从而导致不同的行为特征，其中男性更适合从事与运动相关的活动，而女性则更擅长记忆和社交活动。Mehta Jones 等（2008）[21]、Johnson 和 Breedlove（2010）[22]以及 Adolphs 等（1998）[23]的研究均表明，人体内的激素水平会影响人的行为特征，其中男性更容易表现出侵略性、自我中心、风险偏好、寻求社会地位等特征；相对而言，女性高管更倾向于风险规避。Yuping Jia 等（2014）[24]研究了睾丸素、CEO 面部特征与财务行为之间的关系，发现具有更多男性面部特征的 CEO，其所在公司出现重大财务错报的风险更高。

这些研究证实男女两性在大脑结构方面存在明显差异，女性和男性相比，表现出风险规避、谨慎等特点，从而对未来能够做出更加准确的预测，更倾向于选择更加保险的战略来规避风险，即选择被行业内企业所证实的、可以有效应对行业内大部分风险的战略，而较少尝试具有很大风险的新战略。

2. 女性高管与成本粘性

基于代理问题和过度自信，管理者会盲目扩大企业规模，进行无效率的投资行为，导致严重的成本粘性问题，而女性高管的存在则从三个方面弱化了成本粘性。首先，女性高管更倾向于选择保守策略以及被行业内企业所认可的战略，即从根源上降低了行业战略差异度，而更低的战略差异度也意味着更低的成本粘性。其次，代理问题和过度自信是成本粘性产生的根本动机，女性风险规避的特质降低了过度自信，对利益相关者的关注也使得其在投资时更加注重投资效率而非个人私利，因此，女性高管的任职意味着更低的代理成本，结果表现为投资效率的提高。姜付秀等（2009）[25]、祝继高等（2012）[26]的研究均证实了这一结论。再次，女性高管在公司决策和治理中更偏向于谨慎和稳定的决策，从而降低了成本粘性（严梦，2013）[27]。

基于以上分析，我们认为女性高管对于战略差异度和成本粘性的关系有负向的调节作用，女性高管的权力越大，越能够对企业的战略制定与执行施加影响力，越能降低战略差异度对成本粘性的影响。女性高管的影响力可以通过两个途径来展现：一是女性高管数量越多，对战略制定的影响越大；二是女性高管的职位越高，对战略决策拥有更大的影响力。由此得到：

假设2：女性高管比例越大，战略差异对于成本粘性的影响越弱。

假设3：女性高管职位越高，战略差异对于成本粘性的影响越弱。

三、研究设计

（一）成本粘性的度量

借鉴 Anderson 等（2003）和江伟等（2015）[28]的研究方法，利用如下模型来度量成本粘性：

$$ln(SG\&A_{i,t}/SG\&A_{i,t-1}) = \beta_0 + \beta_1 \times ln(Rev_{i,t}/Rev_{i,t-1}) + \beta_2 \times ln(Rev_{i,t}/Rev_{i,t-1}) \times De + \beta_3 \times De + \varepsilon \qquad (1)$$

其中，$SG\&A_{i,t}$ 表示公司 i 第 t 年的销售费用和管理费用之和，$ln(SG\&A_{i,t}/SG\&A_{i,t-1})$ 表示销售与管理费用变化幅度；$Rev_{i,t}$ 表示公司 i 第 t 年的营业总收入，$ln(Rev_{i,t}/Rev_{i,t-1})$ 表示营业收入的变化幅度；De 是虚拟变量，如果当年销售收入相对于上年有所下降取1，否则取0。β_1 表示营业收入变动时销售和管理费用的变动幅度，β_1 和 β_2 之和表示销售收入下降时销售和管理费用的变化幅度；如果 $\beta_2 < 0$，表示收入增加时成本上升的幅度大于收入减少时成本降低的幅度，即存在成本粘性。

（二）战略差异的度量

借鉴 Tang 等（2011）[16]、叶康涛和张姗姗（2014）[18]等的方法计算战略差异。即计算企业资源在营销、研发投入、资本密集度、固定资产更新程度、管理费用投入、财务杠杆等6个关键领域的分配情况。这6个指标分别从侧面反映了企业的战略导向，综合起来则反映了企业的总体战略（见表1）。首先依据表1计算出每个公司每年的6个维度战略指标以及年度行业均值；再除以该指标的标准差予以标准化，取绝对值，从而得到各企业在每一个维度上偏离行业平均水平的程度；最后对每个公司每年的6个指标取平均值，得到企业整体的战略差异度 DS。

表1 战略差异度指标

指标	算法
营销（广告和宣传费用投入）	销售费用/营业收入
研发投入	无形资产净值/营业收入
固定资产更新程度	固定资产净值/固定资产原值
资本密集度	固定资产/员工人数
管理费用投入	管理费用/营业收入
财务杠杆	（短期借款+长期借款+应付债券）/权益账面价值

（三）经营业绩波动的度量

企业经营业绩的波动分为两种情况：一是和同行业企业相比的横向波动，二是和企业自身相比较的纵向业绩波动。本文所要研究的是企业战略对于企业经营业绩的影响，属于企业内部因素，因此采用业绩的纵向波动作为度量指标。根据权小锋和吴世农（2010）[29]的方法，以样本期间内 ROA 的标准差 Std_Roa 加以度量。

（四）女性高管的度量

关于女性高管的度量方式主要有比例法、虚拟变量法和赋值法。本文采用比例法和虚拟变量法，首先计算出每个公司每年的女性高管比例，代入方程进行回归分析，然后以女性高管比例的均值为标准进行分组。

（五）控制变量

根据孙铮和刘浩（2004）[3]的研究，我们加入GDP增长率（GDDP）作为控制变量，在宏观经济增长环境中，管理者乐观预期与代理成本问题更加严重，因此GDP增长率越高，成本粘性越严重。根据孔玉生等（2007）[4]的研究，加入资产集中度（AI）和雇员集中度（EI）两个指标，因为在资本密集型和劳动密集型行业，成本粘性水平更高，因此我们预测成本粘性和资产集中度及雇员集中度正相关。最后，采用收入连续下降（Sd）作为控制变量[28]，因为管理者认为收入下降是一个长期趋势，当收入连续下降时，过度乐观和代理成本问题会减弱，成本粘性水平也会降低。变量的具体定义见表2。

表2 成本粘性相关指标

变量代码	变量定义与解释
$SG\&A_{i,t}$	销售与管理费用之和
$Ln(SG\&A_{i,t}/SG\&A_{i,t-1})$	本年销售费用之和与上年比值取对数
$Rev_{i,t}$	本年营业总收入
$Ln(Rev_{i,t}/Rev_{i,t-1})$	本年营业收入与上年的比值取对数
De	本期销售收入下降，则为1，否则为0
Ds	采用叶康涛（2014）方法
Sd	虚拟变量，若本年营业收入连续低于前两年营业收入则取1，否则为0
AI	总资产除以营业收入
EI	雇员数量除以营业收入
$GDDP$	各省GDP增长率

（六）模型构建

1. 战略差异与成本粘性

借鉴Anderson（2003）[2]、江伟（2015）[28]等的研究成果，构建如下模型以检验战略差异度和成本粘性之间的关系：

$$ln(SG\&A_{i,t}/SG\&A_{i,t-1}) = \beta_0 + \beta_1 \times ln(Rev_{i,t}/Rev_{i,t-1}) + \beta_2 \times ln(Rev_{i,t}/Rev_{i,t-1}) \times De + \beta_3 \times De + \beta_4 ln(Rev_{i,t}/Rev_{i,t-1}) \times De \times DS + \beta_5 ln(Rev_{i,t}/Rev_{i,t-1}) \times De \times AI + \beta_6 ln(Rev_{i,t}/Rev_{i,t-1}) \times De \times EI +$$

$$\beta_7 ln(Rev_{i,t}/Rev_{i,t-1}) \times De \times Sd + \beta_8 ln(Rev_{i,t}/Rev_{i,t-1}) \times De \times GDDP + \varepsilon \quad (2)$$

模型（2）在模型（1）的基础上加入资产集中度、雇员集中度、收入连续下降、GDP增长率几个控制变量。在模型（2）中，若 $ln(Rev_{i,t}/Rev_{i,t-1}) \times De$ 的系数 β_2 显著为负，说明我国上市公司存在成本粘性现象，同时在模型（1）的基础上引入战略差异度的度量指标 DS。

我们所关注的指标是战略差异度 DS 与 $ln(Rev_{i,t}/Rev_{i,t-1}) \times De$ 的交乘项系数 β_4，如果 β_4 小于零且显著，则证明假设 1 成立，即战略差异会扩大成本粘性。

2. 战略差异与成本粘性的影响机制

为了探究战略差异影响成本粘性的传导机制，首先检验战略差异和经营业绩波动之间的关系，如果 α_2 显著为正，说明战略差异导致了成本粘性。根据权小锋（2010）[19]的方法构造如下方程对经营业绩波动与成本粘性间的关系进行检验：

$$Std\_Roa = \alpha_0 + \alpha_1 \times DS + \alpha_2 \times Roa_{i,t} + \alpha_3 Roa_{i,t-1} + \alpha_4 Growth \alpha_5 \times Lev + \alpha_6 \times Govern + \alpha_7 Age + \alpha_8 Board + \alpha_9 H5 + \varepsilon \quad (3)$$

进一步，把 Std_Roa 加入到模型（2）中以检验经营业绩波动对成本粘性的影响，如果 Std_Roa 和成本粘性间的相关系数显著为负，说明经营业绩波动是成本粘性的重要成因。最后将 Std_Roa 和 DS 同时加入模型（2）中，如果加入 Std_Roa 后，DS 系数变得不显著，可认为战略差异对成本粘性的影响是通过经营业绩波动传导的，即 Std_Roa 和 DS 具有相互替代效应。经营业绩波动相关指标定义见表3。

表3 经营业绩波动相关指标

变量代码	变量定义与解释
Std_Roa	样本企业在期间内 Roa 的标准差
$Roa_{i,t}$	总资产收益率，净利润/总资产
$Roa_{i,t-1}$	上年末的 Roa
$Size$	公司规模，总资产的自然对数
$Growth$	公司成长性，销售收入的增长率
Lev	资产负债率，总负债/总资产
$Govern$	产权性质，国有企业为1，民营企业为0
Age	公司年限，公司成立到样本年限
$Board$	董事会规模，董事会人数取自然对数
$H5$	股权集中度，前五大股东持股比例之和

3. 女性高管的调节作用

对于假设 2，采取分组回归的方式进行验证，即按照女性高管比例的高低分为两组，如果女性高管比例较低的一组显著为负，而女性高管比例较高的一组不显著，则说明女性高管的存在能够显著抑制战略差异对于成本粘性的负面影响，证明假设 2 成立。为进一步验证假设 3，将女性高管按职位分成 3 组进行回归，分别为董事长、总裁、总经理；副董事长、副总裁、副总经理以及其他职位，因为职位不同对企业战略及成本产生的影响不同，一般来说，如果女性为公司的 CEO 或者董事长，自然会对战略和成本粘性之间的关系产生更加显著的影响。

四、实证分析

（一）样本选择

本文以 2009—2014 年间 1506 家沪深上市公司制造业企业的数据为样本。之所以选择这一时间段，是因为在 2008 年金融危机之后，国家推行了大规模的经济刺激方案，使得投资者对未来做出不切实际的乐观预期，导致产能过剩，企业大量投资却无法取得预期回报，产生较严重的成本粘性问题。文中数据均来自国泰安数据库和 RESET 数据库。在得到初始样本的基础上剔除了 ST 公司以及有缺失值的样本，最终得到 5647 个样本值，并在 1% 水平上对所有的变量进行缩尾处理。

（二）描述性统计

表 4 列示了销售收入与销售费用下降样本的统计数据，其中有 26.81% 的企业收入较上年下降，而销售管理费用下降的企业却只有 18.6%，说明有一部分企业收入下降了，成本却并没有下降，即存在收入与成本变化不对称的现象；从均值来看，收入下降的幅度也大于成本下降的幅度，说明在我国资本市场存在着显著的成本粘性问题。

表 4　销售收入与管理费用、销售费用分布描述性统计

	比例	均值	标准差	最小值	下四分位数	中位数	上四分位数
收入下降	26.81%	0.259	0.905	21.21	0.233	0.111	0.0415
销售下降	18.6%	0.240	0.926	19.27	0.203	0.0868	0.0381

表 5 为战略差异度以及控制变量的描述性统计结果，有 1030 个样本（17.5%）连续两年出现亏损，样本资产集中度均值为 1.085，雇员集中度均值为 0.0262，最下行 Fe 为女性高管所占比例，均值为 17.2%。

表5 战略差异度及控制变量描述性统计

变量	均值	标准差	最小值	下四分位数	中位数	上四分位数	最大值
DS	0.461	0.283	0.111	0.287	0.396	0.550	1.999
AI	2.057	1.428	0.405	1.195	1.195	1.694	2.463
EI	0.019	0.015	0.001	0.009	0.015	0.024	0.091
Sd	0.136	0.343	0	0	0	0	1
GDDP	0.132	0.056	0.0059	0.0892	0.1129	0.1662	0.2713
Fe	0.172	0.096	0.0256	0.1000	0.154	0.231	0.583

(三)回归分析

1. 战略差异与成本粘性

表6 战略差异对成本粘性的影响

变量	(1) 全样本	(2) 加入控制变量	(3) 控制战略
常量	0.067*** (0.000)	0.068*** (0.000)	0.064*** (0.000)
$Ln(Rev_{i,t}/Rev_{i,t-1})$	0.489*** (0.000)	0.490*** (0.000)	0.493*** (0.000)
$Ln(Rev_{i,t}/Rev_{i,t-1}) \times De$	-0.302*** (0.000)	-0.491*** (0.000)	-0.447*** (0.000)
De	-0.336*** (0.000)	-0.036*** (0.000)	-0.034*** (0.000)
$Ln(Rev_{i,t}/Rev_{i,t-1}) \times De \times Ds$			-0.149** (0.033)
$Ln(Rev_{i,t}/Rev_{i,t-1}) \times De \times AI$		0.002 (0.869)	0.012 (0.455)
$Ln(Rev_{i,t}/Rev_{i,t-1}) \times De \times EI$		-3.309* (0.069)	-2.816 (0.119)
$Ln(Rev_{i,t}/Rev_{i,t-1}) \times De \times Sd$		0.216*** (0.001)	0.243*** (0.000)
$Ln(Rev_{i,t}/Rev_{i,t-1}) \times De \times GDDP$		0.932 (0.121)	0.926 (0.126)
行业	控制	控制	控制
年份	控制	控制	控制
adj. R-squared	0.316	0.319	0.322
F	125.156	91.790	86.076
Prob > F	0.000	0.000	0.000
N	5647	5647	5647

注：括号内数字为P值；*、**、***分别表示显著性水平为10%、5%、1%。下表同。

由表6第1列可以看出，β_1 的相关系数是0.489，且在1%的水平上显著；β_2 的系数为 -0.302，也在1%水平上显著，说明我国上市公司存在显著的成本粘性问题，收入每上升1%，成本上升4.89%，收入每下降1%，成本却只下降3.02%。在第2列中加入了控制变量，数据并未发生显著变化。从第3列可以看出，当以营销、研发、固定资产集中度、资本密集度、管理投入、财务杠杆六个维度对企业总体的战略差异度进行度量时，β_4 的系数为 -0.166，且在5%水平上显著,说明企业在采取差异化战略时伴随着成本粘性的产生,即战略差异会扩大企业的成本粘性。从而证明了假设1。

2. 战略差异与成本粘性的传导机制

表7展示了模型(3)的回归结果。

表7 战略差异与经营业绩的波动

变量	Std_{Roa}
常量	0.144*** (0.000)
DS	0.015*** (0.000)
$Roa_{i,t-1}$	0.011 (0.259)
$Roa_{i,t}$	−0.024 (0.182)
Size	−0.008*** (0.000)
Growth	0.000*** (0.000)
Lev	0.032*** (0.000)
Govern	−0.004*** (0.000)
Age	0.001*** (0.000)
Board	0.009*** (0.000)
H5	0.000* (0.090)
行业	控制
年份	控制
adj. R-squared	0.237
F	49.490
Prob > F	0.000
N	5647

从回归结果可以看出,战略差异度 DS 与 Std_ Roa 的相关系数为0.015,且在1%水平上显著,说明战略差异度越大,业绩波动也越大,和我们的理论分析相符。此外,Std_ Roa 与公司规模 Size 显著负相关,说明公司规模越大,经营状态越稳定。所有权性质 Govern 和 Std_ Roa 显著负相关,即国有企业的经营波动更小。

表8分为3个部分,将表5中战略差异和成本粘性的回归结果放置在本表的最左边一列作为对比,中间一列将战略差异度替换为经营业绩波动 Std_ Roa,最后一列在回归方程中同时加入这两个变量。可以看到,在左边和中间1列,DS 和 Std_ Roa 都分别和成本粘性显著负相关,且相比之下,业绩波动和成本粘性的相关程度更高,在1%水平上显著。说明业绩波动对成本粘性有更加直接的影响。在最后1列中同时加入 DS 和 Std_ Roa 两个变量之后,Std_ Roa 与成本

粘性仍然在1%水平上显著,而 DS 和成本粘性的系数由5%水平显著变为不显著,说明战略差异度对成本粘性的影响被业绩波动所替代。因此我们认为,战略差异对成本粘性的影响是通过经营业绩波动而实现的,即业绩波动在战略差异与成本粘性间扮演了完全的中介效应。

表8 战略差异、经营业绩的波动与成本粘性

变量	(1) 控制战略	(2) 控制业绩波动	(3) 控制战略和业绩波动
常量	0.064*** (0.000)	0.067*** (0.000)	0.065*** (0.000)
$Ln(Rev_{i,t}/Rev_{i,t-1})$	0.493*** (0.000)	0.488*** (0.000)	0.491*** (0.000)
$Ln(Rev_{i,t}/Rev_{i,t-1}) \times De$	-0.447*** (0.000)	-0.388*** (0.000)	-0.655** (0.043)
De	-0.034*** (0.000)	-0.028*** (0.003)	-0.027*** (0.003)
$Ln(Rev_{i,t}/Rev_{i,t-1}) \times De \times Ds$	-0.149** (0.033)		-0.062 (0.365)
$Ln(Rev_{i,t}/Rev_{i,t-1}) \times De \times Std\_Roa$		-2.247*** (0.000)	-2.103*** (0.001)
$Ln(Rev_{i,t}/Rev_{i,t-1}) \times De \times AI$	0.012 (0.455)	0.006 (0.635)	0.008 (0.568)
$Ln(Rev_{i,t}/Rev_{i,t-1}) \times De \times EI$	-2.816 (0.119)	-1.974 (0.257)	-1.698 (0.341)
$Ln(Rev_{i,t}/Rev_{i,t-1}) \times De \times Sd$	0.243*** (0.000)	0.261*** (0.000)	0.280*** (0.000)
$Ln(Rev_{i,t}/Rev_{i,t-1}) \times De \times GDDP$	0.926 (0.126)	0.928 (0.112)	4.718 (0.242)
行业	控制	控制	控制
年份	控制	控制	控制
adj. R-squared	0.322	0.321	0.323
F	86.076	89.013	82.622
Prob > F	0.000	0.000	0.000
N	5647	5647	5647

3. 女性高管的调节作用

本部分采用分组回归的方式加以验证,即针对表5战略差异和成本粘性的回归结果,按照女性高管比例和职位进行分组。

表9将表6的回归结果按照女性高管比例的均值高低分成2组,左边的1组为女性高管比例低于均值(0.1719)的样本,右边为高于均值的样本,每组又分为两列,分别为未加入战略差异度的对照组和加入战略差异度的实验组;在女性高管比例较低的一组,战略差异度和成本粘性的相关系数为-0.209,并且在5%水平上显著;在女性高管比例较高的一组,战略差异与成本粘性的相关系数下降为-0.110,不显著,从而可以看出女性高管的任职显著降低了战略差异度对于成本粘性的影响。这说明女性高管比例的提高显著改善了企业的成本粘

性现象，假设 2 得到证实。

进一步按照职位高低对女性高管进行分组，表 10 从左到右 3 组分别为董事长和总经理、副董事长和副总经理、其他职位。从总经理、董事长再到一般性的职位，女性高管在公司治理中扮演的角色的重要性逐步降低，对公司的影响力度也逐渐递减。回归分析结果发现，在第 3 组，即其他职位组中，成本粘性问题最严重，系数为 -0.208，且在 5% 水平上显著，说明女性高管职位较低时无法对企业战略产生显著影响，即无法发挥出应有的作用，所以成本粘性问题比较严重。其次是第 1 组，相关系数为 -0.271，但不显著，中间 1 组成本粘性最低，为 -0.053。说明居于中间职位的高管能够抑制成本粘性，这可能是因为董事长和总经理主要负责战略的制定，而副董事长和副总经理的职责更侧重于战略的落实，因此对战略和成本粘性间的影响也更显著，成本粘性问题得到显著的改善。整体来看，女性高管的任职有助于降低企业成本粘性问题，回归结果支持了假设 3，即女性高管职位相对较高时成本粘性更低。

（四）稳健性检验

采用固定效应模型对上文中的结论进行稳健性检验，在控制了样本的个体差异之后，回归结果和已有结论基本一致。

在对企业的经营业绩波动加以度量时，主回归采用净资产收益率 Std_Roe 的标准差 Std_Roe 作为业绩波动的代理变量，结果和主回归结论一致，即 Std_Roe 和 DS、$ln(SG\&A_{i,t}/SG\&A_{i,t-1})$ 两两显著正相关；但是在回归方程中同时加入 DS 和 Std_Roe 后，DS 和 $ln(SG\&A_{i,t}/SG\&A_{i,t-1})$ 间的相关关系变得不再显著，说明战略差异对成本粘性的作用通过经营业绩的波动来实现。

在构建战略差异指标时参考 Tang 等（2011）[16] 的做法，去掉营销和研发投入两个维度，以其余 4 个战略维度（资本密集度、固定资产更新程度、经营费用率、财务杠杆）建立战略差异度指标，重新对本文的假设进行验证，结果基本保持稳定。

表9 按女性高管比例分组

变量	低比例		高比例	
	全样本	控制战略	全样本	控制战略
常量	0.058*** (0.000)	0.053*** (0.000)	0.082*** (0.000)	0.081*** (0.000)
$Ln(Rev_{i,t}/Rev_{i,t-1})$	0.496*** (0.000)	0.502*** (0.000)	0.479*** (0.000)	0.479*** (0.000)
$Ln(Rev_{i,t}/Rev_{i,t-1}) \times De$	−0.509*** (0.000)	−0.433*** (0.003)	−0.525*** (0.003)	−0.498*** (0.004)
De	−0.045*** (0.000)	−0.041*** (0.001)	−0.024* (0.060)	−0.025* (0.055)
$Ln(Rev_{i,t}/Rev_{i,t-1}) \times De \times Ds$		−0.209** (0.050)		−0.110 (0.132)
$Ln(Rev_{i,t}/Rev_{i,t-1}) \times De \times AI$	−0.002 (0.952)	0.006 (0.822)	0.005 (0.775)	0.015 (0.379)
$Ln(Rev_{i,t}/Rev_{i,t-1}) \times De \times EI$	−2.769 (0.293)	−1.342 (0.621)	−3.656 (0.127)	−3.810 (0.103)
$Ln(Rev_{i,t}/Rev_{i,t-1}) \times De \times Sd$	0.163* (0.083)	0.182* (0.069)	0.299*** (0.001)	0.330*** (0.000)
$Ln(Rev_{i,t}/Rev_{i,t-1}) \times De \times GDDP$	0.795 (0.327)	0.806 (0.351)	1.503 (0.122)	1.460 (0.121)
行业	控制	控制	控制	控制
年份	控制	控制	控制	控制
adj. R-squared	0.323	0.329	0.316	0.314
F	52.384	50.644	43.035	39.348
Prob > F	0.000	0.000	0.000	0.000
N	3171	3160	2476	2487

表 10 按女性高管职位分组

变量	董事长或总经理		副董事长或副总经理		其他职位	
	全样本	控制战略	全样本	控制战略	全样本	控制战略
常量	0.060**	0.058*	0.080***	0.100***	0.056***	0.061***
	(0.048)	(0.065)	(0.000)	(0.000)	(0.000)	(0.000)
$Ln(Rev_{i,t}/Rev_{i,t-1})$	0.507***	0.503***	0.494***	0.495***	0.485***	0.491***
	(0.000)	(0.000)	(0.000)	(0.000)	(0.000)	(0.000)
$Ln(Rev_{i,t}/Rev_{i,t-1}) \times De$	-0.756**	-0.712**	-0.096	-0.080	-0.696***	-0.619***
	(0.014)	(0.019)	(0.562)	(0.638)	(0.000)	(0.000)
De	-0.053**	-0.055**	-0.011	-0.010	-0.049***	-0.045***
	(0.022)	(0.020)	(0.455)	(0.480)	(0.000)	(0.000)
$Ln(Rev_{i,t}/Rev_{i,t-1}) \times De \times Ds$		-0.271		-0.053		-0.208**
		(0.383)		(0.657)		(0.016)
$Ln(Rev_{i,t}/Rev_{i,t-1}) \times De \times AI$	0.035	0.050	-0.012	-0.010	0.015	0.032
	(0.316)	(0.151)	(0.604)	(0.674)	(0.511)	(0.200)
$Ln(Rev_{i,t}/Rev_{i,t-1}) \times De \times EI$	-6.501	-4.112	-0.466	-0.374	-4.650**	-4.111*
	(0.168)	(0.407)	(0.885)	(0.906)	(0.049)	(0.076)
$Ln(Rev_{i,t}/Rev_{i,t-1}) \times De \times Sd$	0.402**	0.504***	0.118	0.122	0.249***	0.281***
	(0.015)	(0.005)	(0.257)	(0.261)	(0.004)	(0.001)
$Ln(Rev_{i,t}/Rev_{i,t-1}) \times De \times GDDP$	0.147	-0.407	-1.480*	-1.438*	2.128***	2.064***
	(0.948)	(0.862)	(0.081)	(0.089)	(0.000)	(0.007)
行业	控制	控制	控制	控制	控制	控制
年份	控制	控制	控制	控制	控制	控制

续表

变量	董事长或总经理		副董事长或副总经理		其他职位	
	全样本	控制战略	全样本	控制战略	全样本	控制战略
adj. R-squared	0.331	0.330	0.304	0.301	0.329	0.336
F	13.042	12.428	37.671	34.055	56.556	53.592
Prob > F	0.000	0.000	0.000	0.000	0.000	0.000
N	573	560	2242	2212	3202	3159

五、结论

对成本粘性的研究有助于打开企业成本行为的黑箱。以2009—2014年沪深上市公司为样本探究企业战略差异度对成本粘性的影响及其传导路径,结果发现:企业高管在追求竞争优势的同时会选择具有较大差异度的战略,而这种选择会引起较为严重的成本粘性问题,且其影响通过经营业绩的波动得以实现,因为较大差异度的企业战略可能会加剧相关方与企业间的信息不对称程度,造成企业经营业绩波动,而经营业绩的波动又会导致较高的向上调整成本,进而引起成本粘性问题。女性高管的存在则能显著改善采取战略差异度所带来的负面效应:一方面,女性高管具有更加谨慎的风险偏好;另一方面,女性高管更注重利益相关者的利益,能够有效缓解经理人和股东之间的代理问题,从而在一定程度上缓解战略差异所导致的成本粘性问题。

本文的研究价值主要体现在以下方面:一是要在战略与成本结构间进行平衡,以实现企业价值的最大化;二是要兼顾利益相关方的反应,避免由于信息不对称所导致的成本粘性问题;三是要重视女性高管的价值,女性高管的任职可以显著改善由战略差异度所导致的成本粘性问题。

参考文献

[1] NOREEN E, SODERSTROM N. The accuracy of proportional cost models: evidence from hospital service departments [J]. Review of Accounting Studies, 1997, 2 (1): 89-114.

[2] ANDERSON M BANKER, R JANAKIRAMAN S. Are selling, general, and administrative costs "sticky"? [J]. Journal of Accounting Research, 2003, 41 (1): 47-63.

[3] 孙铮,刘浩. 中国上市公司费用"粘性"行为研究 [J]. 经济研究, 2004 (12): 26-34.

[4] 孔玉生,朱乃平,孔庆根. 成本粘性研究:来自中国上市公司的经验证据 [J]. 会计研究, 2007 (11): 58-65.

[5] 刘武. 企业费用"粘性"行为:基于行业差异的实证研究 [J]. 中国工业经济, 2006 (12): 105-112.

[6] BANKER RAJIV D, CHEN TONY LEI. Labor market characteristics and cross-country differences in cost stickiness [R]. AAA 2007 Management Accounting Section (MAS) Meeting. Available at SSRN, 2007.

[7] BANKER RAJIV D, BYZALOVD, PLEHN-DUJOWICH J M. Sticky cost behavior: theory and evidence [M]. social science Electronic Publishing, 2010.

[8] KAMA I, WEISS D. Do managers deliberate decisions induce sticky costs? [J].

Journal of Accounting Research, 2013, 51 (1): 201-224.

[9] 田利辉, 李春霞. 债务约束、经理薪酬与上市公司过度投资研究 [J]. 证券市场导报, 2014 (6): 46-52.

[10] 郝颖, 刘星, 林朝南. 我国上市公司高管人员过度自信与投资决策的实证研究 [J]. 中国管理科学, 2005 (5): 142-148.

[11] 王霞, 张敏, 于富生. 管理者过度自信与企业投资行为异化——来自我国证券市场的经验证据 [J]. 南开管理评论, 2008 (2): 77-83.

[12] 程博, 王菁, 熊婷. 企业过度投资新视角: 风险偏好与政治治理 [J]. 广东财经大学学报, 2015 (1): 60-72.

[13] MALMENDLER U, TATE G. CEO overconfidence and corporate investment [J]. Journal of Finance, 2005, 60 (6): 2661-2700.

[14] JENSEN M C. Agency costs of free cash flow, corporate finance, and takeovers [J]. American Economic Review, 1986, 76 (3): 323-329.

[15] BEBCHUK LUCIAN A, COHEN ALMA, FERRELL ALLEN. What matters in corporate governance? [R]. Working Paper, Harvard Law School, 2014.

[16] TANG JIANYUN, CROSSAN MARY M, ROWE W GLENN. Dominant CEO, deviant strategy, and extreme performance: the moderating role of a powerful board [J]. Journal of Management Studies, 2011, 48 (7): 1479-1503.

[17] 伍业君. 比较优势演化、产业升级与"中等收入陷阱" [J]. 广东财经大学学报, 2012 (4): 23-30.

[18] 叶康涛, 张姗姗. 企业战略差异与会计信息的价值相关性 [J]. 会计研究, 2014 (5): 44-51.

[19] RAJIV D BANKER, DMITRI BYZALOV, JOSE M PLEHN-DUJOWICH. Demand uncertainty and cost behavior [J]. The Accounting Review, 2014, 89 (3): 839-865.

[20] MADHURA INGALHALIKAR, ALEX SMITH, DREW PARKER. Sex differences in the structural connectome of the human brain [J]. Pans, 2014, 111 (2): 823-828.

[21] MEHTA P H, A C JONES, R A JOSEPHS. The social endocrinology of dominance: basal testosterone predicts cortical changes and behavior of following victory and defeat [J]. Journal of Personality and Social Psychology, 2008, 94: 1078-1093.

[22] JOHNSON R, M BREEDLOVE. Human trust: testosterone raises suspicion [J]. Proceedings of the National Academy of Sciences, 2010, 107: 11149-11150.

[23] ADOLPHS R D, TRANEL, A R DAMASIO. The human amygdale in social judgment social judgment [J]. Nature, 1998, 393: 470-474.

[24] YUPING JIA, LAURENCE VAN LENT, YACHANG ZENG. Masculinity, testosterone, and financial misreporting [J]. Journal of Accounting Research, 2014, 52 (5): 1195-1246.

［25］姜付秀，张敏，陆正飞，等．管理者过度自信、企业扩张与财务困境［J］．经济研究，2009（1）：131-143.

［26］祝继高，叶康涛，严冬．女性董事的风险规避与企业投资行为研究——基于金融危机的视角［J］．财贸经济，2012（4）：50-58.

［27］严梦．管理者背景特征对成本粘性的影响研究［D］．合肥：安徽大学，2013.

［28］江伟，胡玉明，吕喆．应计盈余管理影响企业的成本粘性吗［J］．南开管理评论，2015（2）：83-92.

［29］权小锋，吴世农．CEO权力强度、信息披露质量与公司业绩的波动性——基于深交所上市公司的实证研究［J］．南开管理评论，2010（4）：142-153.

企业高管在职消费、超额在职消费与企业价值*
——"代理观"与"效率观"的理论协调及其实证检验

一、引言

随着我国市场化程度的加深和企业制度改革的推进,企业高管层的报酬机制也在逐步完善,但"天价薪酬"与"零薪酬"并存的现象并未消失反而愈演愈烈。"天价薪酬"关乎社会公平,以银行业为焦点的中国国有控股上市公司高管的"天价薪酬"一直备受争议;至于"零薪酬",人们更多的是对企业高管在职消费等隐性私有收入的思考(权小锋等,2010)[1]。企业高管隐性收入的经济后果是什么?它与企业价值有何关系?围绕这一问题,学者们主要将企业高管的隐性收入纳入高管控制权薪酬的范畴,并基于管理层权力理论展开研究。企业所有权和经营权分离后,产生了企业所有者与经营者之间的委托代理问题,并寄希望于构建良好的公司治理制度以有效激励企业高管人员。经典的委托代理理论认为,企业管理层依据企业绩效获得报酬是基本的原则,企业所有者与企业高管人员通过建立一个最优的显性报酬契约来实现股东与高管人员的"双赢"。但是,契约的不完备性往往使薪酬契约失效,企业高管作为企业的实际控制人或"内幕人",利用其权力最大化自己的效用。因此,当管理层权力的使用不受更多约束时,控制权薪酬往往成为其主要的收入来源,可能导致显性薪酬契约如同一纸空文。

在高管控制权薪酬当中,作为隐性收入的一种形式,国企在职消费长期以来一直被学者们重点关注。学者们围绕国企在职消费的成因和经济后果展开系列研究,尽管研究的角度不同,但总体上形成了"效率观"和"代理观"两种

---

* 原载于《广东财经大学学报》2014年第5期第89~97页。作者:张月明,山东大学管理学院学生;吴春雷,北京交通大学经济管理学院博士研究生,副教授。

分歧的理论观点。"效率观"认为，由于信息不对称，企业高管的在职消费具有独立于货币薪酬存在的价值，在某些情况下，在职消费作为一种激励形式，它的激励效率甚至高过货币薪酬（Rajan 和 Wulf，2006；刘银国等，2009）[2-3]；而"代理观"认为，在职消费是经营者和外部股东代理冲突的一种，是一种私人收益，具有降低企业价值的负面经济后果（权小锋等，2010；Williamson，1979）[1,4]。由此可见，从价值判断的立场来看，"效率观"在一定程度上肯定了在职消费对企业高管的激励作用，并肯定其对企业价值的积极影响；"代理观"则相反，否定了在职消费对企业高管的激励作用，却肯定了其作为代理问题的表现形式危害企业价值的消极作用。

尽管有关在职消费的研究文献颇丰，但国内外学者尚未对"效率观"和"代理观"（本文简称为"两观"）之间的分歧给予足够的重视，更没有针对这种分歧的协调途径。可以肯定的是，"两观"的形成及其发展都有其深厚的理论基础，并有比较有说服力的实证检验佐证。在这种情况下，如何协调"两观"之间的分歧并使之相互融合，为在职消费的进一步研究厘清障碍，是一个亟待解决的瓶颈问题。为此，本文从"两观"的矛盾入手展开分析，提出协调的方法，从高管努力成本补偿的角度，在理论上将高管的在职消费划分为正常在职消费与超额在职消费，并对超额在职消费在现实中的存在性及其消极后果进行实证检验。

二、文献与理论分析

（一）基于最优契约理论与管理层权力理论的企业高管薪酬组合

信息不对称和契约的不完备性引发了委托代理问题，如何建立一种激励机制，使代理人的行为有利于委托人的利益，是一个历久弥新的话题。高管薪酬激励理论包括最优契约理论和管理层权力理论（杨蓉，2011）[5]，其中，企业控制权也即经营控制权，是排他性地利用企业资产从事投资和市场营运的决策权（张维迎，1999）[6]。企业高管一方面按照薪酬契约获取货币性的报酬，另一方面按照公司章程对高管授予公司的经营控制权获得控制权薪酬，所以，企业高管的激励契约由显性契约和隐性契约两部分构成（陈冬华等，2010）[7]，相应地，高管薪酬被划分为货币性薪酬和控制权薪酬两大部分。前者是指高管获得的工资、奖金、津贴与股票、期权和保障基金等收入；后者是与控制权相联系的难以用货币形态量化的隐性薪酬，包括在职消费、权力和自我实现带来的满足感，以及通过资源的使用和转移得到的私人好处等（Hart，2001；罗宏和黄文华，2008）[8-9]。

(二) 在职消费"代理观"与"效率观"的矛盾分析

经营者激励的有效性主要是激励契约的设计问题，在这一问题中，经营者激励理论与现实之间的模拟偏差以及隐性激励契约的经济后果是两个基本问题（周守华等，2013）[10]。作为企业高管控制权薪酬的主要内容，"在职消费"最早由Jensen和Meckling（1976）[11]提出，他们将其定义为经理人对超级豪华的办公场所以及私用飞机等诸多方面的非货币性利益的消费。此后学者们遵循这一定义进行相关研究。在我国，李宝宝和黄寿昌（2012）[12]将"在职消费"定义为经理个人以其效用最大化为目标的企业管理性资源的过度性耗费，其中的"过度"是指管理性资源的耗费超过企业正常的商业需要的那部分，具备非生产性和非效率性两项经济性质。由此可见，在职消费的定义在内涵上明确了其私人收益性质，其经济后果也不言而喻，作为代理成本的基本来源之一，在职消费增加了企业高管的个人效用，同时却可能减少公司价值[11]。

由于我国薪酬管制的制度背景，在职消费常常被作为显性报酬的替代薪酬而广泛存在，在这一问题上，市场化程度影响着薪酬契约与在职消费契约的替代方向。在市场化指数越高的年份和地区，货币薪酬契约更多地代替了在职消费契约；在市场化指数越低的年份和地区，在职消费契约更多地代替了货币薪酬契约[7]。我们认为，既然在职消费与货币薪酬能够互相替代，那么也就等于在薪酬契约的合法性方面承认了在职消费作为一种激励形式而存在，并且可能起到与货币薪酬契约近似等效的激励效果，即在职消费激励形式能够提升企业价值。

上述两类相悖的观点就是在职消费"代理观"和"效率观"的典型代表。总结来看，代理观认为，尽管在职消费作为一种特殊待遇是以高管职权为依据而享有的，但是在职消费并不是提升公司业绩的必要条件和报酬，而是具备了私人收益属性，这意味着它的财务成本超过了其带来的企业绩效增量[4]，因此，在职消费是经营者和外部股东之间代理冲突的一种，具有负面的经济后果，最终必然损害企业价值（权小锋等，2010；Yermack，2006）[1,13]。但"效率观"认为，在职消费作为提高声望的一种"地位商品"（Hirsch，1976）[14]，公司为高管提供的初衷在于强化经理人的地位与权威，进一步提高经理人的管理效率[2]，因此，在职消费有助于节约组织内部的交易成本，提高公司的组织效率和管理效率，作为高管货币薪酬的替代，能够激励高管并提高企业业绩（Fama，1980）[15]。尤其在我国国企薪酬管制的背景下，在职消费已成为企业高管的首要激励因素（意味着显性报酬激励的弱化），高管享有企业赋予的在职消费将有利于企业经营目标的实现，提升公司绩效和公司价值，所以，在职消费作为一种激励是必须且必要的，它具有独立于货币薪酬而存在的价值[3]。

与上述理论相对应，现有的实证研究文献分别支持了"效率观"和"代理观"。恰如"两观"理论本身一样，实证研究结论也存在明显的矛盾或分歧。一方面，对于在职消费与货币薪酬替代关系的实证检验结论实际上是在一定程度上支持了"效率观"，例如陈冬华等（2010）[7]和吴春雷等（2010）[16]的研究。另一方面，大量的文献也通过检验在职消费与高管腐败以及公司业绩的关系支持"代理观"，例如，薪酬管制导致了在职消费和腐败的滋生，薪酬管制的存在与高管腐败发生的概率正相关，在职消费作为企业代理成本的增加最终影响到企业的绩效（陈信元等，2009）[17]，国有最终控制公司高管人员的在职消费程度与公司业绩负相关[9]。

（三）"两观"矛盾的协调：在职消费的分解与超额在职消费

由于"两观"的形成及其发展都有其深厚的理论基础，并有实证检验佐证，所以，必须将二者的分歧予以协调，使之互相支持，最终形成一个统一的理论体系。

根据最优薪酬契约理论，一般情况下，高管努力的程度及其可获得的薪酬必须依据可观测的企业绩效为标准来衡量。然而，在不确定的环境下，高管的生产性努力成本与货币薪酬无法完全配比，因为高管付出的生产性努力成本和分配性努力成本面临的风险程度是不同的。由于不可抗力，高管付出的高额生产性努力成本可能由于企业业绩不佳而得不到货币薪酬的完全补偿。实际上，由于系统性风险的存在，企业绩效不佳并不意味着高管"偷懒"。因此，赋予高管一定的在职消费以替代货币薪酬的不足，从而使其生产性努力成本得到尽可能的补偿，不仅符合管理层权力理论，也基本符合最优薪酬契约原则。当然，由于不发达市场条件下管理层权力边界的模糊性，导致在职消费往往失控。但无论如何，全面否定或者全面肯定在职消费对企业绩效的积极影响都是有失偏颇的。

所以，我们认为，"两观"之间产生分歧的关键仍然在于在职消费是否"过度"，这一点在一定程度上类似货币性薪酬的"天价薪酬"甚至"超额薪酬"现象一样。同理，从制度安排的角度看，在职消费的广泛存在既有其"合法性"的一面（例如在职消费隐性契约对货币薪酬显性契约的替代），也有其损害企业价值"非法性"的一面。

据此，我们尝试从高管努力成本补偿的角度，将在职消费划分为正常在职消费与超额在职消费两部分。其中，高管的正常在职消费界定为高管正常的人力资本投资收益，是企业通过隐性契约对高管生产性努力成本的必要补偿，表现为对企业高管本应获得而未获得的显性货币薪酬的替代。这一定义使正常在职消费具备了与显性契约下的货币薪酬相似的薪酬属性，即生产性和效率性，其目标是提升企业价值。进一步，把超额在职消费定义为企业高管以个人效用最大化为唯一目的的企业资源的耗费，是一种与高管分配性努力成本相匹配、超过正常在职消费的非契约性私人收益，它不具备薪酬契约的属性，以其具备的非生产性和非效率性的代理成本属性损害着企业价值。

现有的研究文献部分地支持上述两个概念，即正常的在职消费与超额在职消费所包含的基本思想。例如，陈冬华等（2010）[7]的研究发现，在市场化程度较低的情况下，在职消费契约更多地代替了货币薪酬契约，据此我们认为，这种"替代"的契约性安排意味着在职消费替代货币薪酬的合理性，也即正常在职消费作为对货币薪酬的替代而客观地存在于现实世界中。再如，冯根福和赵珏航（2012）[18]的研究发现，管理者的持股比例与其在职消费存在显著负相关关系，增加管理者的持股比例可以抑制其过度在职消费，从而提高公司绩效；陈信元等（2009）[17]的研究发现，在职消费带来企业代理成本的增加最终会对企业绩效产生不利影响；罗宏和黄文华（2008）[9]的经验研究也表明，国有最终控制公司高管人员的在职消费程度与公司业绩负相关。此类文献可能是支持超额在职消费广泛存在的间接证据。

总之，"效率观"的理论观点和实证检验结论可能是对正常在职消费的有力支持，而"代理观"的理论观点和实证检验结论可能是对超额在职消费的间接阐释。所以，本文对在职消费的分解、对正常在职消费和超额在职消费的界定恰恰使得"两观"的分歧得到高度的协调："效率观"是对正常在职消费效应的肯定，而"代理观"则是对超额在职消费效应的肯定；有关在职消费的经验研究之所以得出相反的结论，通常是由于样本的选择在时间或空间上的差异使然，也即在职消费作为一个总体概念，其中包含的正常在职消费的积极效应和超额在职消费的消极效应在不同样本组中的强弱不同，导致二者的总效应在不同的样本组中显示积极或消极的效应。

三、实证检验

由前文可知，超额在职消费概念的提出是协调"效率观"和"代理观"分歧的关键，因此，本文依据其定义，通过检验超额在职消费与企业价值的关系来证明其存在性。

（一）超额在职消费的经验测度

由于超额在职消费在数量上等于在职消费扣除正常在职消费之后的剩余部

分，因此，在职消费的测度是构建超额在职消费测度模型的第一步。

1. 借鉴已有的研究估计在职消费

国内学者对在职消费的测度大多沿用陈冬华等（2005）[19]的直接测度方法，而李宝宝和黄寿昌（2012）[12]提出了经验估算方法，其研究结果表明采用该方法具有稳健性，本文借鉴这一研究方法，将管理费用作为逻辑起点，首先剔除掉固定性管理费用得到变动性管理费用。对如下模型进行回归：

$$MFEE_{1i,t} = \alpha_{0,i} + \alpha_{1,i}REVE_{i,t-1} + \alpha_{2,i}REVE_{i,t} + \alpha_{3,i}REVE_{i,t+1} + \varepsilon_{i,t}$$

其中，$MFEE_1$表示管理费用，$REVE$表示企业业务量，以销售收入衡量。由于企业的异质性，上述模型按照每个公司的时间序列数据进行回归，得到的截距项即为公司 i 的固定性管理费用。然后，将固定性管理费用从管理费用中扣除，得到公司 i 每年的变动性管理费用。进一步，从变动性管理费用中扣除正常的商业活动性费用，对如下模型进行回归：

$$MFEE_{2i,t}/REVE_{i,t} = \beta_0 + \beta_1(ZZC_{i,t}/REVE_{i,t}) + \beta_2 ZZCZL_{i,t} + \beta_3 GGRS_{i,t} + \beta_4 \ln YYSL_{i,t} + \beta_5 GLHD_{1i,t} + \beta_6 GLHD_{2i,t} + \beta_7 DQ_{i,t} + \varepsilon_{i,t}$$

其中，被解释变量 $MFEE_2$ 表示变动性管理费用，等号后面的一系列解释变量为企业正常的商业性活动对管理费用的需求：ZZC 表示企业总资产；$ZZCZL$ 为企业未来成长，以总资产增长率为代理变量；$GGRS$ 为管理效率，以管理层人数为代理变量；$YYSL$ 为管理幅度，以员工人数为代理变量；$GLHD_1$ 为股东大会、董事会和监事会管理活动的密度，以三者召开次数之和为代理变量；$GLHD_2$ 为薪酬委员会、审计委员会、战略委员会和提名委员会管理活动的密度，以四者设立情况的虚拟变量累加计算得出。DQ 用来控制地域因素对公司商业费用的正常需求，注册地在北京、上海、深圳和广州则取值为 1，否则取 0[12]。变动性管理费用和总资产均除以销售收入予以标准化。上述模型分年度回归，回归后的残差向量 ε 是指无法被正常的商业活动所解释的那部分变动性管理费用占同期销售收入的比重，作为在职消费的代理变量。

杜兴强等（2010）[20]以超额管理费用作为民营企业寻租的替代变量，指出超出正常范围的管理费用可能是企业用来向政府寻租，也可能是高管用于在职消费。实际上，这是基于两个不同视角得出的对超额管理费用的定性问题，但无论如何，超额管理费用中既包含寻租也包含在职消费是能够被接受的观点，但哪个是主要成分在数据方面极难分辨或无法分辨。在此情况下，我们推断超额管理费用的主要成分是在职消费，理由有三：其一，企业寻租是不发达市场条件下的异常现象，近几年随着我国反腐力度的加大，民营企业的寻租行为减少，市场经济逐步走上良性发展之路；其二，在职消费是企业作为一种不完全契约集合的产物，是随企业的存在而广泛存在的常态，相反，企业寻租往往涉及官员腐败，其社会影响更恶劣、受到法律惩罚的可能性更大，因此不是广泛存在的常态；其三，为了尽可能使超额管理费用接近于现实中的在职消费，相比杜兴强等（2010）[20]的测度模型，我们控制了股东大会、董事会、监事会、薪酬委员会、审计委员会、战略委员会和提名委员会等部门管理活动的密度以及管理层人数。另外，从企业的角度看，企业高管个人对政府的寻租也可能会提高其在企业中的声望地位（以至于提高个人在职消费）。

2. 超额在职消费估计：基于薪酬替代理论

德姆塞茨（1999）[21]认为，通过公开谈判的形式，企业所有者和企业高管之间确定的在职消费通常是一种有效率的报酬激励形式。在高管效用水平一定的情况下，所有者支付的契约性在职消费小于高管要求的货币薪酬增加的额度，所以，所有者可以通过这种契约性在职消费来替代高管的一部分货币薪酬，从而降低企业成本。经验研究发现，这一替代关系是高度稳健的（陈冬华，2010；吴春雷和马林梅，2011）[7,22]。

结合本文前述定义，由于超额在职消费是在职消费扣除正常在职消费之后的余额，而正常在职消费表现为企业高管显性货币薪酬的替代，所以，从在职消费中扣除替代显性货币薪酬的部分，所得到的残差项即为超额在职消费，为此，我们对如下模型进行回归：

$$\varepsilon_{i,t} = \gamma_0 + \gamma_1 (PAY_{i,t}/REVE_{i,t}) + \beta_2 SHARE_{i,t} + \eta_{i,t}$$

其中，ε 为在职消费，PAY 为高管货币薪酬。由于在职消费是以销售收入标准化处理后的相对值，为保持一致性，将高管薪酬除以销售收入予以标准化。$SHARE$ 为高管持股比例，代理理论认为，管理层持股与在职消费负相关，因此，高管持股作为货币薪酬的一种形式，与在职消费存在着替代关系，尤其在我国企业高管持股比例普遍较低的情况下，正常在职消费替代一部分高管持股收益具备现实合理性。

将上述模型分年度回归，回归后的残差向量 η 即为超额在职消费，为了研究方便，在下面的研究中以符号 $EPER$ 来表示。考虑到不同行业的异质性，为保证测度的稳健性，以上每一步骤的测度模型在使用时应按照不同的行业进行测度，这样同一行业的测度结果才具有可比性①。

必须指出的是，以往的研究文献虽然部分涉及了"非正常在职消费"的测度问题，但测度方法中并没有考虑薪酬契约替代的相关理论及方法，因此所测度的"非正常在职消费"也并非本文界定的"超额在职消费"概念。例如，Luo等（2009）[23]以及权小锋等（2010）[1]在其研究中涉及高管非货币性私有收益时，用非正常的高管在职消费来衡量，以管理层在职消费与由经济因素决定的高管预期正常的在职消费之间的差额来表示。在他们的研究中，预期正常的高管在职消费水平采用了一个估计模型，解释变量为上期期末总资产、本期主营业务收入的变动额、本期厂场、财产和设备等固定资产的净值、本期存货总额和企业雇佣的员工总数的自然对数，估计模型的残差项为非正常的高管在职消费。将其与本文模型对照后可知，他们测度出的"非正常在职消费"并未将那些替代货币性薪酬的部分扣除掉，所以，在统计口径上依然属于本文测度"在职消费"的范畴，而不是对"超额在职消费"的测度。

（二）变量、模型与样本

1. 变量选取

结合《公司法》以及国泰安数据服务中心、中国经济研究中心 CCER 的定义，我们将企业高管界定为上市公司年报中披露的高级管理人员，包括总经理、CEO、总裁、副总经理、副总裁、董事会秘书以及董事中兼任的高管人员。为了检验超额在职消费对企业价值的消极影响以及正常在职消费对企业价值的积极影响，本文根据现有研究综合考虑了两类控制变量：一是与公司治理有关的控制变量，包括最终控制人性质、董事长与总经理两职兼任、董事会规模、管理层规模、高管变动等；二是与公司经营状况有关的控制变量，包括企业规模、盈利能力、财务杠杆等。变量说明详见表1。

---

① 在测度超额在职消费的过程中，我们没有考虑企业的最终控制人是否为国有，原因在于：尽管国企存在薪酬管制的制度背景，其与非国企的在职消费存在差异，但在公平的市场竞争中，企业的商业活动应该以效率为根本，因此模型测度过程中涉及的"正常的商业活动"不应该因是否为国企而有差异。因此，基于市场效率和公平竞争的考虑，本文为所有的市场参与者提供统一标准的测度方法。

表 1　变量说明

变量名称	变量符号	说明
企业价值	TobinQ	按照 Chen 和 Peng（2002）[24]以及邓新明等（2014）[25]的衡量方法，TobinQ = ［流通股股价 × 流通股股数 + 流通股股价 × （1 - 82%） × 非流通股股数） + 负债的账面价值］ ÷ 资产的账面价值
正常在职消费	NPER	高管在职消费 - 超额在职消费（见前文）
超额在职消费	EPER	测度方法见前文
最终控制人性质	ACON	国有控制取 1，其他取 0
两职兼任	DUAL	若总经理兼任董事长取 1，否则取 0
管理层规模	MRATIO	高管人数与员工人数之比
董事会规模	BS	董事人数
财务杠杆	LEV	资产负债率
企业规模	lnREVE	营业收入，取对数
盈利能力	ROA	总资产收益率
高管层变更	CEOC	上一年度出现变动取 1，否则取 0

2. 模型构建

由于企业高管的薪酬与激励问题不仅包括短期的截面相关关系，还具有长期的时变特性，而截面数据和混合截面数据一般只能反映出变量之间短期或同期的截面关系，所以，为了同时控制截面和时变两种效应以获得稳定可靠的结果，我们采用面板数据模型。模型构建如下：

$$TobinQ_{i,t} = \lambda_0 + \lambda_1 NPER_{i,t} + \lambda_2 EPER_{i,t} + \lambda_3 ACON_{i,t} + \lambda_4 DUAL_{i,t} + \lambda_5 MRATIO_{i,t} \\ + \lambda_6 BS_{i,t} + \lambda_7 LEV_{i,t} + \lambda_8 lnREVE_{i,t} + \lambda_9 ROA_{i,t} + \lambda_{10} CEOC_{i,t} + \delta_{i,t} \quad (1)$$

$$TobinQ_{i,t} = \theta_0 + \theta_1 NPER_{i,t} + \theta_2 EPER_{i,t} + \theta_3 ACON_{i,t} + \theta_4 ACON_{i,t} \times EPER_{i,t} + \\ \theta_5 DUAL_{i,t} + \theta_6 MRATIO_{i,t} + \theta_7 BS_{i,t} + \theta_8 LEV_{i,t} + \theta_9 lnREVE_{i,t} + \theta_{10} ROA_{i,t} + \theta_{11} CEOC_{i,t} + \\ v_{i,t} \quad (2)$$

模型（1）是全样本回归模型，用来考察正常在职消费和超额在职消费分别对企业价值的影响，采用全样本的目的是验证这种影响是否具有普遍性和一般性；模型（2）是在模型（1）的基础上增加交乘项 $ACON \times EPER$，目的是考察国有控制企业的高管超额在职消费对企业价值的作用是否增强。借鉴 Hoechle（2007）[26]对特殊的面板数据（截面个体较多而时间较短，即 i 远远大于 t）处理方法的研究成果，通过产生稳健型 Driscoll-Kraay 标准误差进行固定效应回归，与此同时，为了保证采用固定效应模型的可行性，本文还进行 Hausman 检验。

采用的软件是 Stata 12 SE 版。

需要说明的是,模型中没有加入高管薪酬和高管持股比例作为企业价值的解释变量,原因在于,在估算的过程中,正常在职消费是采用薪酬替代理论而得出的估算值,这意味着正常在职消费水平与货币性薪酬(高管薪酬及高管持股)呈现极为显著的线性关系,如果共同作为解释变量必然存在极其严重的多重共线性。由于本文研究的是正常在职消费和超额在职消费分别与企业价值的关系,因此回归模型中不包含高管薪酬和高管持股比例变量(实际上二者的信息已经部分地包含在正常在职消费中),这符合高管薪酬理论和计量方法理论。

3. 样本来源

由于我国上市公司于2007年实施新的会计准则,为保证样本数据的一致性和连续性,并考虑到行业差异,本文采用中国制造业上市公司2007—2012年的平行面板数据,并剔除数据缺失、绩效异常、资不抵债及最终控制权不连续的上市公司,处理了极端值(Winsorize),最终获得652家制造业上市公司连续6年的平行面板数据,其中,国有控制上市公司396家,非国有控制上市公司256家,年度观测样本总数为3912个。基础数据均来自国泰安CSMAR数据库,不能直接获取的变量数据通过手工计算整理后获得。

(三)描述性统计与模型回归

1. 描述性统计

在前文述及的超额在职消费经验测度模型中,体现的是以行业平均水平为基准对相对超额在职消费做出的估计,其样本估计结果必然有正有负,正号表明该观测值的实际超额在职消费水平高于行业平均水平,负号则相反。在表2的描述性统计中,超额在职消费的最小值为 -4.372,最大值为24.540,因其为前一步骤估计模型的残差项,所以超额在职消费的均值必然为0。

表2 主要变量的描述性统计

变量	最小值	最大值	均值	标准差	观测样本数
$TobinQ$	0.449	31.031	2.126	1.656	3912
$NPER$	-6.801	3.382	0	0.159	3912
$EPER$	-4.372	24.540	0	0.663	3912
$ACON$	0	1	0.601	0.412	3912
$DUAL$	0	1	0.174	0.343	3912
$MRATIO$	0.00005	0.600	0.008	0.021	3912
BS	5	16	9.536	1.357	3912
LEV	0.007	0.897	0.509	0.322	3912

续表

变量	最小值	最大值	均值	标准差	观测样本数
lnREVE	11.053	26.894	20.423	1.856	3 912
ROA	-0.892	2.687	0.047	0.112	3 912
CEOC	0	1	0.314	0.489	3 912

2. 模型回归结果

表3是采用Driscoll-Kraay标准差的固定效应回归结果，两个模型的Hausman检验值都在1%水平上显著，拒绝了该模型为随机效应模型的零假设，表明把模型设定为固定效应模型是适合的。两个模型中所有解释变量的回归系数除了董事会规模的系数不显著以外，其他系数均在1%的水平上显著。模型（1）的回归结果显示，正常在职消费的回归系数为1.197，而超额在职消费的回归系数为-0.135，且都在1%的水平上显著，表明正常在职消费与超额在职消费对企业价值分别具有积极和消极的影响，验证了本文的理论分析，即正常在职消费与超额在职消费作为"效率观"与"代理观"两种观点相调和的理论产物，在现实世界中广泛存在，而且，尽管超额在职消费具有高度的隐蔽性，但它对企业价值的损害不容小觑。

表3 采用Driscoll-Kraay标准差的固定效应回归结果

变量	模型（1）			模型（2）		
	系数	Driscoll-Kraay 标准误差	t值	系数	Driscoll-Kraay 标准误差	t值
截距项	13.006***	3.064	4.24	12.763***	3.103	4.11
NPER	1.197***	0.328	3.65	1.182***	0.327	3.62
EPER	-0.135***	0.016	-8.67	-0.573***	0.107	-5.36
ACON	-0.174***	0.026	-6.69	-0.216***	0.065	-3.30
ACON × EPER				0.553***	0.132	4.18
DUAL	-0.065***	0.016	-4.06	-0.070***	0.021	-3.33
MRATIO	8.826***	1.810	4.88	8.573***	1.740	4.93
BS	0.001	0.021	0.05	0.002	0.021	0.08
LEV	1.660***	0.080	20.87	1.644***	0.082	19.99
lnREVE	-0.550***	0.147	-3.73	-0.537***	0.149	-3.61
ROA	2.038***	0.454	4.49	2.036***	0.446	4.56
CEOC	-.079***	0.020	-4.03	-0.076***	0.020	-3.79
公司数	652			652		
观测样本数	3 912			3 912		

续表

Hausman 检验	264.33***	257.44***
F 值	281.00***	287.25***
Within R^2	0.164	0.171

注：***、**、* 分别表示在 1%、5% 和 10% 水平显著。

进一步在模型（2）中加入企业最终控制人性质与超额在职消费的交乘项，回归结果显示：超额在职消费的系数符号与模型（1）相比并无变化，均在 1% 的水平上显著为负；交乘项的系数为 0.553 且在 1% 的水平上显著，表明在国有企业中，超额在职消费对企业价值的危害有所减弱，其系数由模型（1）中的 -0.135 变为模型（2）中的 -0.020（即 -0.573 + 0.553），这意味着，相较于非国有企业而言，国有企业并没有因其国有性质而使超额在职消费对企业价值的危害更严重，相反，尽管这种危害依然存在，但较非国企而言程度有所减弱。这与现实中大多数人对国企过度在职消费的感性认识及研究结论相悖[12,17]。原因可能在于，虽然我国国企高管薪酬受到管制，以至薪酬契约的替代导致了高水平的在职消费，但以往研究并未将正常在职消费和超额在职消费加以区分，从而忽视了在职消费中隐含的正常在职消费对企业价值的贡献，因此，与非国企相比，有夸大国企在职消费消极后果的可能性，本文的研究也证明了这一点，即就在职消费中的"有害"成分而言，国企对企业价值的消极后果弱于非国企。当然，这一结论也有现实的原因，多年来我国各级政府尤其是中央政府对国企腐败问题的法治力度越来越大，对在职消费中的超额在职消费起到了震慑作用，不但降低了超额在职消费的价值危害，也相应提升了正常在职消费的正面激励作用，从而越来越显露正常在职消费在薪酬管制下的契约合理性。

（四）稳健性检验

采用三种方法检验上述结论的稳健性。首先，更换样本，采用中国制造业上市公司 2007—2012 年 868 家企业 4 961 个年度观测值的不平行面板数据，代入超额在职消费测度模型，并重新计算模型回归结果，发现基本结论不变，再次有力地支持了上述观点。其次，将前文 3 912 个年度观测样本视为截面数据，进行加权最小二乘回归，在诊断并处理异方差之后得出的结论不变。最后，尝试用公司治理变量中的其他变量替代前文采用的若干公司治理变量，回归结果显示，正常在职消费和超额在职消费的系数依然分别为正号和负号且在 1% 的水平上显著。以上检验结果表明，本文的结论具有高度的稳健性，进一步证明正常在职消费和超额在职消费的分解在理论与现实中都具有合理性。

四、结论与启示

为了协调在职消费"效率观"与"代理观"的矛盾,本文对在职消费进行了分解,提出超额在职消费的概念,并基于薪酬替代理论构建超额在职消费的经验测度模型,通过检验其与企业价值的关系证明超额在职消费在现实中的存在性。从高管努力成本补偿的角度将高管的正常在职消费界定为高管正常的人力资本投资收益,是企业通过隐性契约对高管生产性努力成本的必要补偿,表现为对企业高管本应获得而未获得的显性货币薪酬的替代。这一定义使正常在职消费具备了与显性契约下的货币薪酬相似的薪酬属性,即生产性和效率性,其目的是提升企业价值。进一步地,我们把超额在职消费定义为企业高管以个人效用最大化为唯一目的的企业资源的耗费,是一种与高管分配性努力成本相匹配、超过正常在职消费以上的非契约性私人收益,它不具备薪酬契约的属性,以其具备的非生产性和非效率性的代理成本属性损害着企业价值。

本文对超额在职消费的经验测度,是根据笔者定义并在相关成果基础上进行的深化研究。由于正常在职消费契约与显性报酬契约的替代性,使其具备了薪酬契约的某些属性,所以能够据此将正常在职消费从在职消费中采用经验模型的方法予以扣除,残差项即为超额在职消费。本文的实证检验结果支持正常在职消费对企业价值的积极影响以及超额在职消费对企业价值的消极影响,说明超额在职消费在现实中的存在具有客观性。

本文的启示在于,在职消费中的超额在职消费作为代理成本的一种形式,在涉及高管薪酬激励及其业绩后果的相关问题时应该予以充分考虑。这一结果为进一步开展在职消费的相关研究提供了新的理论和方法。

参考文献

[1] 权小锋,吴世农,文芳. 管理层权力、私有收益与薪酬操纵 [J]. 经济研究,2010 (11): 73-87.

[2] RAJAN R G, WULF J. Are perks purely managerial excess [J]. Journal of Financial Economics, 2006, 79 (1): 1-33.

[3] 刘银国,张劲松,朱龙. 国有企业高管薪酬管制有效性研究 [J]. 经济管理,2009 (10): 87-93.

[4] WILLIAMSON O E. Transaction cost economics: the governance of contractual relation [J]. Journal of Law and Economics, 1979, 22 (2): 233-261.

[5] 杨蓉. 垄断行业企业高管薪酬问题研究:基于在职消费的视角 [J]. 复旦学报:社会科学版,2011 (5): 133-140.

[6] 张维迎. 企业理论与中国企业改革 [M]. 北京：北京大学出版社, 1999.

[7] 陈冬华, 梁上坤, 蒋德权. 不同市场化进程下高管激励契约的成本与选择：货币薪酬与在职消费 [J]. 会计研究, 2010 (11): 56-64.

[8] HART O. Financial contracting [J]. Journal of Economic Literatrue, 2001, 39 (4): 1079-1100.

[9] 罗宏, 黄文华. 国企分红、在职消费与公司业绩 [J]. 管理世界, 2008 (9): 139-148.

[10] 周守华, 汤谷良, 陆正飞. 财务管理理论前沿专题 [M]. 北京：中国人民大学出版社, 2013.

[11] JENSEN M C, MECKLING W H. Theory of the firm：managerial behavior, agency costs and ownership structure [J]. Journal of Financial Economics, 1976, 12 (3): 305-360.

[12] 李宝宝, 黄寿昌. 国有企业管理层在职消费的决定因素及经济后果 [J]. 统计研究, 2012 (6): 76-81.

[13] YERMACK D. Flights of fancy：corporate jets, CEO perquisites, and inferior shareholder returns [J]. Journal of Financial Economics, 2006, 80 (1): 211-242.

[14] HIRSCH F. Social limits to growth [M]. Harvard University Press, 1976.

[15] FAMA E F. Agency problem and the theory of the firm [J]. Journal of Political Economy, 1980, 88 (2): 288-307.

[16] 吴春雷, 马林梅, 杨皎平. 监督力与业绩共存于高管效用替代的机理分析 [J]. 当代经济科学, 2010 (1): 34-40.

[17] 陈信元, 陈冬华, 万华林, 等. 地区差异、薪酬管制与高管腐败 [J]. 管理世界, 2009 (11): 130-143.

[18] 冯根福, 赵珏航. 管理者薪酬、在职消费与公司绩效——基于合作博弈的分析视角 [J]. 中国工业经济, 2012 (6): 147-158.

[19] 陈冬华, 陈信元, 万华林. 国有企业中的薪酬管制与在职消费 [J]. 经济研究, 2005 (2): 92-101.

[20] 杜兴强, 陈韫慧, 杜颖洁. 寻租、政治联系与"真实"业绩——基于民营上市公司的经验证据 [J]. 金融研究, 2010 (10): 135-157.

[21] 德姆塞茨. 企业经济学 [M]. 梁小民, 译. 北京：中国社会科学出版社, 1999.

[22] 吴春雷, 马林梅. 企业高管控制权收益显性化的效果研究 [J]. 东北大学学报：社会科学版, 2011 (11): 499-505.

[23] LUO W, ZHANG Y, ZHU N. Bank ownership and executive perquisites：new evidence from an emerging market [R]. Working Paper of Peking University, 2009.

[24] CHEN Z, PENG X. The illiquidity discount in China [R]. International Center for Financial Research, Yale University, 2002.

[25] 邓新明,熊会兵,李剑峰,等.政治关联、国际化战略与企业价值[J].南开管理评论,2014(1):26-43.

[26] HOECHLE D. Robust standard errors for panel regressions with cross-sectional dependence [J]. The Stata Journal, 2007, 7 (3): 281-312.

产品市场竞争、管理层持股与管理效率*
——基于中国制造业企业面板数据的研究

一、引言

改革开放以来，低廉的劳动力成本和较低的要素成本优势使我国制造业企业迅速发展成为世界的加工厂。然而自 2008 年金融危机以来，制造业重新成为全球经济竞争的制高点，美、德等工业强国制定的"再工业化战略"及东南亚国家廉价劳动力的比较优势对我国制造业的地位形成了有力挑战。在此情形下，加强管理、提高管理效率成为企业控制成本、增强盈利能力的重要手段。国内学者从内部因素和外部因素两大视角探讨了企业管理效率的影响因素，其中内部因素主要有管理者的素质、产权性质、企业规模、组织结构、员工激励与绩效考核、信息化程度、管理模式、内部控制有效性、员工效率工资、流动资产的质量、人均资本量、总负债比例、出口占销售比例以及工业总产值等；外部因素主要有行业的竞争状态、行业前景与稳定性、上游或下游行业的垄断以及企业的地域位置等。由于产品市场竞争强度的加大会增加企业破产被清算或被兼并的风险，因而企业管理者为减少收入损失和降低失业风险，会积极经营企业，减少甚至消除机会主义行为（谭云清等，2008）[1]，进而可能降低管理成本，提高管理效率。基于此，本文试图探讨影响我国制造业企业管理效率的关键因素以及其在不同情境下的作用机制。

相对于已有成果，本研究将力图在以下三个方面有所创新：一是通过设置企业管理效率的动态响应模型，首次测度不同强度产品市场竞争条件下的企业

---

* 原载于《广东财经大学学报》2016 年第 5 期第 72~83 页。作者：李健，南京师范大学商学院副教授；杨蓓蓓，南京师范大学商学院研究生；潘镇，南京师范大学商学院教授，博士生导师。

管理效率；二是尝试探讨企业管理层持股与产品市场竞争的交互作用对管理效率的影响；三是探讨企业实际管理效率偏离标准管理效率对企业绩效的影响，进一步验证产品市场竞争与管理层持股等因素对管理效率均具有重要影响，进而为制造业企业采取合理管理方式以提高企业绩效提供参考。

二、理论基础与研究假设

（一）制造业企业产品市场竞争强弱对管理效率的影响

对企业而言，管理效率是指企业管理过程中产生的管理成本与管理活动所带来的经济利益之间的比例关系，它反映的是企业的经营管理状况（叶盛，2015）[2]。基于产品市场竞争的视角，对我国制造业企业管理效率影响机制的分析可从以下三方面来进行。

首先，产品市场竞争性越强，企业管理层的薪酬和职业越难得到保障，管理层主动努力工作以提高管理效率的动机就越强。一方面，处于转型期的我国制造业难以为有效的市场竞争机制提供足够的保障；另一方面，我国制造业处于全球产业价值链的低端，企业为求得生存被迫采取单一的价格竞争形式，又进一步加剧了制造业的市场竞争程度（申力，2007）[3]。然而，市场竞争强度的加大压缩了企业的利润空间（伊志宏等，2010）[4]，从而相应降低了管理层的绩效薪酬。此外，市场竞争强度的增加也使经营不善的企业面临被清算或被兼并的风险，进而企业股东可能倾向于更换管理者（蒋荣和陈丽蓉，2007）[5]。在此情形下，企业管理者便有较强的动机来降低企业的经营管理成本，改善企业管理效率，以此来为自己的收入和管理地位提供保障。

其次，产品市场竞争越强，企业股东和外部投资者越能有效监督管理层，进而能促使其削弱机会主义行为，提高企业管理效率。在充分竞争的市场中，市场可以充分发挥配置资源的作用，企业与竞争对手在相似产品的成本等绩效指标方面差异较小，因而企业绩效受企业经营管理行为的影响较小（Holmstrom，1999）[6]。此外，由于良好的经营业绩与管理者的个人努力和能力密不可分，高度竞争的产品市场使企业股东和外部投资者可以获得企业绩效更充分的信息，通过与竞争对手的公司绩效的比较，可以有效衡量管理层的经营管理能力和努力程度，从而能更加有效监督管理层（薛有志和刘素，2008）[7]。

最后，与较强的产品市场竞争环境相比，在产品市场竞争较弱的情况下，由于企业被敌意收购的可能性降低以及竞争压力较小，企业管理层会避免从事认知困难的管理活动，如与供应商的讨价还价等。因此，企业管理层倾向于享受"平静的生活"（Bertrand 和 Mullainathan，2001）[8]，而这会导致管理松弛，企业的原材料投入成本和管理费用更高（Giroud 和 Muller，2010）[9]，管理效率更低。根据上述分析，提出如下假设：

假设1：企业面临的产品市场竞争强弱与企业管理效率的高低呈同方向变化。即：企业面临的产品市场竞争越弱，企业管理效率越低；企业面临的产品市场竞争越强，企业的管理效率越高。

（二）产品市场竞争与管理层股权激励的交互作用对企业管理效率的影响

企业内部治理机制如管理层持股被认为可以有效缓解代理冲突，即对管理层进行股权激励可以使管理层与企业所有者的利益目标趋于一致，减少管理层的道德风险行为，从而提高经营管理效率（Tzioumis，2008）[10]。因而研究产品市场竞争对企业管理效率的作用机制，必须重视产品市场竞争与管理层持股两者之间可能存在的交互作用对企业管理效率产生的影响。

一般来说，产品市场竞争较弱，管理层股权激励更容易产生显著的"利益趋同效应"（Kim 和 Lu，2010）[11]。较弱的产品市场竞争会令管理层更容易通过自身努力实现企业绩效的提升，这是因为：一方面，管理层可增加自身的绩效工资并在经理人市场获得良好声誉；另一方面，企业价值也会随企业绩效的增加而提高，管理者凭借持股也可实现自身所持股份价值的增值（马才华和古群芳，2014）[12]。因此，在产品市场竞争程度较弱时，企业对管理层进行股权激励，有利于激励管理层努力工作和减少寻租行为，促进管理效率提高。

产品市场竞争较强时，经营不善的企业被清算的可能性增加，这会直接威胁企业股东的资金安全和管理者的职业安全（赵自强和顾丽娟，2012）[13]。因而为避免企业清算导致自身利益损失，管理者会尽力解决认知困难的问题（如与供应商的讨价还价），避免享受"平静的生活"[8]。此时管理者与股东的目标趋于一致，有利于提高管理效率。但另一方面，激烈的产品市场竞争又使企业因管理层股权激励带来的管理层与股东之间的"利益协同效应"不明显[11]，管理层持股往往又难以发挥激励管理层提高企业管理效率的作用。因此，在产品市场竞争较强时，管理层持股激励机制对企业管理效率提升的影响有限。根据上述分析，提出如下假设：

假设2：产品市场竞争越弱，管理层持股的情境效应越显著。

（三）管理效率偏离对企业绩效的影响

根据李晓翔和刘春林（2010）[14]的研究，每个企业都有一个特定的管理效率，这个特定的管理效率即为标准管理效率。当实际管理效率高于或低于标准管理效率时，两者之间差值的绝对值越大，则企业实际管理效率与标准管理效率的偏离程度越大。

企业的实际经营管理活动受内部和外部情境的影响，企业管理效率的标准值与其经营环境是相适应的，企业实际管理效率偏离管理效率的标准值就意味着与情境不合适（陈景仁等，2015）[15]。因此，本文认为企业实际管理效率与标准管理效率有任何偏离都会导致企业绩效降低。一方面，企业管理效率能衡量企业资源配置的状况和各项资源利用情况（王莹，2011）[16]，实际管理效率与标准管理效率的任何偏离，均说明企业的资源配置方式与标准的资源配置方式不一致，因而可能会导致资源利用率和企业绩效降低。另一方面，标准管理效率并不是一个固定的值，它是在动态的环境中，企业运用某种管理方式与企业外部环境有序交换产生的，因而是一个动态概念。基于管理耗散结构理论，任何企业管理系统都是一个开放的、远离平衡态的系统，企业需要与外部环境进行物质、能力和信息的交换，与内部因素相互作用和适应（黄燕和陈维政，2011）[17]。根据此观点，无论是管理效率低于标准管理效率还是高于标准管理效率，企业的经营管理都没有达到一种有序的状态，都可能导致经营管理的低效性，降低企业的绩效。根据上述分析，提出如下假设：

假设3：企业实际管理效率与标准管理效率的偏离程度越大，对企业绩效越有可能产生负向影响。

三、企业管理效率的动态响应模型

作为企业外部治理机制之一，产品市场竞争强弱不同，对企业管理效率将会产生不同的影响。而作为重要的企业内部治理机制，管理层股权激励机制也能起到缓解企业所有者与管理者之间代理问题的作用（Sing 和 DavidsonIII，2003）[18]，降低企业管理成本，提高企业管理效率。因而下面将在现有相关研究的基础上，以我国制造业企业为对象，探讨产品市场竞争程度差异对企业管理效率的影响，并进一步分析外部产品市场竞争与内部管理层持股之间交互作用对企业管理效率的影响。

（一）基础模型

借鉴杨继生和阳建辉（2015）[19]的成果，以自变量产品市场竞争为标准对样本企业进行分组，并通过比较不同组企业的管理效率差异，定量测度产品市场竞争对企业管理效率的影响。具体地，先按照产品市场竞争程度从低到高将样本企业分为3组，并选择前1/3组和后1/3组作为低市场竞争组和高市场竞争组，再设置模型检验产品市场竞争差异对企业管理效率是否存在差异化影响。基础模型如下：

$$ME_{i,t} = \delta + \beta PCW_{i,t} + \gamma \text{Control} + \mu_i + \varepsilon_{i,t} \tag{1}$$

其中：$ME_{i,t}$ 为企业管理效率，属于被解释变量，本文参照杨继生和阳建辉（2015）[19]的研究，采用企业管理费用与销售费用之和与营业总收入的比值来测量该指标，指标值越大，企业管理效率越低。姜付秀等（2008）[20]认为，在竞争激烈的环境中，以企业的某些绩效指标来衡量企业所在行业的竞争状况可能更加合理。存货周转率可以反映产品市场竞争状况，即企业面临的产品市场竞争越激烈，存货周转率越低。因此，本文参考其做法，采用存货周转率的倒数作为产品市场竞争的代理变量。存货周转率的倒数越大，产品市场竞争越激烈。$PCW_{i,t}$ 为虚拟变量，若企业属于低市场竞争组，则 $PCW_{i,t}$ 值为1，反之则为0。若参数 β 显著不为0，则说明差异化的产品市场竞争对企业管理效率会产生差异化的影响。根据本文假设1，产品市场竞争越低，企业管理效率越低，由于企业管理效率指标是反向指标，因此本文预测 β 应当显著为正。

（二）企业管理效率模型的扩展

1. 引入管理层持股的静态管理效率模型

为识别管理层持股的情境效应，本文在模型（1）的基础上引入交互效应，得到如下新的模型：

$$ME_{i,t} = \delta + \beta PCW_{i,t} + \lambda PCW_{i,t} * DIR_{i,t} + \gamma Control + \mu_i + \varepsilon_{i,t} \quad (2)$$

其中：$DIR_{i,t}$ 表示企业管理层持股，本文借鉴谭庆美等（2013）[21]的成果，以管理层持股数量与企业总股本的比值对其赋值；$PCW_{i,t} * DIR_{i,t}$ 为产品市场竞争与中心化后的管理层持股的交叉乘积项①，表示两者之间存在交互作用。因此，在模型（2）中，若交叉项的系数 λ 显著不为0，则说明在不同产品市场竞争情形下，管理层持股对企业管理效率的影响存在显著性差异。根据假设2，在产品市场竞争较弱时，管理层持股有利于企业从内部治理机制方面提升管理效率，从而弱化弱产品市场竞争对管理效率的负向影响，因此可预期乘积项系数 λ 显著为负。

2. 引入高市场竞争企业的静态管理效率模型

模型（2）仅仅考虑了产品市场竞争与管理层持股对企业管理效率的偏效应。但在产品市场竞争较弱的情形下，企业管理效率的变化缺乏参照对象和衡量标准，因而难以测量处于竞争较弱环境中企业管理效率损失的具体额度。本文参照杨继生和阳建辉（2015）[19]的做法，基于产品市场竞争程度对企业的分组，在回归方程中引入高市场竞争组，并以该组企业为参照对象，进一步探讨产品市场竞争与管理层持股对企业管理效率变化的具体作用机制。因而模型

---

① 为避免多重共线性，将连续型变量中心化后再相乘获得乘积项。

(2) 进一步扩展为：

$$ME_{i,t} = \delta_0 + \delta_1 PCW_{i,t} + \theta_0 PCW_{i,t} * DIR_{i,t}$$
$$+ \theta_1 PCS_{i,t} * DIR_{i,t} + \gamma Control + \mu_i + \varepsilon_{i,t} \quad (3)$$

其中：$PCS_{i,t}$ 为虚拟变量，若企业属于高市场竞争组，则赋值为 1，反之赋值为 0；$PCS_{i,t} * DIR_{i,t}$ 为产品市场竞争与中心化后的管理层持股的交叉乘积项，表示两者之间存在交互作用。相比模型（2），该模型引入高市场竞争组使得低市场竞争组有了参照对象。借鉴杨继生和阳建辉（2015）[19]的测量思路，模型（3）中的 δ_0 表示高市场竞争组企业的管理成本，本研究以此作为基准管理成本；δ_1 反映的是低市场竞争组企业在基准管理成本上的差异。并且，通过比较两个乘积项 $PCW_{i,t} * DIR_{i,t}$ 与 $PCS_{i,t} * DIR_{i,t}$ 的系数差异，即可衡量外部产品市场竞争与内部管理层持股对企业管理效率的异质性作用。根据假设 2，产品市场竞争较弱时，管理层持股可以促进企业管理效率的提高，进而可削弱产品市场竞争对管理效率的负向影响。因此可预期乘积项 $PCW_{i,t} * DIR_{i,t}$ 的系数 θ_0 显著为负。

3. 产品市场竞争、管理层持股及交互效应对管理效率作用的动态面板模型

由于企业经营管理具有很强的惯性特质（Hart 和 Ahuja，1996）[22]，故在模型（3）的基础上引入企业管理效率的适应性动态调整项构建动态面板模型，将模型（3）进一步扩展为：

$$ME_{i,t} = \delta_0 + \delta_1 PCW_{i,t} + \theta_0 PCW_{i,t} * DIR_{i,t} + \theta_1 PCS_{i,t} * DIR_{i,t} + \rho ME_{i,t-k} +$$
$$\gamma Control + \mu_i + \varepsilon_{i,t} \quad (4)$$

模型（4）是一个交互效应动态面板模型。其中，$ME_{i,t-k}$（$k=1$，2，3）表示使用了被解释变量管理效率的滞后三阶来反映惯性特质，其系数 ρ 为自回归系数，μ_i 表示不随时间变化的个体特质效应，$\varepsilon_{i,t}$ 表示随机扰动项。

为保证模型设定的完备性，基于现有研究，再依次加入影响企业管理效率的控制变量：

信息非对称性（TQ）。现代公司财务理论认为，信息不对称是引起代理冲突的根源之一，借鉴 Hill 等（2010）[23]的研究成果，以托宾 Q 作为其代理变量。

资金状况（LIQ）。参考杨继生和阳建辉（2015）[19]的研究成果，考虑财务风险与资金的充足状况对管理效率的影响，以流动资产与资产总额的比值作为其代理变量。

交易规模（TS）。企业内部与外部利益相关者之间的交易规模会影响两者之间的交易次数和交易成本，借鉴杨继生和阳建辉（2015）[19]的做法，以企业营业总收入与资产总额的比值作为交易规模的测量指标。

管理者的风险厌恶程度（RA）。企业管理者自身对风险的偏好是企业代理成本的影响因素之一（Knopf等，2002）[24]，进而会对企业管理成本产生影响，因而本文借鉴周开国等（2008）[25]的方法，以企业所有者权益合计与资产总额的比值来衡量管理者的风险厌恶状况。

年度虚拟变量（Year Dummy）。考虑到不同年份的经济、政策和市场因素等对企业管理效率可能的影响，加入 $T-1$ 期年度虚拟变量以控制年度固定效应。

根据假设1，高市场竞争组企业的管理效率高于低市场竞争组企业的管理效率，因此预期虚拟变量 $PCW_{i,t}$ 的系数 δ_1 显著为正（即 $\delta_0 + \delta_1 > \delta_0$）。根据假设2，产品市场竞争较弱时，管理层持股有利于提高企业的管理效率，而产品市场竞争较强时，管理层持股难以发挥激励管理层促进管理效率提高的作用，因此预期 $PCW_{i,t} * DIR_{i,t}$ 的系数 θ_0 显著为负，$PCS_{i,t} * DIR_{i,t}$ 的系数 θ_1 变化不显著。

（三）企业管理效率偏差与企业绩效动态模型

企业的管理效率受产品市场竞争、管理层持股和变量的影响，这些变量共同决定了标准管理效率，实际管理效率与标准管理效率的任何偏离都会导致企业绩效的损失，因为偏离表明与企业所在情境的不适合。为分析管理效率偏离与企业绩效之间的关系，本文构建如下动态回归模型：

$$ROA_{i,t} = \delta + \beta DME_{i,t} + \beta_1 DIR_{i,t} + \beta_2 PCW_{i,t} + \beta_3 PCS_{i,t} + \beta_4 ROA_{i,t-k} + \gamma Control + \mu_i + \varepsilon_{i,t} \quad (5)$$

其中：$ROA_{i,t}$ 表示企业绩效，为被解释变量；$ROA_{i,t-k}$（$k=1, 2, 3$）表示使用了企业绩效的滞后三阶来反映惯性特质，其系数 β_4 为自回归系数，该指标参考陆正飞等（2012）[26]的研究成果，以企业净利润与资产总额的比值来衡量；$DME_{i,t}$ 表示企业管理效率偏离，为解释变量，本文参考李晓翔和刘春林（2010）[14]对冗余结构偏离的测量方法，将实证估计结果中各相关因素对应的数值代入到模型（4）①，得到这些因素共同作用下的标准管理效率值，进而将实际管理效率与相对应的标准管理效率之差的绝对值作为对应的管理效率偏离。这种测量方法的理论逻辑是：在特定内外部环境的约束下，企业的某种特征有一个对应的标准值（该值由对所研究样本企业实证回归结果及企业内外部影响因素对应的实际值决定），以实际值与标准值之差的绝对值来衡量企业实际值偏离标准值的大小[14]。根据假设3，企业实际管理效率与标准管理效率的偏离程度越大，

---

① 虽然部分变量与管理效率的关系并不显著，但更多变量的加入可以更好地解释自变量，因而仍然将这些变量写入模型中。现有文献在做类似研究时也是将所有变量放入模型中，如李晓翔和刘春林（2010）[14]。

对企业绩效越有可能产生负向影响,因此我们预期管理效率偏离 $DME_{i,t}$ 的系数 β 显著为负。

四、研究设计与实证结果

(一)样本数据来源与实证方法

自 2005 年我国出台《上市公司股权激励管理办法(试行)》后,与管理层股权激励相关的法律法规才逐渐完善(周绍妮,2010)[27],因此,本文以 2005—2014 年我国 A 股制造业企业为研究对象。相关数据来源于 CSMAR 数据库并作以下处理:(1)由于 B 股或 H 股的上市企业面临境内外双重监管,因而剔除该类上市企业,以避免异常值的影响;(2)剔除 ST 或 ST* 的样本;(3)剔除管理层持股为 0 和缺失的样本;(4)为了消除极端值的影响,对于连续型变量按照 1% 分位数进行 winsorize 处理。最终得到的样本为 1 166 家截面企业、观测值为 6 834 的非平衡面板数据集。

考虑到模型中被解释变量即企业管理效率与滞后变量及其他解释变量之间可能存在内生性问题,本文选择系统广义估计法(SYS - GMM)来对动态模型进行估计。首先对模型进行一阶差分 GMM 估计以消除个体特质效应 μ_i;再引入被解释变量的滞后项作为相应内生变量的工具变量来估计差分方程,进而得到一阶差分广义估计量;最后运用水平方程的矩条件,将内生变量一阶差分作为水平方程中相应的水平变量的工具变量。使用软件 Stata12,采用命令 Xtdpdsys 进行回归,在 SYS - GMM 估计中,为避免滞后期太长而导致弱工具变量问题,本文在估计时限定最多使用变量的一阶滞后值作为工具变量。

(二)描述性统计

表 1　各变量描述性统计结果

变量名	均值	标准差	最小值	最大值
$ME_{i,t}$	0.162	0.114	0.019	0.623
$PCW_{i,t}$	0.333	0.471	0	1
$PCS_{i,t}$	0.333	0.471	0	1
$DIR_{i,t}$	0.155	0.222	8.83e-07	0.717
$ROA_{i,t}$	0.044	0.057	-0.193	0.220
$TQ_{i,t}$	1.709	0.973	0.590	6.316
$LIQ_{i,t}$	0.576	0.178	0.181	0.922
$TS_{i,t}$	0.708	0.423	0.143	2.533
$RA_{i,t}$	0.579	0.213	0.012	0.962

表 1 报告了模型中各主要变量的描述性统计结果。可以看出，被解释变量即管理效率（$ME_{i,t}$）的最小值为 0.019，最大值为 0.623，均值为 0.162，表明我国制造业企业管理效率存在较大差异。此外，管理层持股比例（$DIR_{i,t}$）的最小值为 8.83e-07，最大值为 0.717，均值为 0.155，表明不同企业管理层持股占比存在较大差异。

（三）实证结果与分析

实证结果分为两部分：一是产品市场竞争及其与管理层持股之间的交互作用对企业管理效率的影响分析，见模型（4）和模型（6）；二是企业实际管理效率与标准管理效率的偏离对企业绩效的影响分析，见模型（5）和模型（7）。基于系统 GMM 估计方法的实证结果见表 2。

为检验模型（4）中扰动项的自相关问题及所选择工具变量的有效性，对其进行 Arellano-Bond 检验和 Sargan 检验。Arellano-Bond 检验结果（AR（1）和 AR（2））显示，一阶自相关的 p 值为 0，说明扰动项存在一阶序列相关，而二阶自相关检验结果在 10% 的水平上不显著，表明扰动项不存在二阶序列相关。Sargan 检验 P 值大于 10%，表明过度识别的工具变量有效。实证结果显示，$PCW_{i,t}$ 的系数显著为正，低市场竞争组企业的可比基准管理成本（约为营业总收入的 13.1%①）为高市场竞争组企业（约为营业总收入的 9.3%②）的 1.4 倍，即低市场竞争组企业的管理效率相比高市场竞争组企业下降了约 3/10③，假设 1 得到验证。此外，在模型（4）中，交叉乘积项 $PCW_{i,t} * DIR_{i,t}$ 的系数为负，在 5% 水平上显著，表明在市场竞争程度较低的情况下，管理层持股能激励管理层降低管理成本，提高管理效率。然而，交叉乘积项 $PCS_{i,t} * DIR_{i,t}$ 的系数虽为正，但即使在 10% 水平上也不显著，这表明管理层持股的情境效应只存在于市场竞争程度低的企业中，对于高强度市场竞争的企业，外部治理机制已足以促进管理层降低管理成本，提升管理效率。因此，假设 2 得到验证。

---

① $\delta_0 + \delta_1 = 9.3\% + 3.8\% = 13.1\%$。

② $\delta_0 = 9.3\%$。

③ $\delta_0 / (\delta_0 + \delta_1) = 29.01\%$。

表2 实证结果

变量名	模型（4）	模型（5）	模型（6）	模型（7）
$TQ_{i,t}$	0.000（0.28）	0.003*（1.72）	0.001（0.35）	0.003*（1.70）
$LIQ_{i,t}$	-0.019（-0.96）	0.151***（5.92）	-0.016（-0.85）	0.151***（5.91）
$TS_{i,t}$	-0.070***（-5.94）	0.068***（7.50）	-0.067***（-5.62）	0.067***（7.30）
$RA_{i,t}$	-0.030**（-2.04）	0.135***（6.21）	-0.030**（-2.05）	0.135***（6.20）
$ME_{i,t-1}$	0.777***（18.92）		0.772***（18.35）	
$ROA_{i,t-1}$		0.152***（2.88）		0.158***（3.03）
$PCS_{i,t}$		-0.055（-1.40）		-0.032（-0.85）
$DIR_{i,t}$		0.051*（1.70）		0.050（1.64）
时间虚拟变量检验	43.06***	24.01***	43.50***	24.71***
常数	0.093***（4.68）	-0.154***（-7.12）	0.091***（4.89）	-0.160***（-7.20）
$PCW_{i,t}$	0.038***（2.64）	-0.015（-1.39）	0.036***（2.63）	-0.016（-1.30）
$PCW_{i,t}*DIR_{i,t}$	-0.040**（-2.56）		-0.038**（-2.35）	
$PCS_{i,t}*DIR_{i,t}$	0.024（0.74）		0.035（0.95）	
$DME_{i,t}$		-0.127**（-2.51）		-0.127**（-2.45）
AR（1）检验	0.000	0.000	0.000	0.000
AR（2）检验	0.463	0.444	0.369	0.449
Sargan检验	0.974	0.710	0.947	0.698

注：(1) *、**和***分别表示10%、5%和1%的显著性水平（下表同）；(2) 括号内为基于考虑了异方差-序列相关的稳健标准误的Z值（下表同）；(3) Sargan test报告了工具变量过度识别检验的p值；(4) AR（1）和AR（2）检验分别报告了一阶和二阶序列相关检验的p值；(5) 时间虚拟变量检验一栏报告了联合显著性检验chi2的值。

由于管理效率的提升或降低具有持续性，因此本文分析动态模型的同时，再参考鞠晓生等（2013）[28]的做法，只保留至少5年有连续观测值的企业，对回归方程（4）进行回归，此时样本数量虽然减少至5364个，但通过多年连续观测也可以更好地体现出管理效率的波动性，使得样本在时间序列上更具有代表性。回归结果模型（6）中的报告显示，Arellano-Bond检验显示模型中扰动项不存在显著的自相关，Sargan检验结果表明过度识别的工具变量总体上是有效的。并且$PCW_{i,t}$的系数显著为正，说明低市场竞争组企业的管理成本高于高市场竞争组的企业管理成本，假设1得到验证。此实证结果与前文实证分析结果相一致。此外，交叉乘积项$PCW_{i,t}*DIR_{i,t}$的系数显著为负，表示在产品市场竞争较弱时，管理层持股降低了企业管理成本，提高了企业管理效率。交叉乘积项$PCS_{i,t}*DIR_{i,t}$的系数为正却不显著，表明在产品市场竞争较强时，管理层股权激励对提高管理效率的作用并不明显,从而假设 2 得到验证。因此,此实证结果与模型(4)结果相一致,说明实证结果不受数据结构的影响。

表 2 列出了对模型(5)进行 $Arellano\text{-}Bond$ 检验和 $Sargan$ 检验的结果及 GMM 估计的实证结果,可检验管理效率偏差对企业绩效的影响。$Arellano\text{-}Bond$ 检验统计值中,一阶自相关的 p 值为 0,且二阶自相关检验统计值在 10% 水平上不显著,表明模型(5)中扰动项不存在显著自相关。此外,$Sargan$ 检验的统计值 p 值大于 10%,显示过度识别的工具变量在总体上是有效的。实证结果中,企业管理效率偏差($DME_{i,t}$)的系数显著为负,表明企业实际管理效率与本文提出的由产品市场竞争、管理层持股以及其他影响变量(信息非对称性、资金状况、交易规模与管理者的风险厌恶程度)共同决定的标准管理效率之间有任何的偏差,均会导致企业绩效的损失,假设 3 得到验证。同样,在只保留至少 5 年连续观测值的样本中,模型(7)的实证结果显示企业管理效率偏差($DME_{i,t}$)的系数在 5% 水平上显著为负,表明企业实际管理效率与标准管理效率之间的偏差对企业绩效有负向影响,假设 3 再次得到验证,且与模型(7)的分析结果相一致。

五、反事实稳健性检验

(一)倾向得分匹配法模型

由于企业面临的产品市场竞争程度并非完全随机分配,当产品市场竞争程度激烈时,即使企业管理效率高,也不能由此判断高效率是由产品市场竞争直接导致而来,因为我们无法观察到高市场竞争企业在面临低市场竞争时其管理效率如何。即:对一个企业而言,我们不可能同时观察到高市场竞争与低市场竞争对管理效率差异的影响,在任何时点上,同一企业只能是这两种状态中的一种,这正是反事实(Couterfactuals)因果推断的分析框架。此外,产品市场竞争与管理效率的内生性问题也需要关注。企业的自身特征如企业规模、成长性、负债比例等,理论上也可能受到企业管理效率的影响(张会丽和吴有红,2012)[29],因而也可能带来"选择偏差"问题。

根据反事实匹配思想,若高市场竞争与低市场竞争中的两类企业的差异能被一组共同因素所解释,那么,在使用这些共同影响因素进行分层配对后,通过观察这两组企业的管理效率差异,再将各分层额差异以及分层所占比例做适当加权,即可得到总体平均处理效应(ATE)、处理组平均处理效应(ATT)和控制组平均处理效应(ATU),从而可最终确定产品市场竞争与管理效率之间的因果联系,尽可能避免"选择偏差"问题。由于单个因素的分层匹配比较耗时,而倾向得分法通过将多个因素浓缩成一个指标——倾向得分值(PS 值),可使多元匹配更具效率。

给定样本特征 X,某企业面临低市场竞争的条件概率可表示为:

$$p(X_i) = Pr[D_i = 1 \mid X_i] = E[D_i \mid X_i] \qquad (6)$$

其中:D_i 代表指标函数,若某家企业面临低市场竞争($PCW_i = 1$),则 D_i 赋值为1,表示处理组企业;若面临高市场竞争($PCS_i = 1$),则 D_i 赋值为0,表示控制组企业。X 代表可能影响企业是否面临不同程度产品市场竞争的匹配变量①,如果企业面临的产品市场竞争状态是随机的,则可以通过二元选择模型进行回归估计,即用 $Pr[D_i = 1 \mid X_i]$ 表示某企业在 X 条件下面临低市场竞争的概率。通过处理组和控制组在概率上的相似度进行匹配,配对的有效性取决于条件独立性和重叠假定。产品市场竞争对管理效率影响的平均处理效应可表示为:

$$\widehat{ATT} = \frac{1}{N_1} \sum_{i:D_i=1} \left[y_i - \sum_{j,D_j=0} w(i,j) y_j \right] \qquad (7)$$

其中,N_1 代表处理组个体数。在不同匹配方法中,适用于配对 (i,j) 的权重 $w(i,j)$ 有所差异。由于 Kernel 匹配被认为不存在产生无效标准差的问题(Gilligan 和 Hoddinott,2007)[31],因此本文选用 Kernel 匹配进行倾向得分匹配。此时,权重 $w(i,j)$ 的表达式如下:

$$w(i,j) = \frac{K[(x_j - x_i)/h]}{\sum_{k:D_k=0} K[(x_K - x_i)/h]} \qquad (8)$$

其中,h 为指定带宽,K 为 Kernel 函数。

(二)倾向得分匹配法实证结果

为获得倾向得分匹配法中平均处理效应 ATT 的估计值,下面对处理组的产品市场竞争影响因素进行二值选择分析。首先报告 probit 模型结果,并以 logit 模型作为 PSM 方法的稳健性检验结果。由于所使用的数据为非平衡面板数据,因而也可以使用面板二值选择模型获取 PSM 值。其次根据面板二值选择模型的似然比检验统计量值及其显著水平选择模型,如果似然比检验统计量值在10%水平上显著,则优先选择面板二值选择模型。检验结果显示,面板 probit 模型中的似然比检验 chibar2 值为 3 815.89,p 值为 0,面板 logit 模型中的似然比检验 chibar2 值为 3 889.49,p 值为 0,因此本文报告面板二值选择模型下的倾向得分结果。此外,由于二值选择模型为 0 – 1 型变量,只能获知自变量对因变量的影

---

① 结合已有研究(李静等,2013)[32],本文选取短期负债比例、长期负债比例、盈利能力、企业规模和企业成长性5个变量。

响方向,不能给出产品市场竞争变量的边际效应,因此本文同时报告进一步的各变量的边际效应(见表3)。

表3 倾向得分的估计结果和边际效应

PC2	面板 probit 估计结果	面板 probit 边际效应	面板 logit 估计结果	面板 logit 边际效应
$SDR_{i,t}$	−0.481	−0.163	−1.223	−0.146
	(−0.73)	(−0.74)	(−1.43)	(−1.43)
$LDR_{i,t}$	−0.437	−0.148	−2.217	−0.265
	(−0.21)	(−0.21)	(−0.45)	(−0.46)
$PROF_{i,t}$	−0.978	−0.332	−2.958	−0.353
	(−0.49)	(−0.50)	(−1.09)	(−1.10)
$SIZE_{i,t}$	−0.494***	−0.168***	−2.112***	−0.252***
	(−2.94)	(−3.52)	(−10.18)	(−9.89)
$GROWTH_{i,t}$	0.107	0.036	0.396	0.047
	(0.42)	(0.42)	(0.84)	(0.84)

面板 probit 模型给出了企业面临低市场竞争程度的概率,即倾向得分。企业的倾向得分越高,表明其面临低市场竞争的概率越大。图1中的(a)和(b)分别代表处理组(低市场竞争程度组,样本数为2 278)和控制组(高市场竞争程度组,样本数为2 278)的 PS 值在匹配前后的 Kernel 密度函数。相比之下,在完成匹配后,处理组和控制组的 PS 值概率分布更加接近,表明二者各方面的特质已经非常接近,probit 模型下采用 Kernel 密度函数的匹配效果较好(logit 模型下 Kernel 密度函数图与此相似,不单独列出)。匹配后的图形还显示,高市场竞争组的倾向得分整体偏于较低部分,而低市场竞争组的倾向得分分布偏右,其平均得分高于高市场竞争组的得分。

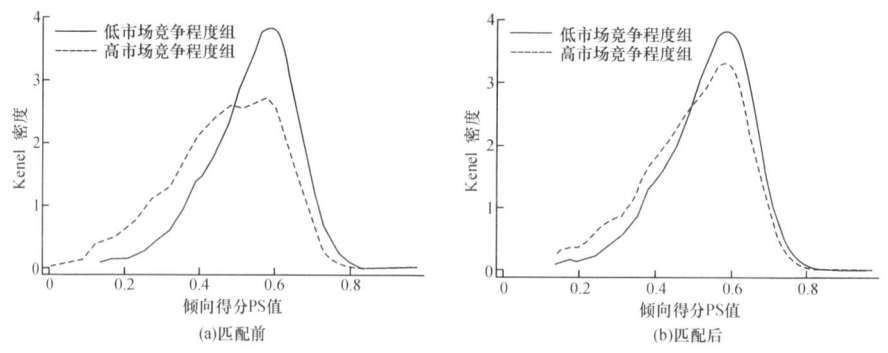

图1 处理组和控制组的 PS 值在匹配前后的 Kernel 密度函数图

表4　倾向得分匹配的处理效应（全样本）

处理效应	处理组	对照组	差距	标准误	T检验值
OLS	0.218	0.105	0.113	0.003	32.93***
probit 模型下 ATT	0.218	0.111	0.107	0.004	30.52***
logit 模型下 ATT	0.218	0.110	0.108	0.004	30.53***

表4报告了经过倾向性得分匹配后的处理组平均处理效应ATT值，以此可对产品市场竞争与管理效率的关系进行证明。考虑到潜在的小样本偏误对结论的影响，本研究采取基于"自抽样法（Bootstrap）"获得的相关统计量的标准误进行统计推断。获取Bootstrap标准误的步骤如下：首先通过重复随机抽样从原始样本中抽取n个样本作为经验样本，再采用Kernel密度匹配函数计算经验样本的ATT，并将以上两个步骤重复进行500次，得到ATT的500个经验统计量，即ATT_1，ATT_2，…，ATT_{500}，然后通过计算即可得到原始样本ATT统计量的标准误。表4还报告了probit模型和logit模型中的ATT基于Bootstrap标准误的统计结果，显示经过倾向性得分匹配后，处理组平均处理效应ATT的差距为0.107（probit模型）和0.108（logit模型），两者均在1%水平上显著为正，表明低市场竞争组和高市场竞争组的管理效率存在明显差异。使用倾向得分匹配法得出的分析结果和使用系统GMM估计方法得到模型（4）和模型（6）中低市场竞争与管理效率关系的回归系数$PCW_{i,t}$结果均显著为正，说明即使考虑了反事实情形和产品市场竞争与管理效率之间的内生性问题，仍然可以证明低市场竞争减弱了企业管理效率。

根据Smith和Todd（2005）[32]的研究，通过计算配对后，处理组和对照组基于各匹配变量的标准偏差可以对匹配平衡进行检验。表5显示，无论是probit模型还是logit模型，本文所选取的匹配变量及Kernel匹配方法都可使标准偏差的绝对值在20%以下。而一般认为，只要标准偏差的绝对值小于20%，就不会引起匹配的失效（李静等，2013）[30]，因而匹配结果满足了匹配平衡的要求。

表5　匹配变量平衡检验结果（全样本）

probit 模型	处理组均值	对照组均值	标准偏差%	标准偏差减少
SDR	0.347	0.347	0	99.8
LDR	0.042	0.040	2.3	90.1
PROF	0.059	0.063	-1.6	60.3
SIZE	21.403	21.431	-2.4	95.4
GROWTH	0.191	0.197	-1.0	73.9

续表

probit 模型 logit 模型	处理组均值 处理组	对照组均值 对照组	标准偏差% 差距	标准偏差减少 Bootstrap 标准误
SDR	0.347	0.346	0.1	99.5
LDR	0.042	0.040	2.2	90.6
PROF	0.059	0.062	−1.6	60.8
SIZE	21.403	21.43	−2.4	95.5
GROWTH	0.191	0.195	−0.7	80.4

综上，本文考虑了反事实情形及产品市场竞争与管理效率之间可能存在的内生性关系后，采取 Kernel 得分匹配对产品市场竞争与管理效率之间的关系进行反事实检验，仍然可以得出低市场竞争会有损企业管理效率的结论。

六、研究结论与建议

一直以来，要素和劳动力成本优势是我国制造业迅速发展的重要推动力。然而，随着劳动力成本的不断上升、生产性能源的透支使用以及国际市场技术壁垒的持续加深，我国制造业企业正面临巨大的压力。从管理水平视角来看，我国制造业企业管理方式还比较粗放，管理制度仍不够完善和不够系统，管理效率较低。基于此，本文以 2005—2014 年制造业上市公司为对象，构建企业管理效率对产品市场竞争、管理层持股等因素的交互效应的动态反应机制面板模型，以测度产品市场竞争程度差异下管理效率的变化。经过实证分析，得出以下结论：（1）随着产品市场竞争程度的增加，企业管理效率有所提高。本文根据产品市场竞争程度将样本企业分为高市场竞争组和低市场竞争组，以高市场竞争组企业为基准，低市场竞争组企业的管理成本是高市场竞争组企业管理成本的 1.4 倍，低市场竞争组企业的管理效率相比高市场竞争组企业下降了约 3/10。（2）建立动态模型并引入产品市场竞争与管理层持股交互项的研究显示：当产品市场竞争较弱时，管理层股权激励有利于发挥内部治理机制的作用，有利于降低企业管理成本和提高企业管理效率。（3）对产品市场竞争、管理层持股及其他影响变量（信息非对称性、资金状况、交易规模与管理者的风险厌恶程度）共同决定的标准管理效率间的偏差对企业绩效的影响做进一步检验，发现管理效率的偏离对企业绩效有负向影响。

以上研究结论对微观企业质量管理和宏观政策制定均具有一定启示：（1）应完善市场竞争机制，充分发挥市场竞争约束管理层机会主义行为的作用，提高企业管理效率。产品市场竞争的加剧使企业经营面临极大的不确定性，迫使企业管理层努力经营企业，减少或消除利益寻租行为，降低管理成本，提高管理效率。因此，政府有必要进一步深化市场经济体制改革，降低甚至消除行业进入壁垒，营造自由竞争的市场环境，缓解管理层与企业所有者之间的代理冲突，发挥产品市场竞争的外部治理作用，要通过加强外部市场竞争，推动企业提升管理效率。（2）制造业企业应加强对管理层的股权激励。现代企业管理中的委托代理问题的关键，是要在信息不对称的情况下对代理人进行监督、激励和约束，以避免代理人的自利行为。本文的研究表明，在产品市场竞争程度较低时，管理层持股能有效改善低市场竞争情况下企业管理效率的损失。因此，我国制造业企业应积极推行管理层股权激励制度，缓解管理者与股东之间的代理冲突，将内部治理机制与外部治理机制相结合，提升管理效率。（3）在提高管理效率的实践中，企业要考虑内外部环境对管理效率的影响，寻求最优的管理方式。企业经营总是处于特定的环境之中，因而企业应根据自身所处的经营环境，围绕自身的标准管理效率来调整管理方式，以减弱企业实际管理效率偏离给企业绩效带来的冲击。

参考文献

[1] 谭云清，朱荣林，韩忠雪. 产品市场竞争、经理报酬与公司绩效：来自中国上市公司的证据[J]. 管理评论，2008（2）：58-62.

[2] 叶盛. 制造业的竞争力和管理效率研究[J]. 经营管理，2015（7）：138.

[3] 申力. 中国制造业过度竞争问题研究[D]. 厦门：厦门大学，2007.

[4] 伊志宏，姜付秀，秦义虎. 产品市场竞争、公司治理与信息披露质量[J]. 管理世界，2010（1）：133-141.

[5] 蒋荣，陈丽蓉. 产品市场竞争治理效应的实证研究：基于 CEO 变更视角[J]. 经济科学，2007（2）：102-111.

[6] HOLMSTROM. Managerial incentive problems: a dynamic perspective [J]. Review of Economic Studies, 1999, 66: 69-182.

[7] 薛有志，刘素. 产品市场竞争、领导权结构与公司多元化战略[J]. 山西财经大学学报，2008（12）：59-64.

[8] BERTRAND M, MULLAINATHAN S. Are CEOs rewarded for luck? the ones without principals are [J]. Quarterly Journal of Economics, 2001, 116 (3): 901-932.

[9] GIROUD X, MULLER H M. Dose corporate governance matter in competitive industries [J]. Journal of Financial Economics, 2010, 95 (3): 312-331.

[10] TZIOUMIS K. Why do firms adopt CEO stock options? evidence from the United States [J]. Journal of Economic Behavior & Organization, 2008, 68 (1): 100-111.

［11］KIM E H, LU Y. CEO ownership and valuation［EB/OL］.（2010-03-16）［2016-05-10］. http：//ssrn. com/abstract = 1572602, 2010-03-16.

［12］马才华, 古群芳. 基于博弈视角的管理层持股与代理成本分析［J］. 会计之友, 2014（20）：53-56.

［13］赵自强, 顾丽娟. 产品市场竞争、会计稳健性与融资成本——基于中国上市公司的实证研究［J］. 经济与管理研究, 2012（11）：49-60.

［14］李晓翔, 刘春林. 高流动性冗余资源还是低流动性冗余资源——一项关于组织冗余结构的经验研究［J］. 中国工业经济, 2010（7）：94-103.

［15］陈景仁, 李健, 李晏墅. 产品市场竞争、融资约束与组织冗余结构［J］. 经济与管理研究, 2015（6）：129-138.

［16］王莹. 浅析企业管理效率相关理论［J］. 黑龙江科技信息, 2011（2）：103.

［17］黄燕, 陈维政. 基于管理熵和管理耗散结构理论的开放式绩效管理系统［J］. 重庆理工大学学报, 2011（4）：21-25.

［18］SING M, DAVIDSONIII W N. Agency costs, ownership structure and corporate governance mechanisms［J］. Journal of Banking and Finance, 2003, 27（5）：793-816.

［19］杨继生, 阳建辉. 行政垄断、政治庇佑与国有企业的超额成本［J］. 经济研究, 2015（4）：50-61.

［20］姜付秀, 屈耀辉, 陆正飞, 等. 产品市场竞争与资本结构动态调整［J］. 经济研究, 2008（4）：99-110.

［21］谭庆美, 刘亚光, 马铭泽. 管理层持股、产品市场竞争与企业价值——基于中国A股上市企业面板数据的实证分析［J］. 天津大学学报, 2013（2）：97-103.

［22］HART S L, G AHUJA. Does it pay to be green? an empirical examination of the relationship between emission reduction and firm performance［J］. Business Strategy and the Environment, 1996, 5：30-37.

［23］HILL M D, G W KELLY, M J HIGHFIELD. Net operating working capital behavior：a first look［J］. Financial Management, 2010, 2：783-805.

［24］KNOPF J D, NUM J, THORNTON JR J H. The volatility and price sensitivities of managerial stock option portfolios and corporate hedging［J］. The Journal of Finance, 2002, 57（2）：801-813.

［25］周开国, 李涛, 何兴强. 什么决定了商业银行的净利差［J］. 经济研究, 2008（8）：65-76.

［26］陆正飞, 王雄元, 张鹏. 国有企业支付了更高的职工工资吗？［J］. 经济研究, 2012（3）：28-39.

［27］周绍妮. 中国上市公司管理层股权激励特征研究［J］. 北京交通大学学报, 2010（4）：56-61.

［28］鞠晓生, 卢荻, 虞义华. 融资约束、营运资本管理与企业创新可持续性［J］.

经济研究, 2013 (1): 4-16.

[29] 张会丽, 吴有红. 超额现金持有水平与产品市场竞争优势——来自中国上市公司的经验证据 [J]. 金融研究, 2012 (2): 183-195.

[30] 李静, 彭飞, 毛德凤. 研发投入对企业全要素生产率的溢出效应——基于中国工业企业微观数据的实证分析 [J]. 经济评论, 2013 (3): 77-86.

[31] GILLIGAN D O, HODDINOTT J. Is there persistence in the impact of emergency food aid? evidence on consumption, food security, and assets in rural ethiopia [J]. American Agricultural Economics Association, 2007, 89 (2): 225-242.

[32] SMITH J, TODD P. Does matching overcome LaLonde's critique of nonexperimental estimators [J]. Journal of Econometrics, 2005, 125 (1-2): 305-353.

论"一带一路"视域下的中国会计变革*

一、问题提出

中国正在经历着一场历史性的蜕变,经济增长率令世界刮目,人民生活水准得到显著改善。经济的发展决定了会计的变革,会计的变革也会影响和反作用于经济的增长,这种影响和反作用是会计的经济效应和管理效应的体现。从马克思关于资本主义生产过程与簿记的论述,到朱镕基等国家领导人眷注并亲自助推我国会计事业的发展,再到 20 国集团首脑会议关注高标准的全球会计准则的建立,充分说明了会计对国家经济发展乃至全球经济和谐发展特有的重要作用。习近平总书记相继提出的建设并发展"丝绸之路经济带"及"21 世纪海上丝绸之路"的重大战略倡议,为推动会计变革提供了难得的契机。蕴含着以经济合作为主轴,人文交流为支撑,通达包容为思想的合作意识形态,囊括多个国家及地区的新兴经济成长体雏形初现,其内涵可解读为:金融合作、产业合作、能源开发、基础设施建设、实现区域共赢。在"一带一路"的不断丰富深化与建设过程中,我国会计行业的面向和着眼点应放在促进和配合"一带一路"倡议发展的高度。站在新的历史起点放眼未来,我们应该思考如何围绕"一带一路"进行经济利益与非经济利益计量,在金融合作中合理地引导资源流动和分配?如何推进会计职能转型和观念转变,全面参与组织的经济管理活动,继而发挥价值创造作用?如何助力生态建设,为降低在"一带一路"建设中付出的生态环境代价提供会计理论的支持和指导?如何兼顾社会公平与效率,发挥着明确权利与责任、守护经济民主与经济秩序的重要功能?如何创新会计人

---

* 原载于《广东财经大学学报》2016 年第 3 期第 93～101 页。作者:于洪鉴,东北财经大学会计学院博士研究生;孔晨,东北财经大学会计学院博士研究生;陈艳,东北财经大学会计学院教授,博士生导师。

才培养与评价体制,增强"一带一路"建设的智力和人才支撑?本文将对以上问题进行深入探讨与思考,以期对我国的会计变革有所裨益,发挥会计对"一带一路"建设的助力作用。

图1为本文的研究逻辑结构图,笔者将沿着以下思路展开论述:通过对"一带一路"内涵的解读,明确其对会计提出的全新需求以及会计变革的目标,继而提出会计需要变革的畛域以及如何进行变革。

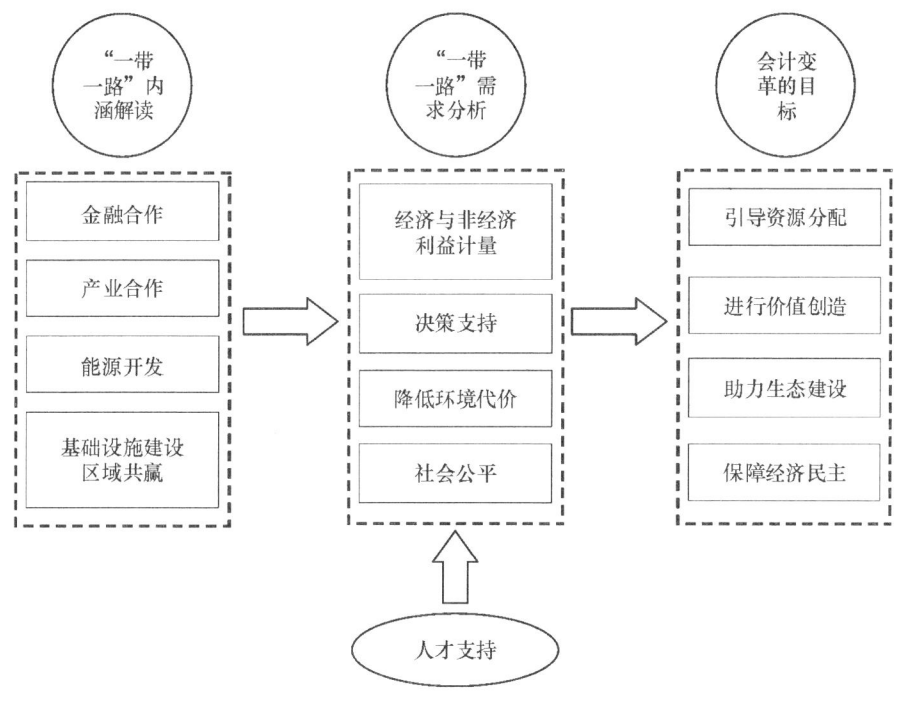

图1 研究逻辑结构图

二、金融合作下的财务会计计量

"一带一路"实质上是跨越边境的次区域合作,在这一合作过程中,金融合作是各国合作的前提。伴随"一带一路"的稳步实施,在"亚投行"与"丝路基金"两翼的带动下,中国将充分发挥与沿线国家合作中的金融引领作用。"一带一路"不是中国一家的独奏,而是沿线国家的合唱。所以,在金融合作过程中将面临大国博弈的复杂性与其金融水平差距巨大的两大困境。大国博弈的焦点既在于经济利益,也在于非经济利益问题(如国家利益),而沿线各国金融水平的差距促使其更加关注本国在"一带一路"中的非经济利益问题。作为与金融合作中的财富(利益)直接关联的工具,会计被禀赋了如实反映财富(利益）及其变化的本质功能。开放型经济新体制可能促使财富的种类呈现爆炸式的增长态势，如此，会计对财富的计量将变得愈发复杂和重要。经济利益、非经济利益的协调与和谐关系的构建，是维系跨越边境的次区域金融合作的重要纽带，对会计引导资源流动和分配的功能依赖更强、要求更高。会计的计量单位早有共识，以货币作为主要计量单位，同时也使用实务、劳动（时间）等单位。无疑，在"一带一路"的金融合作中，这一共识将面临全新的问题：国家利益越来越多地出现在大国博弈中、沿线各国的决策情境中，那么，类似的某些非经济利益能否被会计确认、计量？在某些问题上采用非货币单位是否能够更为直观可靠地计量，继而为资源配置提供科学依据？

"反映"是会计的本质，"计量"是会计固有的基本功能。在相同的会计计量的标准下，采用不同的计量单位进行计量呈现出的会计信息具有不同的意义，如果会计计量单位选取不当，则传递出的会计信息在相关性和有用性上会大打折扣，甚至会误导会计信息使用者做出错误的决策。所以，在"一带一路"的金融合作中，会计计量单位的研究将是会计理论研究中的一项重要内容。在原始计量的阶段，会计计量的对象多是特定的，其计量单位也为特定的单位；而随着生产活动日趋复杂，尤其是商品经济与金融创新、合作的长足发展，使得"价值"成为计量的标准与对象，便达成了以货币作为主要计量单位的共识。然而，价格和货币不是重要的，真正重要的因素是账户背后的服务，会计数字背后隐藏的是服务的有形或无形的载体（Paton 和 Littleton，1940）[1]。为确保所提供的会计信息能够满足不同会计信息使用者的特定需求，契合多种计量目的的诉求，会计计量在不同阶段、不同范围有必要选择多种计量单位。换言之，在具体的决策环境中，应根据现实客观需求选取合适的计量单位，主要计量单位应不再局限于货币单位。首先，在跨越边境的次区域金融合作中所获得的经济效益质量高低（成本外部性问题、自然资源消耗情况等）将会受到空前的关注，因此，会计反映经济质量方面需要变革和创新，将不受社会环境变化影响的自然属性计量单位（实物量计量和劳动量计量）与货币计量单位相结合，以提供更为全面的、完整的、客观的会计计量信息。其次，关于非经济利益的计量，使用自然属性计量单位很难满足会计信息使用者对特殊信息的需求，需要会计在更为广泛的领域发挥作用，参与国家治理，具备全局性眼光，准确把握和透析决策行为的非经济后果，在实物量或劳动量的自然属性计量单位基础上，测定出非标准量与标准量之间的换算比例，进行换算调整，得出以标准计量单位为基础的、超越原有自然属性的计量单位，继而形成便于与沿线各国同类经济业务进行比较与分析的非货币量社会属性计量单位，以实现对非经济利益的准确计量。

以上变革与创新需要准则制定层面的指导，也需要财务报告编制层面的支持，所以，随着"一带一路"金融合作的不断深入，也将推进会计准则及财务报告的修订与完善。

三、产业合作下的瓶颈与管理会计概念体系

作为"一带一路"的重点建设领域，产业合作是中国和沿线国家亮出的最重要的一张合作牌。沿线国家和地区在产业对接发展方面表现活跃，存在广阔的合作空间：一方面，将为沿线各国文化产业、物流产业、服务外包产业等横跨多部门多行业的产业领域带来有利的契机；另一方面，随着产业合作的不断深入，困境与瓶颈也将逐一显现。

不可否认，在"一带一路"的产业合作中，如果中国企业提供的会计数据是虚假的，那么可能就意味着与企业会计数据休戚相关的某些国民经济核算数据也是不可靠的，这难免会让沿线各国对与中国的产业合作产生疑虑，中国企业将举步维艰。如此一来，确保会计数据真实可靠无疑是刺破"疑虑困境"的一把利刃。防范和打击虚假会计信息，法律和制度是最为重要的手段，现有的法律条文在数量上虽不算少，但对会计造假的约束力却很小，约束力度严重不足，相关的法律法规亟待健全与完善。首先应建立会计造假的民商法预防机制，引导市场主体遵循公平交易、平等竞争等交易原则，规范企业的经济行为。其次应建立会计造假的刑法惩罚机制，通过对国内外会计造假的案例和数据的整合，在刑法中对不同的会计造假行为及其刑事责任予以明确而缜密的界定，根据不同的会计造假情形对相关人员进行裁量及刑事制裁。仰仗刑法强大的威慑力为企业长鸣警钟，以遏制其编制虚假会计信息。

在中国企业不断"走出去"的过程中，一些瓶颈也逐渐显现。因一味地追求经济效益而被企业长期忽略的战略决策能力、风险管理能力、绩效管理能力等价值创造能力的缺失或不足将成为中国企业在"一带一路"产业合作中的沉重枷锁，束缚其作为，甚至导致其因损失惨重而不得不打道回府。为了应对环境和市场不可预测的变化，企业更加需要能够支持战略决策、风险管理、绩效管理及运营的管理会计体系。随着改革的深入、现代企业制度的建立和社会主义市场经济体制的逐步转型，中国大中型企业一般都配备了总会计师编制，加之企业财务会计工作与国际惯例的趋同和会计电算化的普及，极大地简化了日常财务会计工作，使会计人员有时间和精力面向内部管理，专注于管理会计业务。那么，作为现代企业中掌握着企业神经系统和血液系统的管理会计群体应该如何进行角色定位？如何促进管理会计群体树立价值创造的新理念，从而形成以价值创造为基础的财务管理？简言之，从理论层面上讲，管理会计的战略角色定位问题及概念框架建设问题应给予最大的关注。

首先，确定管理会计的角色，使之起到最佳的管理支持作用，是管理会计群体的使命和一个长久的愿景。大多数企业实行纯粹的集权管理制度，部门和业务领域的自由决策权力受到很大的限制，管理会计群体在企业经营中单纯扮演"接受者角色"。然而，在"一带一路"建设中，为了更好地实现企业的目标，充分发挥其管理职能，管理会计群体需要进行角色转化，成为"创造者"。管理会计群体需要在决策之初的信息处理、执行过程中的数据分析及预测等方面扮演先知先觉的角色，为公司决策层提供其未预知到的企业发展机遇或是危机。其次，管理会计群体不同于财务会计，需要因地制宜，要结合我国的特殊国情建立规范，对管理会计群体描述应该做到的"行为规范"。英美等国的会计界一直致力于通过国家立法等法律、制度来推动管理会计群体的职业化发展。多年来，尽管我国会计界的学者们先后提出管理会计的基本理论架构及基于不同导向或主线的概念框架（孟焰，1997；孙茂竹，2002；李玉周和聂巧明，2006；吴正杰，2007；胡海波和胡玉明，2013）[3-7]，但遗憾的是一直存在着对管理会计认识不一、缺乏一套具有逻辑体系的公认的定义和框架等问题，致使管理会计理论建设严重落后于管理会计实务的发展，缺乏指导管理会计实践的理论依据。因此，如何将这些离散的概念及框架高度地抽象概括出管理会计的概念框架体系是目前亟待解决的重大问题。时至今日，从理论上来说，由于管理会计概念框架体系的缺失，导致对管理会计、财务管理和成本会计中的相同内容如何归类仍然存在困惑；从实务工作来看，我国绝大部分企业组织内的财务会计人员同时承担财务管理及成本会计工作并履行管理会计的部分职能，这就使得大部分会计人员找不到自身在企业组织内的准确职能定位，进而引发会计人员角色定位混乱、低效，无法真正发挥管理会计的增值服务功能等一系列问题。随之引出的问题是，管理会计与财务管理、财务会计、成本会计之间的关系到底是什么？管理会计应包括哪些具体内容？如何界定管理会计的边界？这些问题的解决是构建管理会计概念框架体系的前提。基于此，结合中国特色的管理会计体系观点，本文提出管理会计概念框架的设想，如图2所示：

本文所构建的管理会计概念框架分为三个层次。层次一：将管理会计本质、管理会计目的、管理会计职能作为管理会计的基本理论，不作为管理会计基本概念框架的构成内容。因为以上这几个概念是对管理会计工作实践总体进行规定的理论要素，而管理会计基本概念框架中的内容是对管理会计工作实践的构

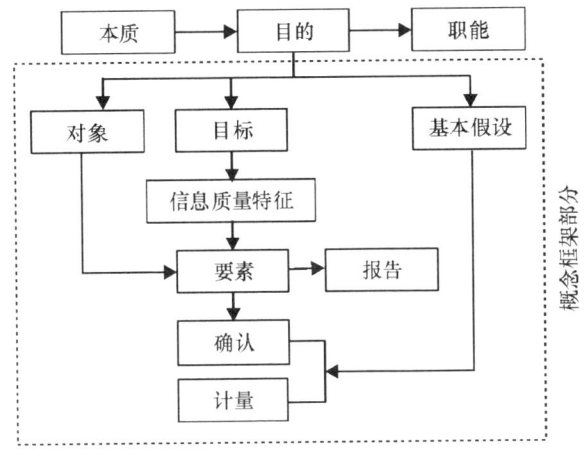

图 2　我国管理会计概念框架的设想

成要素进行规定的理论要素。管理会计目的决定了管理会计的对象、目标和基本假设，三者构成了管理会计概念框架的第一个层次。三者共同受到管理会计本质、目的和职能的制约，所以管理会计的对象、目标、基本假设同时并重，是联系管理会计基本理论与管理会计实践的主线，是管理会计基本概念框架的逻辑起点，指引整个概念框架的方向。管理会计对象是指企业组织生产经营过程中的价值增值运动，目标是目的的具体化，基本假设因管理会计目的的存在而存在，随着管理会计目的的发展而发展，是对管理会计主体、空间、时期、确认基础的界定。本概念框架的第二个层次是管理会计信息质量特征，它由管理会计的目标决定。本概念框架设想的管理会计目标为信息决策支持，在该目标下，管理会计信息质量特征首先要满足相关性，此外还需满足客观性、通用性等质量特征。对管理会计要素的确认、计量和报告是本概念框架的最后一个层次。管理会计对象决定了管理会计要素，即管理会计要素是管理会计对象的具体化，为管理会计确认、计量和报告限定了对象和内容。对管理会计要素的确认、计量和报告要满足管理会计的信息质量特征，在基本假设的指导下进行。换而言之，基本假设是管理会计确认、计量和报告的一系列方法的前提条件。管理会计报告是本框架的逻辑终点，也是管理会计工作的最终体现。

四、能源开发下的环境会计治理功能

可持续发展不仅是一个国家和区域的发展问题，也是人类共同面对的重大课题。生态环境的特质属性（无界性）决定了生态环境问题必须由各国携手解决。作为连接东西方的重要纽带，"一带一路"将亚欧非大陆的生态环境联结成不可分割的整体，我们应以更宽广的视野来审视"一带一路"生态环境问题（侯永志，2014）[8]。可持续发展理念应持续贯穿于"一带一路"的金融合作、产业合作、能源开发、基础设施建设的各个方面和全过程，为各项合作的落实提供环境容量。无论是国家还是企业，在"一带一路"建设过程中履行生态文明责任都离不开最基本的管理和决策工具——环境会计。在国家层面，作为一个公共领域，由于生态环境无界性的存在，其产权是不明确的，"一带一路"沿线各国的博弈焦点会集中在排放权交易上。对于国家来讲，无论是排放权交易，还是与其息息相关的发展目标和经济社会政策的制定都需要借助环境会计的确认、计量和核算。在企业层面，伴随着"一带一路"的建设，越来越多的中国企业将进入到国际产业链参与合作，承担更多的责任，更加重视环境保护。过分看重经济指标和企业盈利，无视环境保护和企业社会责任的企业，其"走出去"的过程将一波三折，因此要借助环境会计计量和管理企业自身对生态环境的影响。是故，"一带一路"对环境会计实践提出了新的要求和挑战。

由于生态环境的产权没有清晰地界定，导致外部性的产生。有效而明晰的产权、私人之间的契约可以降低甚至消除外部性，实现资源的最优配置。根据 Coase（1960）[9]的观点，解决"一带一路"生态环境问题的可行之策是沿线各国建立起包括排放权在内的生态环境质量交易市场。各国通过法定程序或拍卖的方式将总排放额度分配给各个国家（Flournoy 和 David，2010）[10]，在"一带一路"的建设与发展中，实际排放量高于排放额度的国家可向实际排放量低于排放额度的国家购买排放额度。如此，一方面可以解决生态环境外部性问题，另一方面能激励沿线国家减排技术的不断革新，从而降低总排放量，降低生态环境代价。价格与成本的确定离不开会计的确认与计量，同样，排放权交易价格、减排技术成本、生态资产的确认与计量离不开环境会计的处理。从西方国家来看，无论是欧盟还是美国，至今都没有给出统一的排放权会计处理指南。我国会计学者基于可持续发展、外部性、信息披露、成本管理等视角研究环境会计的成果不断涌现（葛家澍和李若山，1992；陈毓圭，1998；李正，2006；许家林，2009；杨世忠和曹梅梅，2010；冯巧根，2011；沈洪涛和廖菁华，2014）[11-17]，但从整体来说，环境会计理论还难以形成权威且统一的理论解释，这也是至今在国家层面仍没有出台环境会计准则的原因所在。无疑，碳排放权配额分配是"一带一路"沿线各国之间博弈的焦点所在。"交易观"是会计理论的重要概念之一，是会计确认的前提和基础。有的企业通过交易碳排放权的配额而降低减排成本，有的企业通过节能减排技术来降低碳排放，为履行期末交付的义务而持有配额，所以，如图3所示，以是否交易配额为基准，可将企业持有配额的目的分为两类,即为交易而持有配额和为履行义务而持有配额,两种不同目的下的会计确认与处理方法亦不同。为交易而持有的配额使碳排放权派生出碳信用,碳信用的稀缺性使其表现出商品属性和货币属性双重属性。两种属性呈现出不同的特征,各具优势,在不同属性下确认为不同的会计要素,而应用不同的计量属性(历史成本和公允价值)会对企业碳排放权资产和排放权负债的会计确认、记录及披露产生系列影响。当企业为履行义务而持有配额时,持有的配额不进行交易,无法为企业创造未来的经济利益,不满足资产确认的标准;同时,只要企业履行期末的配额交付义务,就不会导致未来的经济利益流出企业,无法构成企业的现实义务,所以,持有配额也不构成企业的排放负债,企业只需在期末交付余额时对超排或减排进行会计处理。毫无疑问,两种不同目的下的碳排放权的配额持有迫切需要国家出台环境会计准则,从而统一排放权的会计确认与计量标准。在未来的研究中,需要形成一个涵盖环境会计各个方面的完善的理论框架,为国家环境会计准则的制定与出台提供有力的理论支持,统一排放权会计处理指南,以更好地进入"一带一路"生态环境质量交易市场。

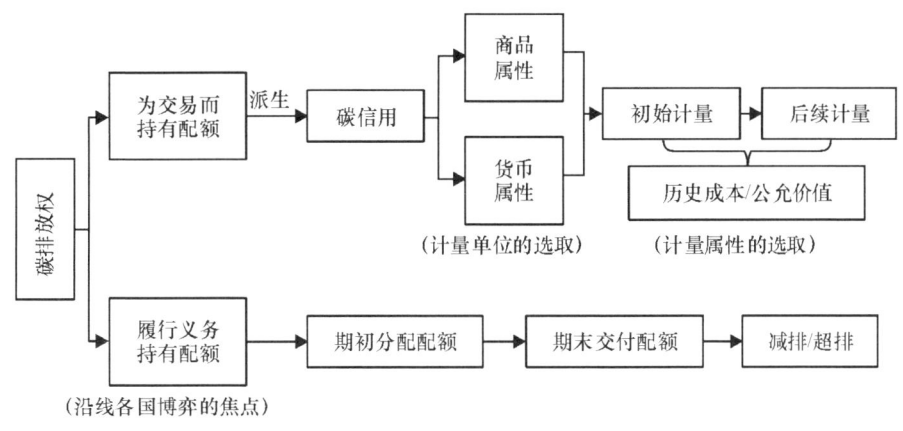

图3 碳排放权的会计计量及其基础

"一带一路"中的中国企业将会经历从"利润为王"到"环境考量"的洗礼,将环境会计扩展到应用层面将会是会计实务界面临的严峻挑战:如何建立外部环境会计系统以计量生态环境问题所产生的财务影响?如何通过建立内部环境会计系统来进行环境绩效评价继而促进企业减排目标的实现?首先,传统的财务会计中的环境事项通常是因金额较大而符合重要性原则需要单独确认的事项或是需要进行单独列报的环境或有事项,环境负债才能在资产负债表和利润表中得以反映，但是它并不能被称之为企业的外部环境会计系统。外部环境会计系统应以环境影响增量为会计对象，在计量单位的选择上如前文所述，使用实物单位和货币单位同时进行计量，对与环境影响增量有关的收入和支出进行分类、确认、计量、记录及分析，并披露外部利益相关者所关心的企业环境数据，以全面反映企业在环境方面潜在的机遇和威胁。其次，与外部环境会计系统相对应，内部环境会计系统不应只停留在传统的成本核算与分配层面，其核心内容应修正为全面考量企业所在行业的特点及法律要求并结合企业自身特点进行环境绩效评价，评估企业环境活动对社会环境的影响，与外部环境会计系统相配合，以达到将企业内部的环境管理与外部的环境报告相联结的目的。

五、区域共赢下的会计职责

"一带一路"倡导的是通过基础设施的互联互通与经贸往来，以增进沿线各国政治互信、经济融合与文化包容。沿线国家拥有丰富的自然资源和人力资源，但却面临资金紧张、技术及基础设施不完善等问题，中国与沿线国家存在政治互信、经济互补、地缘毗邻等优势，"一带一路"建设可促进中国与沿线国家的双赢发展。区别于美国主导的"富人俱乐部"式的经济秩序，"一带一路"在客观上反映了众多发展中国家的诉求，沿线各国注定以"平等民主"的心态共筑发展。在"一带一路"建设中，民主的进程离不开货币这一媒介，对货币资金的掌控是会计的天赋，作为公平正义的化身，会计必然承担着推进沿线各国经济民主、维护经济秩序的重要职责。然而，不可否认的是，当会计置于现实环境后会出现异化倾向。从安然事件到世通事件再到雷曼事件，尽管会计不是造成这些事件的元凶，但至少是帮凶，会计与这些事件的因果关系始终是一个无法回避的话题。可见，现实中的会计可能会背叛其在制度层面上给予人类社会的承诺。出于对可持续发展和区域共赢的憧憬，为了更好地履行守护沿线各国的经济民主与经济秩序的职责，从制度及职业道德标准的角度探究会计的向善之道是"一带一路"赋予会计人的历史使命。

演化经济学认为，制度是人们对待客观事物及其他行为主体逐渐形成的并得到共识的一种处理方式。从历史的角度来看，会计制度安排的形成沿寻着"本能—行为—习惯—惯例—制度"的演化路径，由于人的本能有善恶之分，因此，会计的每一种具体制度安排都为会计群体提供了善恶的双重可选空间。以准则中规定的会计信息质量特征之一的谨慎性为例，要求企业在进行会计确认、计量和报告时保持应有的谨慎，不高估资产或者收益、不低估负债或者费用，目的是帮助企业更好地预警和化解风险。这一点本源于人类对待风险的态度和本能，但是，如果会计蓄意地、一贯地低估资产或收益并虚增企业的负债，使企业看起来资不抵债，则为贱卖企业、侵吞资产提供了可能。在《华尔街变迁史》中，Joel Seligman 用一章的篇幅详细介绍了企业合并中为既得利益方牟取最大利益的会计，其对公司价值造成了严重的负面影响。不难发现，在根源于"本能"的制度下，会计在现实中不但没有很好地履行其职责，反而成为恶性行为的帮凶（杨雄胜，2014）[18]。当现实的种种反面案例频频出现，当走在与出发时所设定的职责目标相冲突的道路上时，需要我们重新回到会计的"本质"，沿着"本质—目标—准则—实务"的脉络研究会计制度，促进会计职责的履行。另外，职业道德标准是会计职责的灵魂所在。多年来会计职业道德标准不断升级并推行，成为会计人员从业考试科目之一，但成效并不显著，并未渗透到会计人员的内心世界，没有成为他们行为潜意识中的支配力量，流于形式。故而，如何将会计职业道德标准与会计人员的信仰、价值观融为一体，形成道德规范，根植于会计人的内心，是会计人员准入和考核标准亟待解决的问题。

六、"一带一路"建设中的会计人才培养与评价体制

人才是规划推进"一带一路"倡议建设的关键。在这一建设过程中，无论是在金融合作下财务会计人员的确认、记录、计量及报告工作，还是产业合作下管理会计人员的规划、决策、控制和考核等工作，抑或是能源开发下环境会计的确认、计量和核算工作，以及区域共赢下的会计制度的制定、职业道德标准的考核工作，从本质上说，人是关键因素，是会计工作计划和目标的执行者，只有创新会计人才的培养与评价体制，才能为"一带一路"倡议建设提供智力支撑。

我国会计群体队伍的总体状况是数量较多、质量不够。"一带一路"需要高质量的会计人才作为"智库"，需要更加科学的会计人才培养体系的配合。在会计人才培养体系的构建中，最核心的问题是培养什么样的会计人才，即会计人才需要具备什么样的能力框架、知识结构、道德行为标准。首先，会计人才必须具备较强的逻辑分析能力，能够对复杂的计划进行全盘思考并且将抽象的概念转化为数字的能力，以及对计划实施过程中发生的偏差进行原因分析的能力，以便更好地为企业战略决策提供支持；洞察力也是会计人才不容忽视的能力之一，会计人才要能理解和把握"一带一路"下企业所面临的宏观经济环境及发展形势，通过专业分析判断更好地为管理者的决策提供支持；沟通能力对于会计职责的行使也十分重要，如何将自己的想法以恰当的方式清楚表达是会计人才应该掌握的一门艺术；此外，会计人才需要具备较强的包括规划、分析、绩

效管理、内部控制、风险管理等方面的能力，作为企业的"智库"，会计人才的专业能力决定了其专业预测与决策支持能力。其次，会计人才职能的发挥必须有深厚的知识底蕴作支撑，熟练掌握并协调运用不同的管理控制工具，会计人才才能更有针对性地、更加全面地构建企业环境会计系统；经营管理知识的掌握有助于会计人才提高职业判断力，更好地理解以及运用会计语言诠释与企业相关的数字信息，准确计量决策所带来的经济利益与非经济利益，握住企业"脉搏"；会计人才只有充分了解人的所思所想，才能调动人的积极性、改善组织结构，提高工作质量，因而，会计人员还应具备管理心理学方面的知识。再次，解决会计人才的职业道德困境可能是会计人才未来建设所面临的一个重大挑战。会计人才应具备坚定的气节，面对高层管理者能做到公正无私，面对意见分歧要相信自己的专业素养及判断能力；保密也是会计人才不可或缺的职业道德要求，会计人才不应利用工作过程中获取的机密信息为个人或通过第三方牟取不道德或非法利益。

会计工作的特殊性质决定了其任职资格评价必须是一个系统的、连续的动态过程。在人才评价体制研究方面，国外的相关研究可以追溯到20世纪，相关研究主要集中在会计人员评价要素方面。大多数的国外学者认为会计人才评价的基本要素应包括能力、知识、积极性和所处环境（Libby 和 Luft，1993；Palmer 等，2004）[19-20]。纵观我国的会计人才评价体制研究，在近几十年的时间取得长足的进步和发展，但现有研究过于强调人才职业能力评价，忽略了会计作为一门社会学科，其评价机制与心理学、人力资源学之间的相互支撑关系。换言之，人才的评价机制不应仅仅针对职业能力，职业知识结构、职业道德行为、职业人格特质等方面同样不可忽略。会计人才评价体制要想引导会计人才的发展，不可避免地要对其心理素质与个性特质加以考虑，只有了解人的所思所想，才能取长补短，真正发挥其应有作用。首先，会计人才资格认证不仅要采用笔试方式，还应通过心理测试等方式考察应试者的心理素质水平及人格特质，将心理因素嵌入到会计人才的资格认证体系内；其次，建立会计人才行为的监察体系，定期对会计人才进行资格审查与后续人格特质评价，以考察会计人才对经济环境变化的适应能力；同时设置投诉机制，运用多层级的纪律监督机构对投诉案件进行审理，并鼓励会计人才进行阶段性自查。因此，如何设计会计人格量表来挖掘心理因素对会计人员职能发挥及行为特征的影响，将是今后会计人才评价领域研究的重点问题之一。

七、结语

改革开放以来,尤其是社会主义市场经济体制的正式建立,为会计的变革与发展提供了机缘,"一带一路"的建设也将为推进会计变革提供难得的机遇。本文从"一带一路"下的金融合作、产业合作、能源开发及区域共赢四个方面出发,探讨了其对会计提出的全新需求以及如何深化会计变革才能更好地助力"一带一路"建设。以上四个方面的内在逻辑是:在金融合作中,会计通过对利益的计量发挥资源配置效应,引导资源的流向;在资源流动过程中,会计作为经济民主斗士的职责在于引导市场主体遵循公平交易、平等竞争等交易原则的实现,促进区域共赢,并推动资源流向最优的企业和组织;在资源的使用过程中,管理会计的决策支持效应、风险防范效应及绩效管理效应是保障企业在产业合作中进行科学合理决策的关键,并透过环境会计的治理效应确保资源配置(能源开发)到优秀的企业和组织,得到真正合理有效的利用。整体上说,会计对整个"一带一路"的经济运行结构有着完全耦合的作用,而人才的质量决定了这种耦合作用的强弱,通过创新会计人才的培养与评价体制以提供智力和人才支撑至关重要。

参考文献

[1] PATON W A, LITTLETON A C. An introduction to corporate accounting standards [R]. American Accounting Association, 1970.

[2] 葛家澍,徐跃. 论会计信息相关性与可靠性的冲突问题 [J]. 财务与会计, 2007 (12): 18-20.

[3] 孟焰. 论管理会计的规范化 [J]. 会计研究, 1997 (3): 35-39.

[4] 孙茂竹. 论企业财务管理体制的构架——兼论《企业财务通则》[J]. 成人高教学刊, 2002 (3): 19-21.

[5] 李玉周,聂巧明. 基于成本视角对管理会计框架的重建 [J]. 会计研究, 2006 (8): 82-85.

[6] 吴正杰. 初论管理会计实务管理 [J]. 市场周刊: 理论研究, 2007 (4): 60-61.

[7] 胡海波,胡玉明. 国际化与价值创造:管理会计及其在中国的运用——中国会计学会管理会计与应用专业委员会2012年度学术研讨会综述 [J]. 会计研究, 2013 (1): 92-94.

[8] 侯永志. 停滞发展不能解决环境可持续问题 [J]. 中国发展观察, 2014 (12): 10-11.

[9] COASE R H. The problem of social cost [M]. Palgrave Macmillan UK, 1960.

［10］FLOURNOY ALYSON C, DAVID M DRIESEN. Beyond environmental law: policy proposals for a better environmental future［M］. Cambridge: Cambridge University Press, 2010.

［11］葛家澍, 李若山. 九十年代西方会计理论的一个新思潮——绿色会计理论［J］. 会计研究, 1992（5）: 3-9.

［12］陈毓圭. 环境会计和报告的第一份国际指南——联合国国际会计和报告标准政府间专家工作组第15次会议记述［J］. 会计研究, 1998（5）: 1-8.

［13］李正. 企业社会责任与企业价值的相关性研究——来自沪市上市公司的经验证据［J］. 中国工业经济, 2006（2）: 77-83.

［14］许家林. 环境会计: 理论与实务的发展与创新［J］. 会计研究, 2009（10）: 36-43.

［15］杨世忠, 曹梅梅. 宏观环境会计核算体系框架构想［J］. 会计研究, 2010（8）: 9-15.

［16］冯巧根. 从KD纸业公司看企业环境成本管理［J］. 会计研究, 2011（10）: 88-95.

［17］沈洪涛, 廖菁华. 会计与生态文明制度建设［J］. 会计研究, 2014（7）: 12-17.

［18］杨雄胜. 会计: 世俗社会的理性卫道士［J］. 财务与会计, 2014（8）: 14-15.

［19］LIBBY R, LUFT J. Determinants of judgment performance in accounting settings: ability, knowledge, motivation, and environment［J］. Accounting, Organizations and Society, 1993, 18（5）: 425-450.

［20］PALMER K N, ZIEGENFUSS D E, PINSKER R E. International knowledge, skills, and abilities of auditors/accountants: evidence from recent competency studies［J］. Managerial Auditing Journal, 2004, 19（7）: 889-896.

第二部分 02

内部控制与审计研究

法律背景、公司违规与高管变更[*]

一、引言

随着全面依法治国进程的持续推进,中国的法治化建设取得显著成效。宏观法治环境不断优化,促进了微观企业主体的行为更加规范,守法意识和风险防范意识逐渐加强,企业对具有法律背景的高管也越来越重视。何威风和刘巍(2017)[1]、全怡和陈冬华(2017)[2]的研究显示,中国有近一半的上市公司聘请了具有法律背景的独立董事,并且这一比例呈上升趋势。学者们对这一现象予以了关注,考察了法律背景高管对公司违规、信息披露、融资等方面的影响,逐渐积累了对于法律背景高管功能的认识。

从目前的文献研究来看,法律背景高管可能存在两种不同的功能。一方面,法律背景高管能够对公司进行监控,保证公司合法经营,发挥着"监督功能"(gatekeeping functions);另一方面,法律背景高管也可能导致公司更愿意冒险,在法律边缘打"擦边球",发挥着"促进功能"(facilitating functions)(Ham 和 Koharki,2016)[3]。还有研究发现,在公司违规时,法律背景高管可以发挥"包庇功能"(吕荣杰等,2017)[4]。"包庇功能"可以视为促进功能在公司违规时的一种表现。这些不同的研究结果均表明,具有法律背景高管所起的作用是复杂的,还需要在更加丰富的情境下进行考察。

本文从公司违规和高管变更的角度研究法律背景高管的作用。与以往研究主要从公司层面进行考察不同,本文从公司和个人两个层面同时考察法律背景

---

[*] 原载于《广东财经大学学报》2019年第5期第50~61页。作者:雷宇,广东财经大学会计学院及粤港澳大湾区资本市场与审计治理研究院教授,博士;张宁,广东财经大学会计学院研究生。

高管的作用：在公司层面，主要考察法律背景高管对公司违规的影响；在个人层面，主要考察如果公司发生了违规行为，法律背景对高管变更的影响。本文构造了更加复杂的研究情境，可以对法律背景高管的作用进行更细致地刻画。研究发现，法律背景高管能够抑制公司违规行为，这与之前的研究结果相一致。然而，如果公司发生了违规行为，法律背景能够形成"职位壕沟"，降低高管被更换的概率。这些结果意味着，在公司违规和高管变更的情境中，法律背景高管在公司层面主要发挥"监督功能"，而在高管个人层面则主要发挥"包庇功能"。此外，本文还区分了公司的产权性质进行检验，发现法律背景高管对公司违规的抑制作用在国有企业表现得更加明显，而法律背景对高管个人的"职位壕沟"效应或者"包庇功能"在非国有企业表现得更加明显。

基于上述分析，本文的贡献可能主要体现在三个方面：第一，从公司和个人两个层面更加细致地刻画了法律背景高管的作用，深化了对法律背景高管功能的认识。第二，在以往基于中国情境的研究中，法律背景高管的范围主要是独立董事，而本文研究的是董事长和总经理，能够更加直接地体现法律背景高管的作用。第三，公司违规时的高管变更问题是公司治理的重要研究内容，本文从高管法律背景的角度丰富了这一领域的研究。

二、文献回顾

（一）法律背景高管对公司的影响

随着经营环境和业务的日益复杂以及监管和法律要求的逐渐提高，具有法律背景的高管越来越受到公司的重视。Litov 等（2014）[5]的研究表明，董事会中有律师的美国上市公司比例从2000年的24.5%上升到2009年的43.9%；Ham 和 Koharki（2016）[3]的研究显示，将法律顾问晋升为高管的公司比例从1994年的21%上升到2013年的47%；何威风和刘巍（2017）[1]的研究证实，平均有46.6%的中国上市公司聘请了具有法律背景的独立董事；全怡和陈冬华（2017）[2]的统计显示，中国上市公司中聘请了具有法律背景的独立董事的比例从2002年的23.85%上升到2009年的48.10%。

有关法律背景高管对公司影响的研究目前已有相当多的文献。总体而言，具有法律背景的高管既可能对公司产生有利影响，也可能产生不利影响。在有利影响方面，Krishnan 等（2011）[6]研究认为，审计委员会中具有法律背景的委员所占比例越高，财务报告质量越高；Kwak 等（2012）[7]发现，高管中包含法律顾问的公司更有可能发布盈利预测（尤其是对坏消息的预测），同时预测更加不乐观并且更加准确；Litov 等（2014）[5]研究证实，法律背景董事带来的好处明显超过其成本,这些好处包括监控、应对诉讼和监管、构建使管理层与股东利益一致的薪酬激励等,从而使公司价值平均上升9.5%;郑路航(2011)[8]研究发现有法律背景独立董事的增多减少了公司和个人的违规行为;夏同水等(2016)[9]认为有法律背景的高管对公司运营中的风险更加敏锐,有助于增加公司自愿性信息披露;全怡和陈冬华(2017)[2]的研究得出法律背景独立董事能够抑制公司高管职务犯罪的结论;何威风和刘巍(2017)[1]认为中国上市公司聘请法律背景独立董事的动机主要是咨询而非监督,并且发现法律背景独立董事能够提高公司的市场价值;池玉莲和张刘锋(2019)[10]研究认为,国有企业中具有法律背景的高管越多,要求降低审计风险的可能性越大,从而导致审计收费越高;雷宇和曾雅卓(2019)[11]发现法律背景高管能够促进公司的债务融资尤其是长期债务融资。法律高管也有可能对公司产生不利影响。比如,Hopkins等(2015)[12]的研究证实,公司法律顾问薪酬越高,公司财务报告质量越差;Ham和Koharki(2016)[3]认为公司法律顾问晋升为高管后增加了公司的信用风险;吕荣杰等(2017)[4]的研究则发现具有法律背景的独立董事更容易产生包庇上市公司的违规行为。

已有研究难以得出一致结论的原因是多方面的。首先,研究的"因变量"不同。没有理由认为法律背景高管对所有"因变量"产生影响的逻辑完全一样,即便是类似的"因变量",对它们的刻画角度也可能是不同的。比如在全怡和陈冬华(2017)[2]的研究中"因变量"是高管犯罪,吕荣杰等(2017)[4]的研究中"因变量"是公司违规,二者有相似性;但是前者刻画的是高管是否犯罪,后者刻画的主要是公司违规从发生到被发现的时间间隔。其次,研究的"自变量"不同。国内研究中的法律背景高管大多是指具法律背景的独立董事,而国外的相关研究则比较宽泛。最后,这些研究的样本选择存在差异。在不同的时间和空间,法律背景高管的作用可能是不一样的。比如,Ham和Koharki(2016)[3]研究发现在萨班斯法案实施前后,法律背景高管的作用存在差异;吕荣杰等(2017)[4]、雷宇和曾雅卓(2019)[11]则认为,在法律制度环境较好的地区,法律背景高管更能发挥有利作用。

(二)业绩、违规和高管特征对高管变更的影响

影响公司高管变更的直接因素主要是业绩和违规。通常情况下,高管的主要职责是提升公司业绩,所以高管变更与公司业绩存在密切关系。Warner等(1988)[13]、Lausten(2002)[14]、Jenter和Kanaan(2015)[15]的实证研究都发现高管变更概率与公司业绩负相关;丁友刚和宋献中(2011)[16]认为高管升迁与公司业绩无关,高管非升迁与公司业绩负相关;刘青松和肖星(2015)[17]指出,

高管降职与公司业绩负相关，晋升与业绩不相关，但与社会责任正相关。公司违规与高管变更的关系更加直接。如 Hennes 等（2008）[18]研究发现，在公司违规导致报表重述的前后 6 个月内，分别有 49% 和 64% 的违规公司更换了 CEO 和 CFO；Agrawal 和 Cooper（2017）[19]发现发生会计丑闻的公司，其 CEO 和 CFO 的变更概率明显高于其他公司；瞿旭和杨丹（2012）[20]、李维安等（2017）[21]也认为公司违规与高管变更存在正相关关系。

高管的某些特征会导致公司业绩不佳或出现违规情况时不易发生高管变更。学者们研究发现：当 CEO 和董事长由同一人担任时，CEO 变更与公司业绩的相关性变弱（Goyal 和 Park，2002）[22]；创始人身份能够降低 CEO 在公司违规时被更换的概率（Leone 和 Liu，2010）[23]；高管的政治关联越密切，因业绩低劣而被迫离职的可能性越小（游家兴等，2010）[24]；机构持股比例越高，公司高管因业绩差被撤职的可能性越小，说明二者可能存在合谋（潘越等，2011）[25]；当公司存在会计违规行为时，创始人 CEO 的更换率比非创始人 CEO 低（瞿旭和杨丹，2012）[20]；政治关联降低了非国有企业总经理变更与业绩的关系（周林洁和邱汛，2013）[26]。在公司业绩不佳或者发生违规时是否更换高管，是公司治理要解决的一个重要问题。上述研究表明，当这些情形发生时，公司治理机制能够发挥重要作用，增加高管变更的概率。同时，高管的某些特征会影响公司治理的功能。随着全面依法治国进程的推进，法律背景高管对公司管理和治理的影响需要进行更深入的研究。本文从公司违规和高管变更这一新的视角探讨法律背景高管的作用，更加细致地刻画了法律背景高管的功能。

三、理论分析与假设的提出

（一）法律背景高管的"监督功能"和"促进功能"

如前所述，已有文献表明，具有法律背景的高管对公司既有可能产生有利影响，也有可能产生不利影响。理论上，法律背景高管有"监督功能"和"促进功能"两种作用。监督功能是指法律背景高管能够发挥"看门人"的作用，对公司实施监控，确保公司在法律范围内经营；促进功能是指法律背景高管更多是扮演企业家角色，从专业角度为公司提供咨询和建议，从而促进公司实现目标。

"监督功能"和"促进功能"都是基于法律背景高管的专业特征。法律背景高管的专业特征，首先是对法律法规更加熟悉。因为熟悉，所以对公司可能存在的法律风险更加敏感。如果公司存在违规风险，法律背景高管更能做出及时和准确的判断，从而有助于避免违规行为的发生，确保公司合法经营。此时，法律背景高管更多的是发挥监督功能。然而，也正因为法律背景高管对法律法规更加熟悉和敏感，当公司存在违规风险时，其也有可能发挥专业特长，帮助公司规避法律法规的规定，从而使公司行为更加激进，更敢于冒险，打更多"擦边球"。Nelson 和 Nielsen（2000）[27]、DeMott（2005）[28]均指出，具法律背景的高管会使公司在法律边缘进行冒险行为。这种情况下，法律背景高管更多的是发挥促进功能。此外，延续促进功能的逻辑，如果公司的违规行为实际已经发生，法律背景高管还可能会利用自己对法律的了解以及自己在司法领域的资源，帮助公司规避法律惩罚（吕荣杰等，2017；Parker 等，2009）[4,29]。此时的促进功能更加极端，变成了"包庇功能"。

"监督功能"和"促进功能"（甚至"包庇功能"）不是非此即彼的关系，它们可能同时存在。比如，法律背景高管可能会减少公司违规（全怡和陈冬华，2017）[2]，但是如果公司已经违规了，法律背景高管则可能会延长公司违规被查处的时间（吕荣杰等，2017）[4]。至于哪种功能占主导地位，一般而言会受公司内外部环境的影响。如果公司业绩对法律背景高管自身利益的影响较大，那么"促进功能"或"包庇功能"可能占据主导地位，法律背景高管更有动机帮助公司在法律边缘冒险以争取更好的业绩（Ham 和 Koharki，2016；Goh 等，2014）[3,30]；如果外部法律制度环境比较严格，监督功能可能占据主导地位（Ham 和 Koharki，2016；吕荣杰等，2017）[3-4]；如果法律条款十分清晰，执法过程非常明确，可利用的漏洞或缺失很少，则法律背景高管也没有办法利用专业特长进行规避（雷宇和曾雅卓，2019）[11]。

（二）法律背景高管与公司违规

法律背景高管的"监督功能"和"促进功能"究竟哪种占主导地位，受公司内外部环境的影响。在外部环境方面，已有研究表明，法律制度环境越完善，"监督功能"越能够发挥主导作用。2011 年，我国宣布中国特色社会主义法律体系已经形成。十八大以来，中国的法治化进程进一步加快。"全面依法治国"成为"四个全面"战略布局的重要组成部分。当前阶段，我国的法治环境逐步优化，公司违法违规的成本逐步提高。在这一时代背景下，针对公司违规而言，我们认为法律背景高管的"监督功能"占据主导地位，也就是法律背景高管能够防范公司的违法违规行为。据此提出假设 1：

假设 1：限定其他条件，法律背景高管与公司违规负相关。

在公司内部环境方面，我们可以分析假设 1 在不同产权性质公司中的差异。相对于非国有企业，国有企业在我国法治建设过程中更应起到表率和示范作用，国家对国有企业的要求和期望也更高。张春霞等（2013）[31]研究发现，实际控制人有政府背景的上市公司因违规而受到的处罚更重,并且政府背景越强,处罚越重;曹春方等(2017)[32]指出,司法独立性的提升增加了公司违规被查处的概率,并且这一作用更多体现在国有企业中。这些研究表明,在法治建设不断加强的背景下,国有企业违规更容易被查处,并且处罚更重。那么可以合理地推断,国有企业具有法律背景的高管更应发挥"监督功能",防止公司违规,促使国有企业在法治建设过程中起到表率作用。据此提出假设1a:

假设1a:限定其他条件,国有企业中具有法律背景的高管与公司违规的负相关关系更强。

(三)法律背景高管、公司违规与高管变更

已有研究表明,公司违规之后发生高管变更的概率增加。这有两个原因:一是强制性变更。公司违规会受到处罚,部分公司高管无法继续任职,比如高管被判刑,或者相关法律法规规定高管不得继续任职等。二是公司主动变更。如果公司违规是高管造成的,那么更换高管是公司治理机制的自然结果。高管变更也可能是公司转嫁责任、转移视线、减轻违规对公司影响的手段(瞿旭和杨丹,2012;王谨乐和史永东,2018)[20,33]。延续以往研究,此处提出一个基础假设2:

假设2:限定其他条件,公司违规与高管变更正相关。

无论何种原因,公司违规时进行高管变更都会对公司产生巨大影响。在法律允许的范围内,公司和高管必须针对具体违规情形,权衡高管变更的得失,慎重做出决策。以往研究发现,高管的一些特征,比如创始人身份、政治关联等,能够产生"职位壕沟"效应,保护自己在公司违规时不被更换(瞿旭等,2012;Leone和Liu,2010;游家兴等,2010)[20,23-24]。就本文研究的法律背景高管而言,可能有以下几方面原因会影响公司违规时法律背景高管的变更:

第一,客观上,法律背景高管对公司违规的责任可能较小。假设1认为,由于法律背景高管对法律法规比较熟悉,对违规风险比较敏感,所以能够发挥"监督功能",减少公司违规行为的发生。照此逻辑,如果公司实际发生了违规行为,很可能不是法律背景高管直接导致的。所以法律背景高管对公司违规的责任可能相对较小,客观上没有足够的理由被更换。第二,法律背景高管能够有效地为自己辩护。就算法律背景高管与公司违规的关联性较大,他们出于自我保护的目的,也会充分利用自己的专业特长进行辩护,减轻自己的责任以及被更换的可能性。第三,公司变更法律背景高管得不偿失。由于经营环境日益复杂、法律要求逐渐提高,法律背景高管对公司的价值越来越大。当公司发生违规行为时,其更加需要依靠法律背景高管来解决当前的违规问题,此时对法律背景高管进行变更显然不太明智。从长远考虑，保留法律背景高管对于公司未来的发展仍然有利。所以，如果公司变更高管的目的主要是转移视线、减轻损失，那么更换法律背景高管不一定能够达到这一目的，反而可能会得不偿失。

综合上述分析，我们认为高管具有法律背景这一特征能够为其带来"职位壕沟"，降低在公司违规时被更换的概率。据此提出假设3：

假设3：限定其他条件，公司违规时，法律背景高管的变更概率低于不具有法律背景的高管。

四、研究设计

（一）样本选取与数据来源

本文以2012—2017年我国A股上市公司为研究样本，按照如下顺序对样本进行筛选：剔除金融类公司、ST等特殊处理公司、变量值明显异常的公司以及相关数据无法获取的公司。经过筛选共得到6 248个观测值。法律背景高管数据根据上市公司高管简历通过手工整理得到，公司违规、高管变更、第一大股东持股比例、董事长和总经理两职设置状况、独立董事人数、董事会人数等数据来源于CCER数据库，其他数据均来源于国泰安数据库。同时对连续变量最大和最小的1%数据进行缩尾处理。

（二）模型构建与变量定义

借鉴全怡和陈冬华（2017）[2]、郑路航（2011）[8]等的研究方法，我们构建模型（1）来检验法律背景高管对公司违规的影响。借鉴Agrawal和Cooper（2017）[19]、瞿旭和杨丹（2012）[20]等的方法，构建模型（2）（3）来检验公司违规对高管变更的影响，以及法律背景高管的调节作用。因为模型的被解释变量都是虚拟变量，所以这三个模型均采用逻辑回归进行检验。

$$Irregularity = \alpha_0 + \alpha_1 Manager + \alpha_2 Nuture + \alpha_3 Lev + \alpha_4 Size + \alpha_5 Boardsize + \alpha_6 DULI + \alpha_7 Bome + \alpha_8 Dual + \alpha_9 Herf + \alpha_{10} Audit + \alpha_{11} TOP10 + \sum year + \sum ind \quad (1)$$

$$Turnover = \beta_0 + \beta_1 Irregularity + \beta_2 Nature + \beta_3 Largest + \beta_4 Size + \beta_5 Boardsize + \beta_6 DULI + \beta_7 Dual + \beta_8 Stkpro + \beta_9 Performance + \beta_{10} Revenue + \beta_{11} TOP10 + \sum year + \sum ind \quad (2)$$

$$Turnover = \gamma_0 + \gamma_1 Manager + \gamma_2 Irregularity * Manager + \gamma_3 Irregularity + \gamma_4 Nature + \gamma_5 Largest + \gamma_6 Size + \gamma_7 Boardsize + \gamma_8 DULI + \gamma_9 Dual + \gamma_{10} Stkpro +$$

$$\gamma_{11} Performance + \gamma_{12} Revenue + \gamma_{13} TOP10 + \sum year + \sum ind \qquad (3)$$

模型中各变量的定义解释如下：

1. 高管变更

在高管变更的研究中，高管的范围界定存在争议。比如瞿旭和杨丹（2012）[20]主要研究公司违规时 CEO 和 CFO 的变更，潘越等（2011）[25]、王谨乐和史永东（2018）[33]将董事长或总经理变更视为公司高管变更。本文借鉴赵震宇等（2007）[34]、饶品贵和徐子慧（2017）[35]的方法，将高管变更界定为国有企业董事长和非国有企业总经理的变更。这是因为，从委托代理关系来看，非国有企业的总经理是受托管理企业的第一层次代理人，国有企业的董事长是受国家委托管理企业的第一层次代理人，而国有企业的总经理则是负责日常事务的第二层次代理人（饶品贵和徐子慧，2017）[35]。即，国有企业董事长和非国有企业总经理角色类似，是影响公司经营的关键人物，因此本文将他们的变更看作高管变更。

高管变更可以区分为正常变更与非正常变更。正常变更是指与当事人管理行为无关的因素导致其职位发生变化，如退休、健康状况不良、死亡等；非正常变更是指因当事人管理行为导致的职位变动，如非到期解聘、违规或犯罪等。因为公司违规而导致的高管变更属于非正常变更，因此本文将正常变更的情况剔除，如果在公司违规公告前后 6 个月内发生高管非正常变更，则高管变更变量取值为 1，否则为 0。

2. 法律背景

法律背景高管代表董事长或总经理是否具有法律知识背景。本文从国泰安数据库中获取上市公司高管简介，对其是否具有法律知识背景进行手工赋值。如果高管具有法学专业教育经历，或者担任过律师、法官、检察官、仲裁员、法律顾问、法学教师等，则认为其具有法律背景。

3. 公司违规

本文将公司违规定义为公司在信息披露、公司经营及高管行为等方面存在违法违规行为，受到证监会、司法部门、公安机关等机构的公开谴责、批评和处罚。其中，公司的信息披露违规行为主要包括虚假信息披露、重要信息披露遗漏等；公司经营违规主要包括欺诈上市、擅自改变资金用途、内幕交易和违规买卖股票等。

4. 控制变量

参考已有研究，模型中的控制变量包括公司业绩、公司规模、股权性质、股权集中度、董事会特征、审计委员会、高管持股比例、资产负债率、会计师事务所规模以及行业和年度等。具体变量定义见表1。

表1 变量定义

变量名称	变量符号	变量释义
公司违规	Irregularity	公司违规取值为1；否则为0。
高管变更	Turnover	如果在公司违规公告前后6个月发生高管非正常变更，取值为1；否则为0。
法律背景高管	Manager	国有公司董事长或非国有公司总经理具有法律背景，取值为1；否则为0。
资产负债率	Lev	总负债/总资产
第一大股东持股比例	Largest	公司第一大股东持股比例
公司规模	Size	公司年末总资产的自然对数
董事会规模	Boardsize	公司董事会人数的自然对数
独立董事比例	DULI	独立董事人数/董事会总人数
董事会会议次数	Bome	年度董事会会议次数
两职是否合一	Dual	公司董事长和总经理两职合一，取值为1；否则为0
股权性质	Nature	国有控股取值为1；否则为0
股权集中度	Herf	公司前十大股东持股比例
是否设置审计委员会	Audit	公司设置审计委员会，取值为1；否则为0
高管持股比例	Stkpro	公司高管的持股比例
公司业绩	Performance	公司前一年的利润除以年初总资产
销售收入	Revenue	公司销售收入的自然对数
会计师事务所规模	TOP10	如果主审会计师事务所是全国"十大"，取值为1；否则为0
行业	Ind	行业虚拟变量，根据证监会《上市公司行业分类指引（2012年修订）》分类，其中制造业取前两位代码，其他行业取第一位代码
年度	Year	年度虚拟变量

五、研究结果

(一) 描述性统计

从表 2 变量的描述性统计可以看出，约有 15.4% 的观测值发生了违规，上市公司的内部控制和治理机制有待改善。具有法律背景高管的观测值占 2.4%，说明具法律背景的董事长或总经理占比不高。总体上有 10.5% 的观测值发生了高管非正常变更。在主要控制变量方面，上市公司规模的均值为 22.047，标准差为 1.124，表明样本公司在规模方面存在一定程度的差异。独立董事比例平均为 37.2%，显示样本公司总体上达到我国公司治理准则的基本要求。第一大股东持股比例均值为 33.6%，说明上市公司股权相对集中。

表 2 描述性统计

变量名称	样本数	均值	标准差	中位数	最小值	最大值
Irregularity	6 248	0.154	0.361	0	0	1
Turnover	6 248	0.105	0.306	0	0	1
Manager	6 248	0.024	0.154	0	0	1
Lev	6 248	0.430	0.210	0.113	0.047	0.952
Largest	6 248	0.336	0.150	0.131	0.004	0.750
Size	6 248	22.047	1.124	20.403	19.477	25.392
Boarsize	6 248	2.140	0.188	1.792	1.609	2.708
DULI	6 248	0.372	0.052	0.333	0.333	0.571
Bome	6 248	9.716	3.911	5	1	29
Dual	6 248	0.264	0.441	0	0	1
Nature	6 248	0.324	0.468	0	0	1
Herf	6 248	0.566	0.164	0.293	0.007	0.906
Audit	6 248	0.965	0.183	1	0	1
Stkpro	6 248	0.065	0.134	0	0	0.621
Performance	6 248	0.036	0.054	-0.048	-0.186	0.196
Revenue	6 248	21.334	1.356	19.264	17.211	25.345
TOP10	6 248	0.611	0.488	0	0	1

表 3 显示的是国有企业与非国有企业相关变量的差异情况。从中可以看出，国有企业违规概率低于非国有企业，这与前文的理论分析一致。国有企业高管变更概率高于非国有企业，可能与国有企业的管理体制有关。具有法律背景的董事长或总经理在国有企业中的数量更多。非国有企业在盈利水平、独立董事比例和两职合一方面高于国有企业。

表3 国有企业与非国有企业变量对比

变量	国有企业（N=2026）		非国有企业（N=4222）		均值T检验	中位数Z检验
	均值	中位数	均值	中位数		
Irregularity	0.123	0	0.169	0	4.499***	4,491***
Turnover	0.161	0	0.093	0	-7.988***	-7.948***
Manager	0.033	0	0.020	0	-3.109***	-3.107**
Lev	0.504	0.158	0.395	0.102	-19.969***	-19.088***
Largest	0.357	0.146	0.325	0.125	-8.002***	-8.189***
Size	22.488	20.631	21.835	20.339	-22.347***	-20.871***
Boarsize	2.208	1.946	2.108	1.792	-20.343***	-19.325***
DULI	0.366	0.333	0.374	0.333	5.864***	5.992***
Bome	9.494	4	9.823	5	3.115***	3.698***
Dual	0.106	0	0.340	0	20.318***	19.680***
Herf	0.544	0.289	0.576	0.295	7.227***	7.723***
Audit	0.959	1	0.968	1	2.013**	2.012**
Stkpro	0.004	0	0.094	0	25.956***	31.663***
Performance	0.028	-0.061	0.039	-0.038	7.613***	9.561***
Revenue	21.811	19.576	21.105	19.104	-19.867***	-19.138***
*TOP*10	0.608	0	0.612	0	0.299	0.299

注：***、**分别代表在1%和5%的水平显著。

（二）回归分析

1. 法律背景高管对公司违规的影响

表4是模型（1）的回归结果。在全样本回归结果中，法律背景高管（*Manager*）回归系数为负但不显著，不支持假设1。股权性质（*Nature*）回归系数为-0.402，在1%的水平显著，说明国有企业比非国有企业发生违规的概率更低，与前文理论分析的逻辑一致。我们将全样本分为国有企业和非国有企业两个子样本。在国有企业子样本中，法律背景高管的回归系数为-0.978，在10%水平显著；非国有企业子样本中，法律背景高管的回归系数为0.132，但不显著，支持了假设1a。本文的样本期间是2012—2017年，十八大之后我国法治化进程进一步加快，法律环境逐步优化，违法违规成本逐渐提高。国有企业在法治化进程中应当起到表率作用，所以其违规行为更少，同时法律背景高管更能够发挥

监督功能,进一步降低国有企业违规的概率①。

控制变量的回归结果显示,公司规模(Size)与公司违规在1%的水平上显著负相关,原因可能在于,规模越大的公司,其治理机制更好,违规成本更大,因此越不会违规。资产负债率(Lev)与公司违规在1%的水平上显著正相关,说明财务风险越高的公司违规的可能性越大。董事会会议次数系数在1%的水平显著为正,可能的原因是在公司发生违规行为时,董事会往往召开多次会议去调查情况、商量对策。

表4 法律背景高管对公司违规的影响

	全样本	国有企业	非国有企业
$Constant$	2.992*** (0.004)	3.743** (0.038)	2.289* (0.090)
$Manager$	-0.200 (0.425)	-0.978* (0.067)	0.132 (0.650)
$Nature$	-0.402*** (0.000)		
Lev	1.555*** (0.000)	1.943*** (0.000)	1.446*** (0.000)
$Size$	-0.231*** (0.000)	-0.272*** (0.000)	-0.216*** (0.000)
$Boardsize$	0.026 (0.915)	-0.144 (0.734)	0.167 (0.577)
$DULI$	-0.933 (0.267)	-1.538 (0.331)	-0.507 (0.624)
$Bome$	0.066*** (0.000)	0.062*** (0.001)	0.065*** (0.000)
$Dual$	0.114 (0.170)	0.248 (0.240)	0.075 (0.409)
$Herf$	-0.351 (0.134)	0.495 (0.290)	-0.688** (0.012)
$Audit$	0.331 (0.163)	0.212 (0.639)	0.349 (0.217)
$TOP10$	-0.157** (0.036)	-0.175 (0.237)	-0.131 (0.138)
Ind	控制	控制	控制
$Year$	控制	控制	控制
$LR\ Chi^2$	257.89***	106.23***	186.88***
N	6 248	2 026	4 222

注:检验统计量均经过White调整,括号中为p值,***、**、*分别代表在1%、5%和10%的水平显著(双尾检验)。下表同。

2. 公司违规对高管变更的影响

表5是模型(2)的回归结果,显示公司违规(Irregularity)的系数在1%的水平显著为正,支持了假设2,即在公司违规宣告前后,高管更换概率上升。

---

① 假设1没有得到支持的原因可能是:法律背景高管具有"监督功能"和"促进功能",虽然国有企业中"监督功能"发挥主导作用(假设1a),但非国有企业中这两种功能可能同时存在,所以表4显示非国有企业中法律背景高管的系数不显著。全样本中,非国有企业的结果稀释了国有企业的结果,所以全样本中法律背景高管的系数不显著。

进一步地,在国有企业子样本中,公司违规的系数不显著;在非国有企业子样本中,公司违规的系数为0.428,并在1%的水平显著。公司违规对高管变更的正向影响在非国有企业中表现得更加显著,原因可能在于:首先,国有企业的董事长通常由政府任命,在政府对国有企业"父爱主义"(林毅夫和李志赟,2004)[36]的影响下,对董事长可能存在一定的庇护;其次,国有企业的董事长肩负经济责任、社会责任、政治责任等多重使命,同时其身份还具有类似于政府官员的特征,董事长的变更需要权衡多方面因素综合考虑,单一因素的影响相对较小。而非国有企业总经理的情况相对简单,其主要以代理人的身份负责公司日常经营,在违规时被更换的可能性相对较大。

控制变量中,公司业绩(*Performance*)的系数显著为负,与以往的研究一致,即业绩越差,高管变更的概率越高;高管持股比例(*Stkpro*)的系数显著为负,高管持股比例越大,其权力就越大,公司治理机制对高管变更的作用变小。

表5 公司违规对高管变更的影响

	全样本	国有企业	非国有企业
Constant	0.596(0.594)	-2.666*(0.100)	4.425***(0.009)
Irregularity	0.364***(0.001)	0.227(0.210)	0.428***(0.001)
Nature	0.634***(0.000)		
Largest	-0.190(0.507)	0.547(0.200)	-0.904**(0.028)
Size	-0.130*(0.082)	0.116(0.273)	-0.415***(0.000)
Boarsize	-0.264(0.313)	-0.063(0.867)	-0.605(0.111)
DULI	1.447(0.107)	1.352(0.288)	0.628(0.636)
Dual	0.090(0.387)	-0.039(0.852)	0.152(0.220)
Stkpro	-2.220***(0.000)	-0.272(0.938)	-2.419***(0.000)
Performance	-1.379*(0.075)	-2.898**(0.016)	-0.160(0.878)
Revenue	-0.009(0.883)	-0.157*(0.083)	0.144(0.103)
*TOP*10	-0.149*(0.075)	-0.045(0.731)	-0.257**(0.024)
Ind	控制	控制	控制
Year	控制	控制	控制
LR Chi^2	196.29***	48.59**	151.93***
N	6 248	2 026	4 222

3. 法律背景高管、公司违规与高管变更的关系

表6报告了模型(3)以及分组检验的结果。在全样本回归中,法律背景高管与公司违规交乘项的系数不显著。将全样本分为高管有法律背景和高管无法律背景两个子样本分别进行回归。在高管有法律背景的子样本中,公司违规的

系数为正值,但不显著;在高管无法律背景的子样本中,公司违规的系数为正值,且在1%的水平显著。这一对比结果表明,当公司发生违规行为时,法律背景高管相对而言更不容易被更换。分组检验的结果支持了假设3,即高管的法律背景能够形成"职位壕沟",降低公司违规时高管被更换的概率。

进一步地,我们将样本分为国有企业和非国有企业两组,分别检验假设3。结果见表7和表8。表7显示,国有企业中无论高管是否有法律背景,公司违规对高管变更的影响均不显著。这表明国有企业的董事长无论是否有法律背景,在公司违规时都会受到一定的庇护,不会轻易被更换。表8显示,在非国有企业中,高管有法律背景时公司违规与高管变更不存在显著关系,高管无法律背景时公司违规与高管变更显著正相关(公司违规的系数为0.454,在1%水平显著)。这说明在非国有企业中,具有法律背景的总经理在公司违规时被更换的概率更低,法律背景能够为其提供"职位壕沟"。综合表6、表7和表8的回归结果可知,法律背景能够产生"职位壕沟"效应,保护高管在公司违规时不被更换,这一效应在非国有企业中更加明显。

表6 法律背景高管、公司违规与高管变更(全样本)

	全样本	高管有法律背景	高管无法律背景
Constant	0.563(0.615)	18.853**(0.020)	0.333(0.769)
Manager	0.281(0.271)		
Irregularity * Manager	−0.006(0.993)		
Irregularity	0.365***(0.001)	0.310(0.686)	0.366***(0.001)
Nature	0.628*** 0.000	0.706(0.243)	0.618*** 0.000
Largest	−0.193(0.500)	−1.752(0.369)	−0.161(0.578)
Size	−0.129*(0.087)	−0.278(0.545)	−0.125(0.101)
Boardsize	−0.274(0.297)	−2.075(0.208)	−0.226(0.397)
DULI	1.460(0.104)	−13.809(0.110)	1.667*(0.065)
Dual	0.088(0.400)	−1.816**(0.044)	0.117(0.270)
Stkpro	−2.224*** 0.000	−11.093(0.120)	−2.180*** 0.000
Performance	−1.381*(0.074)	−5.117(0.396)	−1.344*(0.087)
Revenue	−0.010(0.877)	−0.171(0.677)	−0.007(0.908)
TOP10	−0.152*(0.071)	−0.949(0.121)	−0.135(0.112)
Ind	控制	控制	控制
Year	控制	控制	控制
LR Chi^2	197.64***	28.30**	184.58***
N	6 248	152	6 096

表7 法律背景高管、公司违规与高管变更（国有企业）

	国有企业	高管有法律背景	高管无法律背景
Constant	-2.813* (0.083)	9.664 (0.296)	-2.334* (0.095)
Manager	0.511 (0.114)		
Irregularity * Manager	0.817 (0.448)		
Irregularity	0.220 (0.232)	0.771 (0.542)	0.208 (0.249)
Largest	0.535 (0.212)	-2.064 (0.405)	0.536 (0.192)
Size	0.125 (0.239)	-0.505 (0.439)	0.112 (0.227)
Boardsize	-0.087 (0.816)	-1.192 (0.591)	0.019 (0.958)
DULI	1.385 (0.277)	-10.437 (0.325)	1.576 (0.204)
Dual	-0.053 (0.798)	-0.878 (0.488)	-0.013 (0.951)
Stkpro	-0.190 (0.957)	7.025 (0.872)	-0.749 (0.830)
Performance	-2.975** (0.014)	-5.551 (0.553)	-3.176*** (0.006)
Revenue	-0.157* (0.082)	0.355 (0.556)	-0.124 (0.100)
TOP10	-0.059 (0.656)	0.256 (0.755)	-0.011 (0.934)
Ind	控制	控制	控制
Year	控制	控制	控制
LR Chi^2	52.42***	10.59	27.96**
N	2 026	67	1 959

（三）稳健性检验

本文从以下三个方面进行稳健性检验：

第一，重新界定高管范围。前文的高管是国有企业的董事长和非国有企业的总经理，考虑到董事长在公司中的地位更高，可能更不容易被更换，而总经理作为代理人通常对公司经营负有更直接的责任，所以我们将高管范围重新界定为国有企业和非国有企业的总经理，回归结果与前文一致。

表8 法律背景高管、公司违规与高管变更（非国有企业）

	非国有企业	高管有法律背景	高管无法律背景
Constant	4.431*** (0.009)	53.506** (0.034)	3.815** (0.017)
Manager	0.057 (0.898)		

续表

	非国有企业	高管有法律背景	高管无法律背景
Irregularity * Manager	−0.211（0.815）		
Irregularity	0.432***（0.001）	0.050（0.973）	0.454***（0.001）
Largest	−0.905**（0.028）	2.579（0.582）	−0.815**（0.045）
Size	−0.415*** 0.000	0.082（0.925）	−0.388*** 0.000
Boarsize	−0.607（0.110）	−7.232*（0.064）	−0.581（0.122）
DULI	0.625（0.638）	−46.054**（0.046）	0.860（0.514）
Dual	0.152（0.221）	−4.721**（0.038）	0.173（0.160）
Stkpro	−2.419*** 0.000	−12.998*（0.091）	−2.528*** 0.000
Performance	−0.165（0.874）	−3.202（0.815）	−0.105（0.919）
Revenue	0.144（0.103）	−1.116（0.229）	0.144*（0.069）
TOP10	−0.257**（0.023）	−3.745**（0.015）	−0.235**（0.035）
Ind	控制	控制	控制
Year	控制	控制	控制
LR Chi^2	151.98***	26.93**	115.28***
N	4 222	85	4 137

第二，控制内生性。法律背景高管与公司违规之间可能会互相影响，比如违规风险高的公司更倾向于选择具有法律背景的高管。为了控制这一内生性问题，对违规样本和非违规样本进行1∶1的倾向得分匹配（PSM），重新回归的结果与前文一致。

第三，高管变更包含正常变更和非正常变更。前文的高管变更只包括非正常变更，即当事人管理行为导致的职位变动，如非到期解聘、违规或犯罪等。有时候，虽然高管变更实质上是非正常变更，但公司披露其原因时可能语焉不详或者"顾左右而言他"（如称变更是因为高管健康原因等）。如此，高管变更只包括非正常变更可能会低估公司违规时高管变更的概率。为此，我们在稳健性检验中将高管变更包含正常变更和非正常变更，以与正文的检验相互补充，重新回归的结果也与前文一致。

六、结论

本文研究了三个问题：（1）法律背景高管能否抑制公司违规；（2）公司违规是否增加了高管变更的概率；（3）具有法律背景的高管在公司违规时被更换的概率是否更低。以2012—2017年我国A股上市公司为研究样本，检验发现：（1）法律背景高管能够抑制公司违规，在国有企业中这种抑制作用更强；

（2）公司违规时高管变更的概率更高，并且在非国有企业中更加明显；（3）法律背景能够产生"职位壕沟"效应，降低违规时高管被更换的概率，这种效应在非国有企业中更加明显。这些结果表明，法律背景高管的作用是复杂的：在公司层面，法律背景高管能够抑制公司违规，发挥"监督功能"；在高管个人层面，法律背景则会发挥"包庇功能"，对高管形成保护。

本文的研究结论在理论与实践方面都有重要的启示意义：第一，鲜有研究从公司和个人两个层面同时考察法律背景高管的功能，本文为法律背景高管的研究提供了新的视角。第二，法律背景高管能够抑制公司违规，在全面推进依法治国的背景下，应当更加充分地发挥法律背景高管的积极作用，比如提高公司高管的法律知识水平，鼓励公司建立健全法律顾问制度等。第三，针对法律背景的"职务壕沟"效应或者"包庇功能"，应当健全公司治理，提高治理效率，增强高管变更的有效性。第四，监管部门应当完善与违规相关的惩处措施，进一步完善经理人市场，对公司高管形成有效的监督和激励，杜绝高管滥用权力，使高管更好地为公司创造价值。

参考文献

［1］何威风，刘巍. 公司为什么选择法律背景的独立董事？［J］. 会计研究，2017（4）：45-51.

［2］全怡，陈冬华. 法律背景独立董事：治理、信号还是司法庇护？——基于上市公司高管犯罪的经验证据［J］. 财经研究，2017（2）：34-47.

［3］HAM C, KOHARKI K. The association between corporate general counsel and firm credit risk［J］. Journal of accounting and economics，2016，61（2-3）：274-293.

［4］吕荣杰，郝力晓，吴超. 法律背景独立董事：监督还是包庇？［J］. 上海对外经贸大学学报，2017（6）：64-74.

［5］LITOV L P, SEPE S M, WHITEHEAD C K. Lawyers and fools: lawyer-directors in public corporations［EB/OL］. （2014-01-14）［2019-05-01］. https://ssrn.com/abstract=2218855 or http://dx.doi.org/10.2139/ssrn.2218855.

［6］KRISHNAN J, WEN Y, ZHAO W. Legal expertise on corporate audit committees and financial reporting quality［J］. The accounting review，2011，86（6）：2099-2130.

［7］KWAK B, RO B T, SUK I. The composition of top management with general counsel and voluntary information disclosure［J］. Journal of accounting and economics，2012，54（1）：19-41.

［8］郑路航. "名人"独立董事履行职责状况分析——来自中国上市公司的证据［J］. 中南财经政法大学学报，2011（3）：31-37.

[9] 夏同水,范宁宁,李燕.我国上市公司高管法律知识背景与自愿性信息披露的实证研究[J].中国注册会计师,2016(7):75-81.

[10] 池玉莲,张刘锋.高管法律背景特征影响了审计收费:"提升"还是"降低"?[J].中国注册会计师,2019(1):64-68.

[11] 雷宇,曾雅卓.法律背景高管与公司债务期限结构[J].财贸研究,2019(2):88-101.

[12] HOPKINS J J, MAYDEW E L, VENKATACHALAM M. Corporate general counsel and financial reporting quality[J]. Management science, 2015, 61(1): 129-145.

[13] WARNER J, WATTS R, WRUNK K. Stock prices and top management changes[J]. Journal of financial economics, 1988, 20: 461-492.

[14] LAUSTEN M. CEO turnover, firm performance and corporate governance: empirical evidence on Danish firms[J]. International journal of industrial organization, 2002, 20(3): 391-414.

[15] JENTER D, KANAAN F. CEO turnover and relative performance evaluation[J]. Journal of finance, 2015, 70(5): 2155-2184.

[16] 丁友刚,宋献中.政府控制、高管更换与公司业绩[J].会计研究,2011(6):70-76,96.

[17] 刘青松,肖星.败也业绩,成也业绩?——国企高管变更的实证研究[J].管理世界,2015(3):151-163.

[18] HENNES K M, LEONE A J, MILLER B P. The importance of distinguishing errors from irregularities in restatement research: the case of restatements and CEO/CFO turnover[J]. The accounting review, 2008, 83(6): 1487-1519.

[19] AGRAWAL A, COOPER T. Corporate governance consequences of accounting scandals: evidence from top management, CFO and auditor turnover[J]. Quarterly journal of finance, 2017, 7(1): 41.

[20] 瞿旭,杨丹.创始人保护、替罪羊与连坐效应——基于会计违规背景下的高管变更研究[J].管理世界,2012(5):137-156.

[21] 李维安,李晓琳,张耀伟.董事会社会独立性与CEO变更——基于违规上市公司的研究[J].管理科学,2017(3):94-105.

[22] GOYAL V, PARK C. Board leadership structure and CEO turnover[J]. Journal of corporate finance, 2002, 8(1): 49-66.

[23] LEONE A J, LIU M. Accounting irregularities and executive turnover in founder-managed firms[J]. Social the accounting review, 2010, 85(1): 287-314.

[24] 游家兴,徐盼盼,陈淑敏.政治关联、职位壕沟与高管变更——来自中国财务困境上市公司的经验证据[J].金融研究,2010(4):128-143.

[25] 潘越,戴亦一,魏诗琪.机构投资者与上市公司"合谋"了吗:基于高管非自

愿变更与继任选择事件的分析［J］．南开管理评论，2011（2）：69-81．

［26］周林洁，邱汛．政治关联、所有权性质与高管变更［J］．金融研究，2013（10）：194-206．

［27］NELSON R，NIELSEN L. Cops, counsel, and entrepreneurs: constructing the role of inside counsel in large corporations［J］．Law & society review, 2000, 34 (2): 457-494.

［28］DEMOTT D. Discrete roles of general counsel［J］．Fordham law review, 2005, 74: 955-981.

［29］PARKER C, ROSEN R, NIELSEN V. The two faces of lawyers: professional ethics and business compliance with regulation［J］．Georgetown journal of legal ethics, 2009, 22: 201-248.

［30］GOH B W, LEE J, NG J. The composition of top management with general counsel and tax avoidance［R］．Working paper, 2014.

［31］张春霞，陆璐，李志生．实际控制人性质对上市公司及其高管违规处罚的影响研究［J］．投资研究，2013（11）：101-120．

［32］曹春方，陈露兰，张婷婷．"法律的名义"：司法独立性提升与公司违规［J］．金融研究，2017（5）：191-206．

［33］王谨乐，史永东．机构投资者、高管变更与股价波动［J］．管理科学学报，2018（7）：113-126．

［34］赵震宇，杨之曙，白重恩．影响中国上市公司高管层变更的因素分析与实证检验［J］．金融研究，2007（8）：76-89．

［35］饶品贵，徐子慧．经济政策不确定性影响了企业高管变更吗？［J］．管理世界，2017（1）：145-157．

［36］林毅夫，李志赟．政策性负担、道德风险与预算软约束［J］．经济研究，2004（2）：17-27．

管理层语调是否配合了盈余管理行为[*]

一、引言

上市公司的盈余管理问题长期以来受到学术界的广泛关注,作为管理者操纵报告盈余的手段其正当性一直饱受争议。有学者认为盈余管理是通过合法的会计政策选择使公司价值最大化的一种正当行为(Scott 等,1997)[1],也有学者认为盈余管理实际上是管理者为获取私人利益而歪曲信息披露的行为(Schipper,1989)[2]。

从有效契约观的角度来看,盈余管理能够保证会计盈余的稳健性从而使得各种契约顺利履行,但这种正面效应是建立在不损害相关方利益前提基础之上的,若离开了这个前提盈余管理将变成管理者的机会主义行为。从投资者的角度看,盈余管理作为管理层操纵利润的手段之一,在一定程度上减少了公司财务信息的可靠性,不利于投资者对公司价值做出正确判断,而此时掌握真实经营情况的公司管理者却可以利用信息优势在二级市场上进行内部人交易,并从中获利(曾庆生,2014)[3]。从董事会的角度看,盈余管理将使得短期内公司的真实利润与现金流量发生背离,造成会计信息失真,不利于对管理层工作的评价与监督。此外,有学者指出,上市公司在盈余管理期间有可能发生非效率投资(McNichols 和 Stubben,2008)[4],管理者通过正向的盈余管理抬高公司的账面利润,使得董事会和投资者对未来的经营环境做出过度乐观的估计,而后管理者借机扩大投资使公司出现投资过度的情形并从中谋取私利,这将严重损害股东利益。

为了限制高管过度的盈余管理行为,多数学者认为上市公司应进行自愿性

---

[*] 原载于《广东财经大学学报》2018 年第 1 期 86~98 页。作者:朱朝晖,浙江工商大学财务与会计学院教授,博士生导师;许文瀚,浙江工商大学财务与会计学院博士生。

披露来增强信息透明度（郭娜和祁怀锦，2010）[5]。然而行为财务理论认为，相比于受到严格监管的强制性披露，管理者在自愿性披露方面具有更大的酌情权，可通过策略性的披露来掩盖真实情况，尤其可通过在披露中占绝大篇幅、且不受监管的文字信息，通过乐观或悲观的文字表述（管理层语调）影响投资者对公司的价值判断（Baginski 等，2012）[6]。在实证方面，随着计算机文本分析技术的发展，对大样本的上市公司信息披露进行文本信息量化成为可能。Demers 和 Vega（2011）[7]、Davis 和 Tran（2012）[8]的研究均发现文本信息中所体现的语调具有信息含量，并能够产生一定的经济后果。那么在这种情况下，自愿性信息披露中的管理层语调会不会成为配合和掩盖盈余管理行为的一种工具呢？

为了回答上述问题，本文拟研究管理层语调与上市公司盈余管理之间的关系。具体而言，研究将从以下三个方面展开：第一，管理层语调与应计项目盈余管理的关系如何？第二，管理层语调与真实活动盈余管理的关系如何？第三，当这两种盈余管理方式被管理者同时使用时，管理层语调将具有怎样的特点？

本文以2012—2016年间A股上市公司的年度业绩预告为样本，对这些问题进行实证研究，发现业绩预告管理层语调的乐观程度与应计项目盈余管理正相关，与真实活动盈余管理负相关；管理层语调的"语言膨胀"程度越高，越说明公司正在同时进行两种方向一致的盈余管理。这说明管理层语调对盈余管理行为起到了配合和掩护的作用。在控制了相关变量以及可能存在的内生性问题后，本文的研究结论依然成立。

本文在以下两个方面深化及拓展了相关文献：一是现有研究大多在事后对盈余管理行为是否存在及其经济后果进行研究，缺乏对盈余管理行为的事前辨别，本文则从高管语调特征的角度研究了盈余管理行为，为投资者提供了一种有效的甄别机制，有助于他们做出正确的投资决策；二是现有研究缺乏对两种盈余管理方式的综合考虑，如 Fields 等（2001）[9]指出，只关注一种盈余管理类型并不能完全解释高管的盈余管理行为。因此，可以推断已有的研究结论很可能存在一定的片面性，本文分别对两种类型、不同方向的盈余管理行为进行研究则有助于弥补这一缺失。

二、文献回顾与假设的提出

（一）管理层语调与真实活动盈余管理

委托代理理论认为，管理者和股东的利益不一致会使管理者有可能做出一些损害股东利益的行为，这些行为大致可以分为两类：利用股东财富谋取私利的逆向选择行为和为获取薪酬效用最大化的道德风险行为。Jensen 和 Murphy

(1990)[10]发现股东的财富每变化1 000美元,管理者财富将变化3.25美元。这种巨大的反差使得管理者有动机利用股东的财富为自身谋取私利,其中最典型的行为是构建"企业帝国",即利用自由现金流扩大投资范围,使自身享受规模扩大之后的隐性收益,包括声誉、地位、人事安排权、合作商选择权等。对于股东而言,他们了解管理者存在这种逆向选择的动机,因此会要求采用分红的方式来限制管理者对自由现金流的操纵(Jensen,1986)[11],而公司的投资又需要以现金流量的持续获取为基础,为了满足投资需要,管理者将进行真实活动盈余管理(Graham等,2005)[12]。主要包括:销售操控,如加大销售折扣力度、降低赊购门槛等;生产操控,如扩大产品生产数量、降低产品单位成本等;费用操控,如降低研发支出及宣传广告费用等。这些行为虽然会带来会计利润和现金流量的提升(Cohen等,2008)[13],但产品价格的下降有可能导致公司边际利润递减,并影响公司未来的盈利能力;降低赊购门槛则会使公司出现较为严重的坏账,影响未来的现金流入;削减产品成本将使得公司产品质量下降,削弱产品的竞争力;研发支出和广告费用的降低则会使公司产品落后于竞争对手并失去市场占有率。从长期来看,真实活动盈余管理将严重损害公司和股东的利益。

但对于管理者而言,进行真实活动盈余管理既可以筹集到投资活动所需的资金,保证自身能够获取相应的隐性收益(控制权收益),又能够增加公司的利润以保证自身的显性收益(薪酬)。然而,销售活动、生产活动和研发活动的异常变动自然会引起股东的警惕,若缺乏合理解释,将会为管理者招致解聘甚至诉讼的风险。为了配合真实活动盈余管理的进行,管理者是否会在信息披露中进行相应的解释呢?相比强制披露的年报,管理者在半强制披露的业绩预告中具有更大的酌情权,尤其能够通过不受约束的文字信息向市场传递信号(谢德仁和林乐,2015)[14]。当管理者希望进行正向的真实活动盈余管理时,他们有可能在业绩预告中对未来的市场前景和经济形势持悲观态度,以此向股东和市场表明公司需要加快销售速度、减少研发支出来获取充足的现金流以应对即将到来的危机冲击。为检验这一推断,本文提出以下假设:

假设1:管理层语调的乐观程度与真实活动盈余管理呈负相关关系。

(二)管理层语调与应计项目盈余管理

应计项目盈余管理是传统盈余管理研究的主要内容,它通过会计政策的选择、应计项目的调节来影响公司利润(Healy和Wahlen,1999)[15]。从长期来看,由于应计项目具有回转的特性,它改变的只是不同会计期间的利润分布,而不是公司的真实利润。应计项目盈余管理也无法改变公司的现金流量,伴随着现金流量表的强制披露，投资者开始逐渐关注和理解公司的现金流量信息（Zhang，2009）[16]，而过度的应计项目盈余管理将使得会计利润与现金流量发生严重偏离，这将引起投资者的察觉，使应计项目盈余管理的隐蔽性降低。此外，应计项目盈余管理还容易被外部审计所察觉，进而影响审计意见（王帆和武恒光，2014）[17]。

然而，与真实活动盈余管理相比，应计项目盈余管理并不会损害公司的利益，甚至有学者认为适度的应计项目盈余管理能够促进公司各项契约的顺利履行。如林舒和魏海明（2000）[18]研究发现，处于IPO审核阶段的上市公司可通过适度的应计项目盈余管理以保证公司在三年内获得平稳、持续的盈利。Kasznik和McNicols（2002）[19]认为，上市公司可以通过应计项目盈余管理来迎合或击败市场预期，从而向市场传递管理者对未来前景的乐观态度，以保证公司股票价格的稳步上升。DeFond和Jiambalvo（1994）[20]认为，通过应计项目盈余管理来调整公司利润可以规避违反债务契约的可能性，从而保证公司能够获取持续的现金流来维持经营。此外，还有学者发现，反向的应计项目盈余管理可以起到冷却投资者过度乐观情绪的作用，避免公司为迎合投资者情绪而进行过度投资（朱朝晖，2013）[21]。

综上所述，应计项目盈余管理具有一定的正当性，但是相比于真实活动盈余管理，它更加有可能被投资者、审计师和监管部门所察觉。为了减少应计项目盈余管理的曝光给公司带来的不良影响，公司需要借助其他信息传播渠道来进行掩盖，而此时语言相比于数字更具有解释力和说服力。例如，公司可以向市场传递未来前景乐观的信息，以此来为增加应收项目的确认和减少减值准备计提的行为提供合理性依据。据此，我们推测上市公司将使用管理层语调来配合盈余管理的进行，为检验此推断，本文提出以下假设：

假设2：管理层语调的乐观程度与应计项目盈余管理呈正相关关系。

（三）管理层语调的语言膨胀与盈余管理方式合谋

管理层语调是上市公司信息披露文本情绪倾向的体现。不同于受到严格监管的数字信息，文本信息不受任何披露规则的制约，且文本信息的真实性在短期内将难以证实（Baginski等，2015）[22]。这些特性使得管理者可以根据自身动机的需要对语调进行过度渲染，即通过夸张的语言表达方式来向市场传递信息，为信息接受者营造出一种繁荣或萧条的氛围，从而影响他们对信息的判断。Baginski等（2015）将这种行为定义为语言膨胀（Language Inflation）。为了研究管理者的语言膨胀行为，Huang等（2014）[23]通过残差法分离了文本信息中的正常语调和非正常语调，他认为正常语调是与实际业绩水平和未来预期相符合的正常文字表述，而非正常语调（语言膨胀）则是与实际业绩不相符合的过度语言渲染；通过与公司未来业绩的对比发现，语言膨胀程度与公司未来业绩呈显著负相关关系。该研究从实证角度证实，管理者的确会通过对所披露信息文字的刻意安排来影响投资者决策，从而配合私人动机的实现。曾庆生等（2016）[24]对我国上市公司年报的管理层语调进行了研究，发现年报的语调越乐观，未来高管减持公司股份的程度越强。说明高管是"口是心非"的，他们一方面向市场传递未来前景乐观的信息，另一方面却趁股价上涨之际减持股票以从中获利。由此可见，管理层语调已经成为掩盖管理者真实动机的烟幕弹。尽管如此，可信度较低且容易受到歪曲的管理层语调仍然可以被用来研究管理者动机。

就盈余管理而言，虽然真实活动盈余管理比应计项目盈余管理更加隐蔽、业绩提升效果更明显，但是，真实活动盈余管理所带来的利润和现金流量的增长需要一定的时间才能显现，而应计项目盈余管理却可以在短期内通过对会计政策和应计项目的选择迅速提高账面利润（顾鸣润等，2016）[25]。Zang（2012）[26]发现上市公司管理者在进行盈余管理时会对这两种盈余管理方式配合使用：在会计期中进行真实活动盈余管理，到了会计期末，管理者再酌情使用应计项目盈余管理以达到目标利润。在这一过程中，为了起到掩饰的作用，管理者需要在信息披露中做出更多的解释，因此在管理者语调的特点上，存在两种盈余管理方式合谋的上市公司将可能在对业绩的解释说明中发生更为严重的语言膨胀现象。为了检验这一推断，本文提出以下假设：

假设3：管理层语调的语言膨胀程度越高，上市公司越有可能发生盈余管理方式合谋。

三、数据与方法

（一）样本与数据

本文的研究样本包括2012—2016年间在我国A股上市的公司的年度业绩预告和财务报告。选择2012年作为研究的起点，是由于从此年开始，证监会要求创业板上市公司必须在报表日之前公布业绩预告，并规范了对业绩预告的披露，对造假的业绩预告进行了实质性的处罚。因此，2012年以后业绩预告样本的数量和质量得到极大提高，更加有利于对业绩预告进行文本信息的抓取和分析。此外，还排除了金融类、存在ST等特殊处理的和未进行业绩预测的上市公司，最终得到3 380个观测样本。文中使用的数据均来自CSMAR数据库、同花顺iFind数据库和巨潮信息网。

(二) 变量定义

本文所使用的变量定义如表1所示。

表1 变量定义

	变量名称	变量符号	变量定义
被解释变量	真实活动盈余管理1	$RM1$	正值代表正向真实活动盈余管理；负值代表负向真实活动盈余管理
	真实活动盈余管理2	$RM2$	
	应计项目盈余管理1	$DA1$	正值代表正向应计项目盈余管理；负值代表负向应计项目盈余管理
	应计项目盈余管理2	$DA2$	
	盈余管理方式合谋	$RM \times DA$	正值代表盈余管理方式合谋；负值代表方式不一致
解释变量	管理层语调	$Tone$	(乐观词语个数 - 悲观词语个数)/情绪词汇总和
	语言膨胀程度1	$\|ABtone\|$	管理层语调回归方程的残差值的绝对数
	语言膨胀程度2	$Dummy\_ABtone$	语言膨胀程度大于50%分位数取1，否则取0
控制变量	业绩预测数值	$FEPS$	年度业绩预测的每股收益
	净利润/所有者权益总额	净资产收益率	ROE
	负债总额/资产总额	资产负债率	LEV
	公司总资产的自然对数	公司规模	$Size$
	主营业务收入增长率	公司成长性	$Growth$
	公司上市年限	上市年限	Age
	CEO接受高等教育的年限	高管背景	$Background$
	国有企业取1，否则取0	企业的产权性质	SOE
	第一大股东持股比例	股权集中度	$FSHR$
	CEO为男性取1，女性取0	CEO性别	$Gender$
	董事长兼任CEO取1，反之取0	两职合一	$Duality$
	分析师跟踪人数	信息透明度	$Analyst$

1. 真实活动盈余管理的度量

本文使用 Roychowdhury (2006)[27]、Cohen 和 Zarowin (2010)[28]、Zang (2012)[26]的方法，采用异常经营活动现金流、异常产品生产成本和异常可操控性费用模型来度量样本公司的真实活动盈余管理程度。具体计算公式如下：

经营活动现金流模型：

$$\frac{CFO_{it}}{A_{it-1}} = \beta_0 + \frac{\beta_1 1}{A_{it-1}} + \frac{\beta_2 Sales_{it}}{A_{it-1}} + \frac{\beta_3 \Delta Sales_{it}}{A_{it-1}} + \varepsilon_{it} \qquad (1)$$

产品生产成本模型：

$$\frac{PROD_{it}}{A_{it-1}} = \beta_0 + \frac{\beta_1 1}{A_{it-1}} + \frac{\beta_2 Sales_{it}}{A_{it-1}} + \frac{\beta_3 \Delta Sales_{it}}{A_{it-1}} + \frac{\beta_4 Sales_{it-1}}{A_{it-1}} + \varepsilon_{it} \qquad (2)$$

可操控性费用模型：

$$\frac{DISX_t}{A_{it-1}} = \beta_0 + \frac{\beta_1 1}{A_{it-1}} + \frac{\beta_2 Sales_{it}}{A_{it-1}} + \varepsilon_{it} \qquad (3)$$

其中，CFO 是企业经营活动所产生的现金流，A 是年初资产总额，Sales 是销售收入，ΔSales 是销售收入变动额，PROD 是已售产品成本与当期存货变动额之和，DISX 是可操控性费用之和，包括销售费用、管理费用和研发费用。

将上述模型按年度和行业进行普通最小二乘法（OLS）回归，模型（1）的残差项为异常经营活动现金流（RM_CFO）；模型（2）的残差项为异常生产成本（RM_PROD）；模型（3）的残差项为异常可操控性费用（RM_DISX）。采用 Roychowdhury（2006）[27]和 Zang（2012）[26]计算真实活动盈余管理的方式，具体公式如下：

$$RM_{it} = (-1) \times RM\_CFO + RM\_PROD + (-1) \times RM\_DISX \qquad (4)$$

$$RM_{it} = (-1) \times RM\_CFO + RM\_PROD \qquad (5)$$

其中，RM_{it} 取正值时表示正向的真实活动盈余管理，取负值时表示负向的真实活动盈余管理。

2. 应计项目盈余管理的度量

使用修正的 Jones 模型和双 D 模型来度量上市公司的应计项目盈余管理程度，在计算方法上，采用每家样本公司本期和上一期的业绩数据测算盈余管理的程度。两个模型的计算公式如下：

修正 Jones 模型：

$$TA_{it}/A_{it-1} = \beta_0 + \beta_1 A_{it-1}^{-1} + \beta_2 (\Delta REV_{it} - \Delta AR_{it}) \times A_{it-1}^{-1} + \beta_3 PPE_{it} \times A_{it-1}^{-1} + \beta_4 ROA_{it-1} + \varepsilon_{it} \qquad (6)$$

式中，TA_{it} 是由 t 期经营利润减去经营活动现金流量而得到的总应计数，A_{it-1} 为 t-1 期的期末总资产，ΔREV_{it} 为 t 期与 t-1 期的主营业务收入之差，ΔAR_{it} 为 t 期与 t-1 期的应收账款变化额，PPE_{it} 为 t 期期末固定资产原值，ROA_{it-1} 为 t-1 期的总资产收益率。

双 D 模型：

$$TA_{it}/A_{it-1} = \beta_0 + \beta_1 CFO_{it-1} \times A_{it-2}^{-1} + \beta_2 CFO_{it} \times A_{it-1}^{-1} + \beta_3 CFO_{it+1} \times A_{it}^{-1} +$$

$$\beta_4 \Delta REV_{it} \times A_{it-1} + \beta_5 PPE_{it} \times A_{it-1}^{-1} + \varepsilon_{it} \tag{7}$$

式中，CFO_{it-1}、CFO_{it} 和 CFO_{it+1} 分别是 $t-1$ 期、t 期和 $t+1$ 期的经营活动现金流量。

将修正 Jones 模型和双 D 模型分别按年度和行业进行回归，得到的各公司回归结果的残差值 Da 即为盈余管理程度，残差值符号为正代表正向的应计项目盈余管理，残差值为负代表负向的应计项目盈余管理。

3. 管理层语调的度量

本文使用谢德仁和林乐（2015）[14]的方法来度量业绩预告中的管理层语调，文本信息中的乐观情绪词语总数减去悲观情绪词语总数再除以总的情绪词语数。在文本信息的提取方法上，使用网络爬虫（Web Crawler）程序自动抓取同花顺数据库中的业绩预告。通过批量解析网站上的业绩预告下载地址，发起网络请求将 PDF 格式的报告下载至本地文件中，再通过解析 PDF 文件使之转化为 TXT 格式，并通过 Python 的语言分析模块统计文中的关键词频率，最后导出到 Excel 表格中。其中，管理层语调的计算公式为：

$$Tone_{it} = （乐观词语数 - 悲观词语数）/（乐观词语数 + 悲观词语数）① \tag{8}$$

4. 管理层语调语言膨胀的度量

若业绩预告中的管理层语调是对公司实际经营情况和未来发展前景的客观反映，则其应满足以下数量关系（Huang, 2014）[23]：

$$Tone_{it} = \beta_0 + \beta_1 FEPS_{it} + \beta_2 \Delta EPS_{it} + \beta_3 ROE_{it} + \beta_4 LEV_{it} + \beta_5 Size_{it} + \beta_6 Age_{it} + \beta_7 Growth_{it} + \beta_8 LOSS_{it} + \varepsilon_{it} \tag{9}$$

其中，$Tone$ 是业绩预告中的管理层语调，$FEPS$ 是预测每股收益，ΔEPS 是每股收益变化量，ROE 是净资产收益率，LEV 是资产负债率，$Size$ 是公司规模，Age 是上市年限，$Growth$ 是主营业务收入增长率，$LOSS$ 为是否亏损的哑变量。该方程残差项的绝对值即为管理层语调的语言膨胀程度（|$ABtone$|）。此外，根据读者的阅读习惯，他们在接受文字信息和数字信息时的方式不同。对于文字信息，读者往往一扫而过地判断文本的情绪倾向，通过统计数量的方式所得到的语言膨胀程度可能是有偏的，会高估或低估文本信息对于信息接收者的作用。因此，本文使用了另一种方式来度量语言膨胀程度，即当业绩预告文本的

---

① 本文参照谢德仁和林乐（2015）[14]的研究，将乐观词语定义为如增加、增长、上升、提高等表示增长的词语；将悲观词语定义为如降低、下降、减少、下滑等表示减少的词语。但由于研究手段的限制，现有研究尚未考虑到这些词语与会计科目进行搭配以后是否会出现相反的含义，未来研究将从此处展开。

|ABtone|取值大于50%分位数时,将该文本定义为语言膨胀文本,取值1,反之则取值0,由此得到的|ABtone|的哑变量(Dummy_ ABtone)作为辅助语言膨胀的度量方式。

(三) 模型设定

为了检验假设,本文构建以下回归模型:

假设1: $RM = \beta_0 + \beta_1 Tone_{it} + Controls_{it} + \sum Year + \sum Ind + \varepsilon_{it}$ (10)

假设2: $DA = \alpha_0 + \alpha_1 Tone_{it} + Controls_{it} + \sum Year + \sum Ind + \varepsilon_{it}$ (11)

假设3: $RM \times DA = \lambda_0 + \lambda_1 |ABtone_{it}|(Dummty\ ABtone) + Controls_{it} + \sum Year + \sum Ind + \varepsilon_{it}$ (12)

若假设1成立,β_1的系数应显著为负,说明管理者在业绩预告中对未来市场持悲观态度,以配合扩大销售、降低成本和研发支出的正向真实活动盈余管理。若假设2成立,α_1的系数应显著为正,说明管理者通过正向调节应计项目和选择会计政策来增加报告盈余,以向市场传递未来前景乐观的信号。若假设3成立,则λ_1的系数应显著为正,说明当公司存在真实活动盈余管理和应计项目盈余管理合谋情况时,管理者在业绩预告中将使用更加夸大的语言来对未来发展前景进行描述。

四、结果与分析

(一) 主要变量的描述性统计

表2列出了主要变量的描述性统计结果。可以看出,不同方式计算出的盈余管理程度较为接近。两种计算方法所得到的真实活动盈余管理水平(RM)均值都为0,这说明大部分企业并未使用损害公司长期利益的真实活动盈余管理来操纵利润。两种方式所得到的应计项目盈余管理(DA)均值分别为-0.006和-0.011,标准差为0.085和0.069,说明不同公司在应计项目盈余管理方向的选择上存在较大差异。管理层语调(Tone)的均值为0.201,说明大部分企业在业绩预告中使用了总体乐观的表述方式。语言膨胀(|ABtone|)的均值为0.547,说明管理者在使用不受约束的语言来传递信息时存在着较为严重的夸大表述现象。

表2 主要变量描述性统计（N=3380）

变量	平均值	标准差	最大值	中位数	最小值
$RM1$	0.000	0.135	1.336	0.008	-0.907
$RM2$	0.000	0.118	1.308	0.000	-0.702
$DA1$	-0.006	0.085	1.555	-0.011	-0.687
$DA2$	-0.011	0.069	0.256	-0.011	-0.191
$Tone$	0.201	0.718	1.000	0.333	-1.000
$|ABtone|$	0.547	0.341	3.072	0.530	0.000

（二）管理层语调与真实活动盈余管理

从表3的回归结果可以看出，当 $RM1$ 作为被解释变量时，管理层语调 $Tone$ 的回归系数为 -0.009，在1%的水平下显著；当 $RM2$ 作为被解释变量时，$Tone$ 的回归系数为 -0.008，在1%的水平下显著。说明管理层语调乐观程度与真实活动盈余管理行为呈显著的负相关关系。这意味着管理者在本会计期间如果使用了真实活动盈余管理来获取现金流，那么为了掩盖这种损害公司和股东利益的行为，管理者将在业绩预告中对未来市场前景进行悲观的预测，以此来为自己异常加快销售进度、削减研发和广告支出等行为提供支持。表明自愿性披露信息中的管理层语调已经成为管理者掩盖其真实目的的烟幕弹。该结论说明假设1成立。

表3 管理层语调与真实活动盈余管理的回归结果

模型	假设1	
因变量	$RM1$	$RM2$
$Tone$	-0.009*** (-3.26)	-0.008*** (-2.94)
$FEPS$	-0.042 (-1.51)	-0.055** (-2.22)
ROE	0.515 (1.07)	0.632 (1.35)
LEV	0.190*** (4.11)	0.205*** (4.58)
$Size$	0.022* (1.94)	0.020* (1.77)
$Growth$	-1.176*** (-2.61)	-1.244*** (-2.78)
Age	-0.0001 (-1.62)	-0.0001 (-1.09)
SOE	-0.010** (-2.42)	-0.008** (-2.05)
$FSHR$	0.0002 (0.88)	0.0002 (1.15)
$Background$	-0.005*** (-3.09)	-0.003** (-2.50)
$Gender$	0.014 (0.89)	0.014 (0.96)
$Duality$	0.015** (1.98)	0.016** (2.19)
常数项	-0.483** (-2.05)	-0.441* (-1.94)

续表

模型	假设1	
因变量	RM1	RM2
公司 cluster	Yes	Yes
行业/年度固定效应	Yes	Yes
N	3 380	3 380
Adj. R^2	0.140	0.134

说明：***、**、*分别表示1%、5%和10%的水平下显著，括号中的数字为T值。下表同。

（三）管理层语调与应计项目盈余管理

从表4的回归结果可以看出，两种计算方法所得出的应计项目盈余管理程度与管理层语调乐观程度呈正相关关系。具体来看，依据修正Jones模型计算得到的应计项目盈余管理程度DA1与管理层语调Tone的回归系数为0.012，在1%的水平下显著；依据双D模型计算得到的应计项目盈余管理程度DA2与管理层语调Tone的回归系数为0.011，在1%的水平下显著，说明管理者对应计项目盈余管理的方向选择体现了管理者对未来前景的看法。若管理者对未来持乐观态度，他们会通过正向的应计项目盈余管理来适当调高本期会计利润，以谋取超过市场对公司利润的已有预期，传递未来发展前景良好的信号；相反，若管理者对公司未来前景持悲观态度，则会通过负向的应计项目盈余管理调低本期会计利润，以修正市场对公司过于乐观的预期和过热的投资者情绪，避免为迎合投资者而进行过度投资。该结论与Kasznik和McNicols（2002）[19]的研究结果相一致，假设2成立。

表4 管理层语调与应计项目盈余管理的回归结果

模型	假设2	
因变量	DA1	DA2
Tone	0.012*** （4.58）	0.011*** （4.86）
FEPS	-0.043*** （-2.63）	-0.028** （-2.31）
ROE	1.190** （2.44）	0.392 （1.53）
LEV	0.046 （1.09）	-0.102 （-0.55）
Size	0.040*** （3.90）	0.022*** （6.02）
Growth	-1.146** （-2.15）	-0.249 （-1.12）
Age	0.000 （0.48）	-0.000 （-0.20）
SOE	-0.007** （-2.42）	-0.003 （-1.60）
FSHR	-0.000 （-0.53）	-0.0004** （-2.50）
Background	-0.003*** （-2.99）	-0.002** （-2.45）

续表

模型	假设 2	
因变量	DA1	DA2
Gender	0.007（0.66）	0.004（0.47）
Duality	0.007（0.78）	0.007（1.62）
常数项	-0.842***（-3.87）	-0.642***（-6.18）
公司 cluster	Yes	Yes
行业/年度固定效应	Yes	Yes
N	3 380	3 380
Adj. R^2	0.034	0.037

（四）管理层语调的语言膨胀与盈余管理方式合谋

以上回归结果说明，当管理者在进行盈余管理行为时，往往会通过信息披露中的管理层语调来进行配合。对于不受监管约束的语调而言，管理者更容易对其进行操纵。从信息含量上来看，语调能更加直观地向投资者传递信息。在这种情况下，管理层语调有可能发生与正常业绩水平偏差较大的语言膨胀现象，表 2 的描述性统计也印证了这一点（语言膨胀程度 ABtone 的均值为 0.547）。本文认为，与正常业绩水平偏离的管理层语调将能够更好地体现管理者的真实意图，当管理者希望通过盈余管理方式大幅提高公司利润和现金流量水平时，最好的选择是同时进行两种方式的盈余管理，因为真实活动盈余管理效果好但见效慢，应计项目盈余管理效果差但见效快。因此管理者在盈余管理方式的选择上将存在合谋现象。而此时异常的经营活动将引起股东的关注，管理者需要提供合理的解释，而最好的解释就是通过对未来前景的过度渲染来使自己的行为合法化。

表 5 语言膨胀与盈余管理方式合谋回归结果

模型	假设 3	
因变量	$RM \times DA$	
|ABtone|	0.003*（1.77）	
Dummy_ABtone		0.010***（2.78）
FEPS	0.002（0.27）	0.002（0.26）
ROE	-0.400（-1.66）	-0.405*（-1.68）
LEV	0.060（1.57）	0.060（1.57）
Size	0.016*（1.71）	0.016*（1.71）
Growth	0.500*（1.76）	0.504*（1.76）
Age	-0.000（-1.56）	-0.000 03*（-1.77）

续表

模型	假设3	
因变量	$RM \times DA$	
SOE	-0.003（-1.38）	-0.002（-1.28）
FSHR	-0.0001**（-2.19）	-0.0001**（-2.08）
Background	-0.0006（-0.87）	-0.0004（-0.67）
Gender	0.002（0.92）	0.003（1.41）
Duality	-0.001（-0.08）	-0.001（-0.14）
常数项	-0.342*（-1.68）	-0.340*（-1.69）
公司 cluster	Yes	Yes
行业/年度固定效应	Yes	Yes
N	3380	3380
Adj. R^2	0.025	0.023

从表5的回归结果可以看出，两种方法所度量的语言膨胀与盈余管理方向一致性均呈正相关关系。其中｜ABtone｜的回归系数为0.003，在10%的水平下显著；Dummy_ABtone的回归系数为0.010，在1%的水平下显著。假设3得到了验证。

由表5的回归结果可知，将语言膨胀｜ABtone｜替换成哑变量后，回归结果依然显著。为保证结果的稳健性，同时为了排除语言膨胀与盈余管理"合谋"之间可能存在的互为因果关系，本文还对回归模型进行倾向得分匹配处理。选取回归模型中的控制变量对管理层语调的哑变量 Dummy_Tone 进行 logit 回归，计算出 PS 值，而后采用二次核匹配的方式在默认带宽下进行配对，筛选出配对样本。倾向得分匹配结果如表6所示。进行 PSM 处理后的效应为0.010，结果在1%的水平上显著。说明在消除了度量误差所产生的噪音后，假设3的回归结果依然可靠。

表6 倾向得分匹配结果

因变量	样本	估计值	T统计量
$RM \times DA$	Unmatched	0.010***	5.22
	ATT	0.010***	5.82
	ATU	0.008	—
	ATE	0.009	

（五）进一步的拓展

与西方完善的资本市场制度环境不同，我国资本市场尚处于发展阶段。根据世界银行公布的商业环境报告，截至2015年6月，在全球189个国家和地区中，我国在保护少数投资者方面的排名仅为134位。在这种背景下，作为信息优势方的上市公司高管更有可能通过盈余管理和管理层语调管理的方式干扰投资者对上市公司真实信息的获取，实现对中小股东利益的掠夺。在制度环境尚不健全的情况下，上市公司的内部治理结构和外部监督力量是否能够减少上市公司高管对信息的歪曲呢？朱宏志等（2016）[29]研究发现，出于对自身政治前途的考虑，国有企业高管的攫取动机较弱，因此本文推测公司的产权性质能够降低管理层对信息的操纵程度。此外，从外部监督的角度，David等（2012）[30]、Gu和Li（2012）[31]、曾庆生等（2016）[24]均发现公司的信息透明度越高，内部人操纵信息误导外部投资者的能力越弱。据此，本文认为，信息透明度越高的公司，管理层对语调和盈余数值的操纵能力越低，管理层语调乐观度与盈余管理之间的相关性关系也就越弱。为了验证以上推断，参考朱宏志等（2016）和曾庆生（2016）的研究，以是否是国有控股的哑变量 SOE 来衡量公司的产权性质，以分析师跟踪人数 Analyst 作为公司信息透明度的替代变量，因为企业所受的关注度越高、分析师跟踪数量越多，则证明公司信息越透明。在原模型（10）和（11）的基础上，构建以下模型来检验公司内部治理和外部监督对盈余管理与管理层语调关系的调节作用：

$$RM = \beta_0 + \beta_1 Tone_{it} + \beta_2 SOE_{it} + \beta_3 Tone * SOE + Controls_{it} + \sum Year + \sum Ind + \varepsilon_{it}$$

$$RM = \beta_0 + \beta_1 Tone_{it} + \beta_2 Analyst_{it} + \beta_3 Tone * Analyst_{it} + Controls_{it} + \sum Year + \sum Ind + \varepsilon_{it}$$

$$DA = \alpha_0 + \alpha_1 Tone_{it} + \alpha_2 SOE_{it} + \alpha_3 Tone_{it} * SOE + Controls_{it} + \sum Year + \sum Ind + \varepsilon_{it}$$

$$DA = \alpha_0 + \alpha_1 Tone_{it} + \alpha_2 Analyst_{it} + \alpha_3 Tone_{it} * Analyst_{it} + Controls_{it} + \sum Year + \sum Ind + \varepsilon_{it}$$

由表7的回归结果可知，在加入产权性质 SOE 后，可发现真实活动盈余管理 RM 对管理层语调乐观度的敏感性随之降低，说明在国有企业中，公司高管进行损害公司利益的真实活动盈余管理、并以管理层语调乐观度进行掩盖的动机较弱。但是本文的研究未发现产权性质对应计项目盈余管理的治理作用。外部监督作用 Analyst 将减少公司高管的应计项目盈余管理行为，并降低管理层语调对应计项目盈余管理的配合效应。然而本文未发现外部监督对真实活动盈余管理行为的治理效应，这可能是由于真实活动盈余管理更为隐蔽，外部监督力量难以察觉所致。

表7 产权性质、信息透明度对管理层语调与盈余管理的调节作用

模型	假设1		假设2	
变量	RM1		RM2	
Panel A 真实活动盈余管理对产权性质、信息透明度与管理层语调敏感性				
$Tone$	-0.010*(-1.84)	-0.015***(-2.86)	-0.010*(-1.91)	-0.015**(-2.49)
SOE	-0.009*(-1.76)		-0.008**(-1.96)	
$Tone \times SOE$	-0.010*(-1.92)		-0.012**(-2.06)	
$Analyst$		-0.000(-0.23)		0.000(0.15)
$Tone \times Analyst$		0.003(1.08)		0.004(1.28)
常数项	-0.483**(-2.05)	-0.416(-1.66)	-0.441*(-1.93)	-0.372(-1.53)
控制变量	是	是	是	是
N	3 380	3 380	3 380	3 380
R^2	0.134	0.153	0.140	0.147
Panel B 应计项目盈余管理对产权性质、信息透明度与管理层语调敏感性				
变量	DA1		DA2	
$Tone$	0.009**(2.32)	0.004**(2.02)	0.009**(2.54)	0.002**(2.07)
SOE	-0.007**(-2.31)		-0.004*(-1.81)	
$Tone \times SOE$	-0.003(-0.72)		-0.002(-0.53)	
$Analyst$		-0.001**(-2.18)		-0.004***(-3.20)
$Tone \times Analyst$		-0.004**(-2.45)		-0.005***(-2.94)
常数项	-0.843***(-3.87)	-0.814***(-4.30)	-0.642***(-6.18)	-0.650***(-6.38)
控制变量	是	是	是	是
N	3 380	3 380	3 380	3 380
R^2	0.034	0.037	0.037	0.038

(六)稳健性检验

1. 工具变量法

表8 工具变量法

模型	2SLS		GMM	
变量	RM1	DA1	RM1	DA1
Ins_Tone	-0.034*(-1.72)	0.095***(6.32)	-0.036*(-1.72)	0.089***(5.70)
$FEPS$	-0.072**(-2.17)	-0.093***(-3.73)	-0.058(-1.50)	-0.088***(-3.76)
LEV	0.228***(13.98)	0.045***(3.63)	0.214***(10.55)	0.029*(1.86)
$Size$	-0.014***(-3.71)	0.006**(2.10)	-0.012***(-3.04)	0.007**(2.55)
ROE	1.063***(4.47)	0.915***(5.11)	1.283***(2.65)	0.719*(1.70)
Age	-0.000(-1.01)	-0.000(-0.54)	-0.000(-1.35)	-0.000(-1.15)
SOE	-0.006(-1.24)	-0.001(-0.41)	-0.006(-1.20)	0.001(0.17)

续表

模型	2SLS		GMM	
变量	RM1	DA1	RM1	DA1
FSHR	-0.001*** (-3.99)	-0.001*** (-6.13)	-0.001*** (-3.63)	-0.001*** (-7.13)
Background	-0.012*** (-3.04)	0.012*** (3.96)	-0.011*** (-2.65)	0.011*** (3.57)
常数项	0.352*** (4.41)	-0.174*** (-2.89)	0.299*** (3.74)	-0.191*** (-3.37)
控制年份	是	是	是	是
N	3 040	3 040	3 040	3 040
R^2	0.180	0.066	0.180	0.066
弱工具F值	38.7	38.7	34.4	34.4

为了减少内生性问题对研究结果的影响，使用投资者情绪（IS）、信息透明度（Follow）和外部监管（Instit）对管理层语调（Tone）进行工具处理。选择这三个工具变量的原因在于：第一，在第一阶段回归中，工具变量对管理层语调（Tone）的回归系数在1%的水平上显著（结果略），因此具有一定的相关性。第二，工具变量对因变量的回归结果不显著，但经过工具变量处理后的自变量对因变量的回归结果显著，说明工具变量具有一定的外生性。第三，在加入这三个工具变量后，弱工具变量检验F值在各模型中均大于10，因此不存在弱工具变量。

在对管理层语调（Tone）进行工具处理后，使用两阶段回归（2SLS）和广义矩估计（GMM）模型对假设1和假设2方程进行回归。由表8可知，在使用工具变量对管理层语调分离内生部分后，对盈余管理的回归系数依然显著，与原回归结果较为接近，说明原方程回归结果是稳健的。两阶段回归与广义矩估计的结果并无显著差异，说明工具变量不存在过度识别现象，因此回归结果较为稳健。

2. 替代变量法

为了进一步减少由管理层语调（Tone）的度量误差所造成的稳健性问题，本文用管理层语调的哑变量Dummy_Tone来对管理层语调Tone进行替换，并代入原方程进行检验，结果如表9所示。

由回归结果可知，在对管理层语调Tone进行哑变量替换之后，Dummy_Tone对真实活动盈余管理和应计项目盈余管理的回归结果依然显著，说明在排除了度量误差的干扰后，本文的结论依然成立。

3. 解释变量一阶差分检验

为了消除模型中互为因果所导致的内生性问题，接下来对核心解释变量管理层语调Tone进行一阶差分，以探求前后两年管理层语调的变化是否预示着盈余管理的发生。回归方程如下所示：

$$RM = \beta_0 + \beta_1 \Delta Tone_{it} + Controls_{it} + \sum Year + \sum Ind + \varepsilon_{it}$$

$$DA = \beta_0 + \beta_1 \Delta Tone_{it} + Controls_{it} + \sum Year + \sum Ind + \varepsilon_{it}$$

其中，$\Delta Tone$ 是前后两年业绩预告的管理层语调乐观度变化量，$\Delta FEPS$ 是前后两年业绩预告预测业绩变化量。

由表 10 可知，企业前后两年业绩预告管理层语调乐观度变化越大，盈余管理的程度越高，其中语调的负向变化与真实活动盈余管理正相关，正向变化与应计项目盈余管理正相关，说明企业为了掩盖本年度所进行的盈余管理，在信息披露的语言使用上会更加激进。该结果证明了原结论的可靠性。

表 9 替代变量回归结果

变量	RM1	RM2	DA1	DA2
$Dummy\_Tone$	-0.011*** (-2.68)	-0.009** (-2.28)	0.017*** (4.96)	0.013*** (4.70)
$FEPS$	-0.049* (-1.92)	-0.057** (-2.52)	-0.037** (-2.31)	-0.024** (-2.07)
LEV	0.143*** (3.37)	0.167*** (4.07)	0.030 (0.79)	-0.008 (-0.45)
$Size$	-0.014* (-1.77)	-0.013* (-1.79)	0.025*** (5.02)	0.031*** (5.96)
ROE	0.548 (1.20)	0.652 (1.48)	1.176** (2.51)	0.443* (1.83)
Age	-0.000 (-1.57)	-0.000 (-1.05)	0.000 (0.41)	-0.000 (-0.19)
SOE	-0.008** (-2.03)	-0.006 (-1.58)	-0.005** (-2.01)	-0.003 (-1.53)
$FSHR$	-0.001*** (-3.13)	-0.0004** (-2.39)	-0.0003** (-2.21)	-0.0003** (-2.45)
$Background$	-0.004*** (-3.08)	-0.003** (-2.34)	-0.003*** (-3.26)	-0.002*** (-2.72)
常数项	0.309** (1.97)	0.276** (2.39)	-0.522*** (-4.94)	-0.441*** (-6.11)
控制年份	是	是	是	是
N	3 380	3 380	3 380	3 380
R^2	0.18	0.18	0.05	0.06

表 10 一阶差分回归结果

变量	RM1	DA1
$\Delta Tone$	-0.007** (-2.42)	0.006*** (3.18)
$\Delta FEPS$	0.212*** (13.67)	-0.027 (-1.37)
ROE	1.177 (1.55)	1.522*** (2.96)
Lev	0.223*** (8.92)	0.041** (2.10)
$Growth$	-2.167*** (-3.32)	-1.152** (-2.01)
$Size$	-0.016*** (-3.15)	0.011*** (3.70)
Age	-0.000 (-0.55)	-0.000 (-0.96)
$Background$	-0.004** (-2.15)	-0.003** (-2.43)

续表

变量	RM1	DA1
SOE	-0.001（-0.08）	0.001（0.41）
FSHR	-0.001***（-2.89）	-0.001***（-4.54）
Gender	-0.010（-0.77）	0.004（0.56）
Duality	0.003（0.48）	0.004（1.01）
常数项	0.355**（2.51）	-0.232***（-3.92）
控制变量	控制	控制
公司cluster	Yes	Yes
行业/年度固定效应	Yes	Yes
N	2 537	2 537
Adj. R^2	0.181	0.072

4. 控制变量滞后一期检验

假设1和假设2的结论论证了管理层语调对盈余管理起到掩饰与配合的作用，但也可以理解为盈余管理影响了管理层语调。为了排除双向因果关系，本文将2013—2017年一季度报中的财务指标代入模型（4）和模型（6）中，重新计算RM1和DA1，结果如表11所示。由于一季度的盈余管理行为发生在业绩预告披露之前，因此可以排除两个变量相互作用的关系，若原假设成立，则业绩预告的管理层语调应与一季度的真实活动盈余管理呈负相关关系，与一季度的应计项目盈余管理呈正相关关系。此外，我们参照Czarnitzki和Kraft（2009）[32]解决互为因果关系的做法，将模型中的控制变量均滞后一期，回归结果发现自变量与因变量的关系并未发生变化。

五、结论与建议

本文提取并分析了2012—2016年我国A股上市公司业绩预告的管理层语调，并通过上市公司发布的财务报告数据计算应计项目盈余管理和真实活动盈余管理。基于对管理层语调和盈余管理的相关性研究，发现上市公司的管理层语调对盈余管理行为起到配合的作用，管理层语调的乐观程度与正向的应计项目盈余管理呈正相关关系，与正向的真实活动盈余管理呈负相关关系。进一步对管理层语调的语言膨胀现象进行研究，发现语言膨胀程度越高，上市公司越有可能通过两种方向一致的盈余管理来调整公司账面利润和现金流量。本文的研究结果说明，自愿性信息披露并不能限制管理者的盈余管理活动；相反，管理者还可能通过这种受约束程度较低的披露方式来向投资者传递错误信号，其中最典型的就是通过管理层语调的乐观或悲观来影响投资者对公司未来前景的判断，从而配合管理者私人动机的实现。

针对上述情况，我们应该如何防范管理者的信息误导呢？从监管部门的角度来看，证监会应针对上市公司信息披露出台相关用语规范。根据西方市场的经验，美国证券交易委员会（SEC）在2005年出台了对上市公司信息披露中的文本信息的规范，对用语的规范性和简洁性做出了明确规定，此后，美国上市公司的文本信息披露质量得到了切实提高（肖浩等，2016）[33]。与英语相比，汉语在语义传播方面更具复杂性和多样性，而对于文本信息的监管空白更赋予了管理者进行策略性披露的空间。

表11 控制变量滞后一期的回归结果

变量	RM1	DA1
$Tone$	-0.017** (-2.37)	0.059*** (3.92)
$L1.FEPS$	-0.042 (-0.55)	-0.003 (-0.22)
$L1.ROE$	-5.677* (-1.77)	0.255 (1.17)
$L.LEV$	0.166 (1.31)	-0.012 (-0.65)
$L.Size$	0.070 (1.31)	0.011* (1.89)
$L.Growth$	3.529* (1.73)	-0.081 (-0.60)
$L.Age$	0.0004* (1.68)	0.000 (0.32)
$L.SOE$	-0.004 (-0.46)	-0.003 (-0.81)
$L.FSHR$	0.001 (1.40)	-0.0001 (-1.11)
$L.Background$	-0.011*** (-3.42)	-0.001 (-0.89)
$L.Gender$	0.080** (1.96)	0.010 (0.82)
$L.Duality$	-0.008 (-0.36)	0.001 (0.28)
常数项	-1.585 (-1.47)	-0.265** (-2.12)
公司 $cluster$	Yes	Yes
行业/年度固定效应	Yes	Yes
N	2 544	2 542
$Adj.R^2$	0.102	0.038

从投资者的角度来看，投资者应注意管理层语调的情绪倾向是否与业绩预测数值相一致。因为在我国，业绩预告尚属于半强制性信息披露，监管部门对数字信息的真实性是有所管控的，因此数字信息可以被视为高质量信息，而缺乏监管的文字信息则是低质量信息。根据信号理论，低质量信息若与高质量信息相一致，则低质量信息的可信度将得到提高；反之其可信度将降低。因此，如果业绩预告中的管理层语调与实际业绩说明偏离度较高，则表明管理层语调是膨胀的，此时投资者应考虑到管理者是否存在信息操纵行为，以避免被误导。

参考文献

[1] SCOTT W, CORREA H, SKOVRAN M. Military applications of input-output analysis [J]. Defense Security Analysis, 1997, 13 (2): 151-167.

[2] SCHIPPER K. Commentary on earnings management [J]. Accounting Horizons, 1989, 56 (12): 339-356.

[3] 曾庆生. 高管及其亲属买卖公司股票时"浑水摸鱼"了?——基于信息透明度对内部人交易信息含量的影响研究 [J]. 财经研究, 2014 (12): 15-26.

[4] MCNICOLS M, STUBBEN S. Does earnings management affect firm's investment decisions? [J]. The Accounting Review, 2008, 6: 1571-1603.

[5] 郭娜, 祁怀锦. 业绩预告披露与盈余管理关系的实证研究——基于中国上市公司的经验证据 [J]. 经济与管理研究, 2010 (2): 81-88.

[6] BAGINSKI S, DEMERS E, WANG C, et al. Managerial incentives and the language in management forecast press releases [R]. SSRN eLibrary, 2012.

[7] DEMERS E, VEGA C. Soft information in earnings announcements: news or noise? [C] //Board of Governors of the Federal Reserve System (U.S.), 2008.

[8] DAVIS A, TRAN N. Earnings quality, proprietary disclosure costs and managers use of disclosure tone to signal future performance [R]. SSRN eLibrary, 2012.

[9] FIELDS T, LYZ T, VINCENT L. Empirical research on accounting choice [J]. Journal of Accounting and Economics, 2001, 31 (3): 255-308.

[10] JENSEN M, MURPHY K. Performance pay and top-management incentives [J]. Journal of Political Economy, 1990, 98 (2): 225-264.

[11] JENSEN M. Agency costs of free cash flow, corporate finance and takeover [J]. American Economic Review, 1986, 76: 323-329.

[12] GRAHAM J, HARVEY C, RAJGOPAL S. The economic implications of corporate financial reporting [J]. Journal of Accounting and Economics, 2005, 40: 3-73.

[13] COHEN D, DEY A, LYS T. Real and accrual-based earnings management in the pre- and post-sarbanes-oxley periods [J]. The Accounting Review, 2008, 83: 757-787.

[14] 谢德仁, 林乐. 管理层语调能预示公司未来业绩吗?——基于我国上市公司年度业绩说明会的文本分析 [J]. 会计研究, 2015 (2): 20-27.

[15] HEALY M, WAHLEN M. A review of the earnings management literature and its implications for standard setting [J]. Accounting Horizons, 1999, 13 (4): 365-383.

[16] ZHANG R. Cash flow management in the chinese stock market: an empirical assessment with comparison to the U.S. market [J]. Frontiers of Business Research in China, 2009, 3 (2): 301-322.

[17] 王帆, 武恒光. 盈余管理和审计师行业专长 [J]. 广东财经大学学报, 2014

(5): 78-88.

[18] 林舒, 魏海明. 中国A股发行公司首次公开募股过程中的盈利管理[J]. 中国会计与财务研究, 2000 (2): 87-130.

[19] KASZNIK R, MCNICHOLS M. Does meeting earnings expectations matter? evidence from analyst forecast revisions and share prices [J]. Journal of Accounting Research, 2002, 40 (3): 727-759.

[20] DEFOND M, JIAMBALVO J. Debt covenant violation and the manipulation of accruals [J]. Journal of Accounting & Economics, 1994, 17: 145-176.

[21] 朱朝晖. 投资者情绪与上市公司投资决策——基于迎合渠道的研究[J]. 商业经济与管理, 2013 (6): 60-67.

[22] BAGINSKI S, DEMERS E, WANG C, et al. Contemporaneous verification of language: evidence from management earnings forecasts [J]. SSRN eLibrary, 2015.

[23] HUANG X, TROH S, ZHANG Y. Tone management [J]. The Accounting Review, 2014, 89 (4): 1083-1113.

[24] 曾庆生, 周波, 张程. 年报语调与公司内部人交易: 表里如一还是口是心非: 第十五届中国实证会计国际研讨会论文集[C]. 大连, 2016.

[25] 顾鸣润, 杨继伟, 余怒涛. 盈余管理对企业投资决策的影响——基于应计盈余管理和真实盈余管理的研究[J]. 当代会计评论, 2016 (1): 49-68.

[26] ZANG Y. Evidence on the trade-off between real activity manipulation and accrual-based earnings management [J]. The Accounting Review, 2012, 2: 675-703.

[27] ROYCHOWDHURY M. Extraordinary rates of transition metal ion-mediated ribozyme catalysis [J]. RNA Society, 2006, 12 (10): 1846-1852.

[28] COHEN D, ZAROWIN P. Accrual-based and real earnings management activities around seasoned equity offerings [J]. Journal of Accounting Economics, 2010, 1: 2-19.

[29] 朱宏志, 汪娜, 朱宏泉. A股上市公司内部人股票买卖行为及获利能力分析[J]. 数学实践与认识, 2016 (12): 40-49.

[30] DAVID A K, PIGER J M, SEDOR L. Beyond the numbers: measuring the information content of earnings press release language [J]. Contemporary Accounting Research, 2012, 29 (3): 845-868.

[31] GU F, LI J. Insider trading and corporate information transparency [J]. The Financial Review, 2012, 47 (4): 645-664.

[32] CZARNITZKI D, KRAFT K. Capital control, debt financing and innovative activity [J]. Journal of Economic Behavior & Organization, 2009, 71 (2): 372-383.

[33] 肖浩, 詹雷, 王征. 国外会计文本信息实证研究述评与展望[J]. 外国经济与管理, 2016 (9): 93-112.

产权性质、管理层持股与外部审计需求*

一、引言

所有权和经营权的分离加剧了现代企业股东和管理层之间的代理问题,股东和管理层效用函数的差异,必然带来二者间的利益冲突(Jensen 和 Meckling, 1976)[1]。管理层通常会按照自身效用函数对公司资源进行配置,其逐利动机与股东财富最大化的目标有可能相悖,从而增加了交易成本(Shleifer 和 Vishny, 1986)[2]。信息不对称和契约不完备加剧了股东与管理层之间的冲突,为了缓解这一代理冲突,降低公司代理成本,促使管理层和股东的目标达成一致,需要设计一套行之有效的激励机制。激励与监督作为上市公司降低代理成本的两种重要途径在公司治理中发挥着重要作用,前者是通过公司内部治理机制及其制度安排激励管理层的创造性和竞争意识,后者则是借助外部高质量的审计措施来约束管理层的行为。

管理层持股是一种长期有效的激励约束机制。代理成本理论认为,管理层持股可将管理层和股东的身份进行有效结合,促使二者目标利益趋同,最终降低代理成本,提高企业绩效[1]。最优契约理论也认为,管理层持股这种制度安排的目的是缓解客观存在的信息不对称,激发管理层的竞争意识和创造性,降低代理成本,提高企业绩效(Yermack, 1997; Baker 等, 2003; Hartzell 和 Starks, 2003)[3-5]。

审计因两权分离而诞生,是委托代理的产物,也是不可或缺的一种外部公

---

* 原载于《广东财经大学学报》2016 年第 1 期第 76~88 页。作者:熊婷,浙江农林大学暨阳学院讲师;程博,浙江农林大学暨阳学院教授,上海财经大学会计学院博士研究生;王建玲,西安交通大学管理学院副教授,博士生导师。

司治理机制,凭借高质量的外部审计可以有效抑制管理层的道德风险和逆向选择,降低股东和管理层之间的信息不对称以及公司的代理成本,进而增加会计盈余的信息含量和可信度(Gul 和 Tsui,2001;Gul 等,2003)[6-7]。一般来说,代理冲突的程度与高质量审计需求意愿正相关,即公司代理冲突问题越严重,上市公司对外部审计的需求意愿越强烈;委托人预期的代理成本越高,越倾向于聘请高质量的审计师,对外部高质量审计的需求越强。

自2005年底证监会发布《上市公司股权激励管理办法(试行)》以来,实行股权激励计划的上市公司越来越多,然而,受限于市场环境和制度环境,我国上市公司管理层持股比例普遍偏低,那么,管理层持股这种制度安排能否真正发挥激励效用呢?与外部审计需求又是怎样的关系呢?不同产权性质(最终控制权类型)的企业又会有怎样的差异呢?本文以2010—2012年沪深A股非金融类上市公司为研究样本,采用倾向得分匹配法(PSM),以公司外部审计需求为切入点,考察管理层持股对外部高质量审计需求的影响以及这种影响在不同产权性质的企业中的差异。期望在扩展、补充前人研究成果的同时,为管理层持股对外部审计需求的影响提供新的证据,从而为我国资本市场的健康发展和政策制定提供依据。

二、理论分析与研究假设

自代理理论提出以来,学者们开始逐步考察代理成本对外部审计师选择的影响因素。缓解信息不对称和降低代理冲突是上市公司对审计等外部监督或约束机制产生内在需求的动因,代理冲突问题越严重,委托人降低代理成本的动机越强,对外部高质量审计的需求也越强,上市公司更倾向于聘请高质量的审计师提供审计服务(Defond,1992;Fan 和 Wong,2002)[8-9]。独立审计被认为是减少代理冲突的一种制度安排。外部高质量的审计在一定程度上对公司管理层的行为进行了监督和制衡,约束了管理层行为,降低了代理成本(Bushman 等,2004)[10]。

代理冲突的根源是信息不对称和激励不足。激励和监督是缓解代理冲突的重要工具,管理层持股激励是一种重要的公司内部治理机制,通过管理层持股的制度安排,赋予管理层一定的剩余索取权,使其利益与股东利益保持一致,承受着所做决策带来的经济后果,同时又减少了监督成本,降低了股东所面临的代理成本,符合激励相容理论(Lian 等,2011)[11]。管理层持股比例越低,越容易与股东存在分歧,委托人承担的约束和监督成本越高;而随着管理层持股比例的增加,可以有效实现管理层与股东利益的协同,并且表征为代理成本随管理层持股比例上升而下降（Jensen 和 Murphy，1990；Clarkson 和 Simunic，1994；Singh 和 Davidson，2003）[12-14]。管理层持股可以克服管理层的短视行为，促使其勤勉尽职的工作，既可以通过提高企业绩效来提高自己的报酬，也可以降低盈余管理提高公司的长期价值，从而有利于企业的可持续发展。

外部审计作为公司内部治理的一种替代机制，如果公司内部治理机制对管理层行为约束失效或无效时，委托人寻求外部审计监督以约束管理层行为成为一种必然选择，以达到抑制管理层道德风险和逆向选择的目的，从而缓解股东和管理层之间的信息不对称，降低公司的代理成本，增加会计盈余的信息含量和可信度[6-7]。Simunic 和 Stein（1987）[15]研究发现，管理层持股可以缓解股东代理冲突，与外部审计需求之间呈负相关关系；代理成本较高的上市公司更有可能选择四大为其提供审计服务（曾颖和叶康涛，2005）[16]。唐跃军（2011）[17]研究发现，控股股东控制权与现金流权偏离程度越高，为了向资本市场传递积极的信号，控股股东越有可能选择四大会计师事务所。管理层持股舒缓了代理冲突，降低了委托人对外部高质量审计的需求意愿，并且代理冲突程度较高的公司选择规模大、声誉好的会计师事务所的概率越大，这些事务所的审计收费相应也较高。李明辉（2006，2009）[18-19]研究发现，管理层持股比例与会计师事务所规模呈倒 U 型关系，与代理成本呈 U 型关系。韩东京（2008）[20]发现第一大股东持股比例与选择四大事务所之间呈倒 U 型关系。管理层持股比例越低，委托人为降低代理成本而更加倾向于寻求外部高质量的审计，且聘请规模大的事务所已获得一定的实证支持[9,15-16,19]。基于以上理论分析，本文提出以下假设：

假设 1：在其他条件不变的情况下，管理层持股比例越高，公司对外部高质量审计的需求越低。

进一步地，管理层持股与外部审计需求之间的关系会受到企业产权性质的影响。产权制度是现代企业制度的内核，产权性质对企业行为主体的激励效应和约束机制产生重要的影响，按照最终控制人属性可将上市公司的大股东性质分为"国有控股"和"民营控股"两类（辛清泉等，2007）[21]。市场经济本质上是产权经济（郭道扬，2004）[22]，而审计是产权结构变化的产物（张立民和唐松华，2008）[23]。我国转型经济的一个重要特征是政府对经济显著控制而监督不足，这在国有控股上市公司中表现得尤为明显，政府作为国有控股上市公司的终极控制者，既是"裁判员"又是"运动员"，以至于政府大股东的目标（收益）函数不仅仅是经济利益，还包含着政治或社会利益等多重考量标准。政府大股东将其社会目标（如经济发展战略、就业、税收、社会稳定等）和政治目标（如晋升、声誉等）内化到所控制的公司之中（吴清华和田高良，2008）[24]。相对于民营控股公司而言，国有控股公司存在"所有者缺位"的现象，由于控制链条较长，政府部门难以有效监督和控制管理层的行为。为降低委托代理双方的信息不对称，降低国有控股管理层的代理成本，减少管理层的机会主义行为，管理层持股激励和外部高质量的审计监督不失为两种重要的治理手段。肖星和陈婵（2013）[25]研究发现，国有控股公司的股权激励计划符合"管理层权力论"，管理层持股并没有起到激励作用，反而成为其利用自身权力寻租的一种表现[3]。管理层股权激励计划存在一定的管理者自利行为，管理层持股激励导致了过度支付，却没有业绩效果。

相对于国有控股公司而言，民营控股公司产权清晰，不存在国有控股公司的多重代理和政企不分问题。国有控股公司管理层通常由政府部门任命或委派，而民营控股公司管理层则是通过企业家创业的方式发展起来的，在经理人的选拔过程中政府介入程度较低。前者的管理层对政绩和升迁有着特殊的偏好，后者的管理层更具有职业经理人的特质，持股激励使得股东与管理层利益趋于一致，这种制度安排符合"最优契约论"的表现，加强了公司治理，降低了代理成本[11,25]。经理人选拔和聘用的机制不同，经理人的动机也具有异质性，使得管理层持股激励效用存在一定的差异。民营控股公司经理人选拔和聘用机制市场化程度较高，薪酬机制也更符合市场化原则，因而管理层持股的激励效果更好。

信息不对称加剧了股东与管理层之间的代理冲突，为缓解这种冲突，外部审计是一种行之有效的治理工具。高质量的外部审计对管理层的自利行为有一定的抑制作用，外部审计质量越高，对公司管理层的监控和约束力度越强。在不同产权性质的企业，公司外部审计需求可能存在差异。相对于国有控股公司，民营控股公司不仅面临着所有制歧视，也面临着资源配置上的歧视，迫于资本市场的压力，管理层将努力改善公司经营状况和提高公司绩效。独立审计具有信号传递功能，在这种状况下外部高质量的审计是其传递经营水平的有效途径：一方面可改善与利益相关者之间的信息不对称态势，缓解代理冲突；另一方面可以充分发挥外部审计的监督和治理效应，加强管理层自律，抑制管理层的道德风险和逆向选择，降低公司的代理成本。政府作为国有控股公司的大股东，容易出现内部人控制和所有者缺位的问题，同时国有控股公司面临的融资约束小，利用高质量审计传递信号的动机有所减弱。产权性质是公司外部审计需求的内生决定因素，不同产权性质的公司其外部审计需求存在差异。国有控股公司具有资源优势，不会因融资等问题购买审计意见，管理层也不会因审计师出具非标审计报告而被解职，从而降低了公司对外部高质量的审计需求；民营控股公司与国有控股公司相比,在资源上不具有比较优势,更愿意选择规模大的事务所进行审计或购买审计意见,进而加剧了对外部高质量审计的需求。基于以上分析,本文提出以下假设:

假设2:在其他条件不变的情况下,相对于国营控股上市公司而言,民营控股上市公司管理层持股比例越低,对高质量外部审计需求的意愿越明显。

三、研究设计

(一)数据来源

本文以2010—2012年沪深A股上市公司为基础样本库,剔除金融类、ST和ST*类上市公司;净资产小于和等于零、资产负债率大于1以及主要数据缺失和数据变化极端的上市公司。文中所需审计、产权性质、管理层持股数据及公司特征数据来源于CSMAR数据库以及公司年报,对无法提取和计算的部分变量,通过手工搜集整理获得。为确保数据的准确性,笔者利用金融界、巨潮资讯网、新浪财经网、沪深证券交易所等相关专业网站披露的信息对研究数据进行了核对。此外,为保证数据的有效性并消除异常样本对实证结果的影响,对文中主要的连续变量在1%分位数进行Winsorize缩尾处理。根据以上原则筛选后得到4 350个样本观测值。其中,国有控股和民营控股公司分别为807和3 543个观测值,分别占总样本的18.55%和81.45%。

(二)主要变量定义

外部审计需求为被解释变量。审计质量的高低通常用审计费用、审计规模、盈余质量、审计意见等变量进行度量。一般来说,会计师事务所在审计时投入高素质的人财物要素越多,向上市公司收取的审计费用(审计定价)就越高,相应地审计质量也越高。会计师事务所规模与审计质量正相关,即会计师事务所规模越大,品牌优势越明显,拥有的资源越多,发现问题的能力越强;同时,声誉机制约束了审计师行为,降低了审计师发生机会主义(如迎合某个客户的要求)行为的动机,因而规模大的事务所提供的审计服务质量越高(宋衍蘅和肖星,2012)[26]。因此,本文用审计规模(*BIG4*)和审计费用(*LNFEE*)作为外部审计需求的代理变量。*BIG4*为虚拟变量,由四大会计师事务所出具审计报告时取1,否则取0;*LNFEE*是审计费用的自然对数。

产权性质(*SOE*)指企业性质,本文按照最终控制人属性划分产权性质,将上市公司的大股东性质分为国有控股和民营控股两类,被界定为国有性质的企业,*SOE*取值为1,否则,取值为0。

管理层持股比例(*DIR*)用以衡量管理层的持股情况,管理层包括董事、监事及高级管理人员，根据管理层持股数量占公司总股本的比例确定。

此外，本研究模型还纳入了以下控制变量：第一大股东持股比例（CR1）、第一大股东持股比例的平方和（H 指数）、成长性（GROW）、每股收益（EPS）、反映公司盈利能力的扣除非经常损益后的净资产收益率（DIV）、公司上市年限（AGE）、公司规模（SIZE）、财务杠杆（LEV）。变量具体定义如表1所示。

表1　变量定义

变量名称	变量定义
BIG4	事务所规模，审计报告由四大会计师事务所出具取值为1，否则为0
LNFEE	审计费用的自然对数
SOE	产权性质，按最终控制人类型确定，国有控股为1，民营控股为0
DIR	管理层持股比例，管理层持股数量占公司总股本的比例
CR1	公司第一大股东持股比例
H	H 指数，公司第一大股东持股比例的平方和
GROW	反映公司的成长性，股东权益的同比增长率
EPS	每股收益
DIV	反映公司的盈利能力，加权平均扣除非经常损益后的净资产收益率
AGE	公司的上市年限
SIZE	公司规模，主营业务收入的自然对数
LEV	财务杠杆，负债总额与资产总额之比

（三）研究方法

已有文献研究多采用多因素回归方法考察公司外部审计的需求情况，在计量模型中以审计费用和会计师事务所规模为被解释变量；在多元回归时，限定审计费用影响因素的系数在不同类型事务所之间没有差别，只允许方程的截距项在不同事务所之间表现出差异，这类研究方法隐性假设会计事务所的客户群是同质的，并且认为客户会随机选择不同规模的会计师事务所加以审计。然而，不同规模的事务所采取的定价策略是有差异的，并且高质量的客户其外部审计需求更高，表现出选择大所和支付较高的审计费用，而并非完全归因于审计需求的影响因素作用所致，存在样本自选择问题和内生性问题（陈冬华和周春泉，2006）[27]。本文采用倾向得分匹配法（Propensity score matching，简称 PSM）控制样本选择偏误及内生性问题。该方法由 Rosenbaum 和 Rubin（1983）[28] 提出，将多个维度的信息浓缩为一个因子——倾向得分（Propensity score，简称 PS 值），进而从多个维度将样本企业（处理组）与其特征相似的对照样本企业（对照组）进行匹配，通过比较得出相关结论。

(四) 描述性统计

表 2 汇报了主要变量的描述性统计分析结果。从中可知，在 4 350 个样本观测值中，选择四大会计师事务所（BIG4）的有 280 个；审计费用（LNFEE）的均值为 13.380 4，从四分位数来看，低于均值的公司样本相对较多；管理层持股比例（DIR）的均值为 5.06%，标准差为 13.93%，最大值 66.53%，最低为 0，表明上市公司管理层平均持股率偏低（同西方国家相比），且差别较大。据表 2 进一步可知，公司第一大股东持股比例（CR1）、H 指数、公司成长性（GROW）、每股收益（EPS）、扣除非经常损益后的净资产收益率（DIV）、公司上市年限（AGE）、公司规模（SIZE）、财务杠杆（LEV）均值分别为 22.06%、8.17%、10.33%、0.36%、6.80%、12.86%、21.22%、48.91%。

表 2 变量描述性统计

VAR	MEAN	S.D.	MIN	分位数			MAX
				P25	P50	P75	
BIG4	0.064 6	0.245 8	0.000 0	0.000 0	0.000 0	0.000 0	1.000 0
LNFEE	13.380 4	0.714 5	12.206 1	12.899 2	13.270 8	13.653 0	16.323 5
SOE	0.185 5	0.388 8	0.000 0	0.000 0	0.000 0	0.000 0	1.000 0
DIR	0.050 6	0.139 3	0.000 0	0.000 0	0.000 0	0.000 9	0.665 3
CR1	22.062 6	18.171 9	0.220 2	4.999 5	19.349 1	35.710 0	66.780 0
H	0.081 7	0.104 4	0.0000	0.002 5	0.037 4	0.127 5	0.446 0
GROW	0.103 3	0.105 0	-0.035 9	0.032 5	0.075 7	0.141 5	0.601 2
EPS	0.355 4	0.431 0	-0.700 0	0.090 0	0.259 5	0.513 0	2.120 0
DIV	6.801 4	13.114 2	-56.550 0	1.810 0	6.910 0	13.250 0	40.700 0
AGE	12.861 4	4.959 8	4.000 0	9.000 0	14.000 0	17.000 0	21.000 0
SIZE	21.224 8	1.512 4	17.257 1	20.272 4	21.131 4	22.075 9	25.152 7
LEV	0.489 1	0.204 6	0.053 6	0.337 5	0.499 7	0.647 7	0.920 4

图 1 中（a）和（b）分别呈现了审计费用和事务所规模的概率密度函数图。据图 1 可知，民营控股样本与国营控股样本的审计费用概率分布趋同，但民营控股样本峰度略高于国营控股样本峰度；民营控股样本与国营控股样本的事务所规模概率分布也有类似的特征。

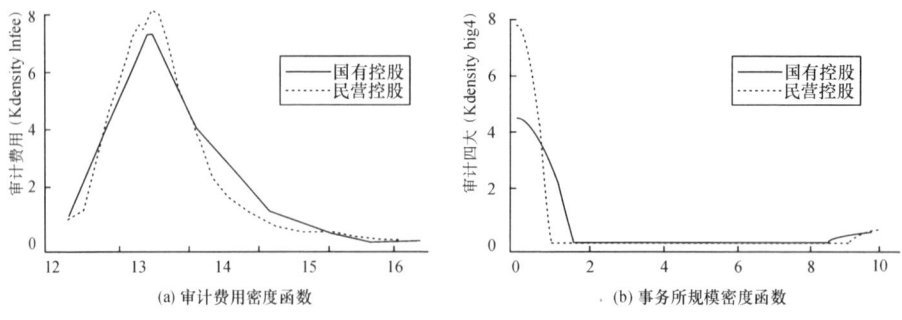

图1　被解释变量密度函数

（五）相关性分析

表3汇报了主要变量的 Pearson 相关系数分析。从中可知，变量 LNFEE 与 BIG4 相关系数为0.553，且在1%显著水平上正相关，表明审计费用（LNFEE）和会计师事务所规模（BIG4）作为外部审计需求的代理变量具有可行性。变量 SOE 与 LNFEE 正相关但不显著，与 BIG4 在1%的显著水平上正相关；变量 DIR 与 LNFEE、BIG4 显著负相关（$p<0.01$）；变量 CR1、H、GROW、EPS、DIV、AGE、SIZE、LEV 均与 LNFEE 显著正相关（$p<0.01$），这些控制变量与 BIG4 在1%的显著水平上正相关（除 GROW 和 AGE 外）。进一步观察表3可知，各解释变量和控制变量的相关性系数大部分在0.3以下，随后对变量进行了多重共线性检验，检验结果表明方差膨胀因子（VIF）均小于2，说明变量之间不存在严重的多重共线性。

四、检验步骤与结果分析

为控制样本选择偏误及内生性问题，本文采用倾向得分匹配法进行检验。具体步骤如下：

第一步，计算倾向得分值。

表4汇报了处理组和对照组的分类统计结果。由表4可知，对照组由四大会计师事务所（BIG4）审计的均值为0.073 5，高于处理组的均值；对照组的审计费用（LNFEE）均值为13.421 2，同样高于处理组的均值。若按照全样本直接进行多元回归处理，可能会导致估计结果有偏。

表 3 变量相关性分析

	LNFEE	BIG4	SOE	DIR	CR1	H	GROW	EPS	DIV	AGE	SIZE	LEV
LNFEE	1											
BIG4	0.553***	1										
SOE	0.007	0.055***	1									
DIR	-0.145***	-0.075***	-0.161***	1								
CR1	0.157***	0.106***	0.108***	-0.272***	1							
H	0.166***	0.123***	0.105***	-0.222***	0.953***	1						
GROW	0.139***	0.037**	-0.017	-0.001	-0.037**	-0.027*	1					
EPS	0.116***	0.074***	-0.007	0.088***	-0.008	0.013	0.294***	1				
DIV	0.138***	0.083***	-0.062***	0.109***	-0.007	0.022	0.406***	0.474***	1			
AGE	0.060***	0.001	0.086***	-0.505***	0.128***	0.077***	0.022	-0.131***	-0.162***	1		
SIZE	0.311***	0.187***	0.078***	-0.176***	0.177***	0.172***	0.042***	0.069***	0.103***	0.064***	1	
LEV	0.255***	0.071***	0.069***	-0.269***	0.132***	0.116***	0.137***	-0.114***	-0.186***	0.277***	0.173***	1

注：***、**、*分别表示在1%、5%和10%水平上显著。下表同。

表4 处理组和对照组分类统计结果

变量	处理组		对照组	
	均值	标准差	均值	标准差
BIG4	0.013 9	0.117 2	0.073 5	0.260 9
LNFEE	13.146 9	0.511 6	13.421 2	0.736 9
SOE	0.015 5	0.192 4	0.215 2	0.411 0
DIR	0.332 2	0.192 4	0.001 4	0.005 6
CR1	11.136 6	12.947 3	23.971 7	18.280 3
H	0.029 1	0.060 5	0.090 9	0.107 7
GROW	0.105 2	0.095 6	0.103 0	0.106 6
EPS	0.444 1	0.403 8	0.339 9	0.433 8
DIV	10.575 5	9.730 8	6.142 0	13.512 7
AGE	6.333 8	2.433 6	14.001 9	4.372 4
SIZE	20.572 8	1.119 2	21.338 7	1.543 1
LEV	0.365 6	0.207 0	0.510 7	0.196 4
样本数	647		3 703	

注:"处理组"和"对照组"分别表示管理层持股比例高和管理层持股比例低的公司,大于等于全样本管理层持股比例均值的为高持股组,反之为低持股组。下表同。

为了缓解这一问题,研究中必须选择恰当的"配对"方法处理组样本。借鉴 Rosenbaum 和 Rubin(1983)[28]的方法,计算倾向得分来进行多元匹配。我们选取的匹配变量为公司第一大股东持股比例($CR1$)、公司第一大股东持股比例的平方和(H指数)、公司的成长性($GROW$)、每股收益(EPS)、反映公司盈利能力的扣除非经常损益后的净资产收益率(DIV)、公司上市年限(AGE)、公司规模($SIZE$)、财务杠杆(LEV)。在给定这些样本特征 X 的情况下,利用 Logit 或 Probit 模型来求出高管理层持股比例的条件概率,然后依照这一概率来为处理组样本企业找到评分相似的对照组样本企业,其模型如(1)式所示。

$$p(X_i) = \Pr[D=1 \mid X_i] = E[D \mid X_i] \quad (1)$$

其中:$p(X_i)$ 为高管理层持股比例的条件概率,即每家公司的 PS 值;X_i 为样本特征相关的匹配变量;D 为指标函数,管理层持股比例高的组为1,否则为0。

第二步,进行多元匹配,计算平均处理效果。

获得倾向得分 PS 值后,采用相应的匹配方法进行多元匹配。常用的匹配方法有最近邻匹配法、核匹配法、半径匹配法、局部线性回归匹配、马氏匹配等。

本文采用最近邻匹配法和核匹配法进行多元匹配①,完成匹配后,根据处理组样本企业与对照组样本企业的倾向得分 PS 值估算平均处理效果(Average Treatment Effect on the Treated,ATT),其含义为将处理组的外部审计需求(Y_{1i})与对照组的外部审计需求(Y_{0i})进行比较,进而分析管理层持股比例的高低对企业外部审计需求变化的影响。这种方法实质上是一种典型的反事实因果推断,我们用匹配后的对照组样本的外部审计需求来估计平均处理效果(ATT),其模型如(2)式所示。

$$ATT = E\left[Y_{1i} - Y_{oi} \mid D_i = 1\right] = E\{E\left[Y_{1i} - Y_{oi} \mid D_i = 1\right], p(X_i)\} = E\{E[Y_{1i} \mid D_i = 1, p(X_i)] - [Y_{oi} \mid D_i = 0, p(X_i)] \mid D_i = 1\} \quad (2)$$

第三步,匹配结果及其分析。

(1)样本匹配效果分析

图 2 中(a)和(b)分别呈现了处理组样本企业和对照组样本企业的 PS 值在倾向得分匹配前后的核密度函数。从图 2 可以看出,在匹配前处理组和对照组 PS 值的概率分布存在明显差异,这可能是样本资料本身所呈现的形态,但更可能是对照组的样本企业中包含不适宜的样本资料,如受到政策限制、增资配股等特殊原因所致。前期研究多是将这两组样本放在一起直接进行多元回归分析,其得到的统计结果显然是有偏的。完成匹配后,处理组和对照组样本的 PS 值的概率分布形态基本一致,这表明两组样本的各方面特征较为接近,匹配效果有了很大提高。

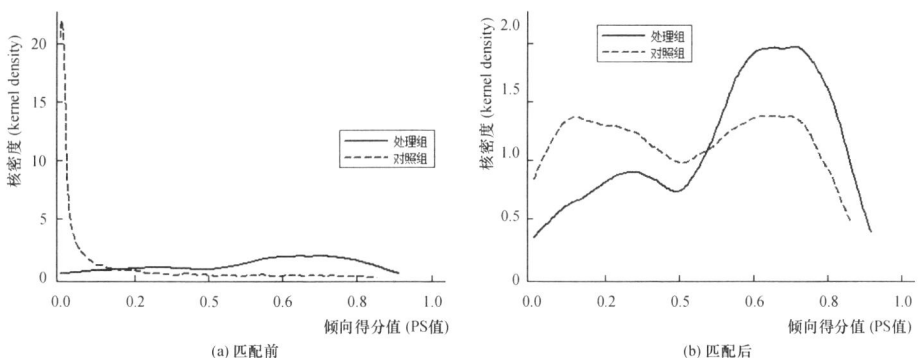

图 2 匹配前后"处理组"和"对照组"PS 概率分布对比(最近邻近法)

---

① 最近邻匹配法是以倾向得分 PS 值为基础,前向或后向寻找与处理组样本的 PS 值最为接近的控制组样本,作为处理组样本的匹配对象;核匹配法是基于核密度估计相似性的立体匹配方法。

(2) 平均处理效果分析

表5汇报了处理组样本与对照组样本会计师事务所规模（BIG4）的比较情况。以"最近邻匹配法"（Panel A）结果为例，从针对样本总体得到的平均处理效果（ATT）来看，匹配前、匹配后的会计师事务所规模（BIG4）差异均为 -0.0594，且均在1%的水平上显著，即处理组的会计师事务所规模（BIG4）显著低于对照组的会计师事务所规模（BIG4），这表明在其他条件相同的情况下，管理层持股比例越低，越倾向于聘请四大会计师事务所，寻求高质量的外部审计意愿越强。同时，Panel A报告的"国有控股"和"民营控股"两个子样本的平均处理效果（ATT）呈现出明显的差异。就"国有控股"子样本结果来看，匹配前后的会计师事务所规模（BIG4）差异分别为 -0.0941 和 -0.0500，都未达到10%的显著水平，不具有统计学意义。就"民营控股"子样本结果来看，匹配前后的会计师事务所规模（BIG4）差异分别为 -0.0537 和 -0.0589，且均显著（$p<0.01$），这意味着在其他条件相同的情况下，"民营控股"子样本中管理层持股比例（DIR）越低，聘请四大会计师事务所审计的意愿越强，对高质量的外部审计需求较强。对比全样本和"民营控股"子样本的平均处理效果同样可以看出，"民营控股"子样本的平均处理效果小于全样本的平均处理效果，意味着全样本受到"国有控股"的扰动，导致结果出现一定的偏差。由表5进一步可知，"核匹配法"（Panel B）与采用"最近邻匹配法"（Panel A）的检验结果完全一致，表明管理层持股（DIR）对高质量外部审计的需求在"民营控股"企业效果非常明显。换言之，民营控股上市公司管理层持股能够起到完善公司内部治理机制的作用，可以降低公司对外部高质量的审计需求，而在国营控股上市公司中其效果并不明显。支持了假设1和假设2。

表5　倾向得分匹配的处理效应（BIG4）

变量名称	样本		处理组	对照组	ATT	标准误	t值
Panel A：最近邻匹配							
BIG4	全样本	匹配前	0.0139	0.0735	-0.0594	0.0104	-5.70***
		匹配后	0.0139	0.0735	-0.0594	0.0191	-3.12***
	国有控股	匹配前	0.0000	0.0941	-0.0941	0.0924	-1.02
		匹配后	0.0000	0.0500	-0.0500	0.0707	-0.71
	民营控股	匹配前	0.0141	0.0678	-0.0537	0.0102	-5.26***
		匹配后	0.0141	0.0730	-0.0589	0.0210	-2.80***

续表

变量名称	样本		处理组	对照组	ATT	标准误	t 值
Panel B：核匹配							
BIG4	全样本	匹配前	0.013 9	0.073 4	-0.059 5	0.010 4	-5.70***
		匹配后	0.013 9	0.070 0	-0.056 1	0.014 1	-3.97***
	国有控股	匹配前	0.000 0	0.094 1	-0.094 1	0.092 4	-1.02
		匹配后	0.000 0	0.018 5	-0.018 5	0.056 8	-0.33
	民营控股	匹配前	0.014 1	0.067 8	-0.053 7	0.010 2	-5.26***
		匹配后	0.014 1	0.084 8	-0.070 7	0.014 8	-4.77***

表6中Panel A汇报了处理组样本与对照组样本审计费用（LNFEE）的比较情况。仍以"最近邻匹配法"结果为例，针对样本总体得到的平均处理效果（ATT）来看，无论是匹配前还是匹配后，处理组样本企业的审计费用显著低于对照组样本企业的审计费用，这表明在其他条件相同的情况下，管理层持股比例（DIR）越高，审计费用（LNFEE）反而会有所降低，意味着公司对外部高质量的审计需求越弱。同时，Panel A 汇报了将样本公司划分为"国有控股"和"民营控股"两个子样本平均处理效果的差别，可发现二者呈现出明显的差异。就"国有控股"子样本结果来看，匹配前的审计费用差异为0.194 5，未达到10%的显著水平，匹配后的审计费用差异为0.405 7且显著（$p<0.05$）；就"民营控股"子样本结果来看，匹配前和匹配后的审计费用差异分别为-0.289 9和-0.181 8，均在1%的水平上显著。这意味着在"民营控股"子样本中，在其他条件相同的情况下，管理层持股比例越低，审计费用越高，公司对外部高质量审计需求的意愿越强；"国营控股"子样本的检验结果呈现出完全不同的特征，主要表现为匹配后样本管理层持股比例越高，公司对高质量的外部审计需求越强。究其原因：一方面可能是经理人选拔机制不同，国有控股公司的经理人通常由政府部门任命或委派，管理层对政绩和升迁有着特殊的偏好，因此其有动机将自身的社会性目标或政治目标内化在公司中，倾向于选择规模大的会计师事务所，支付较高的审计费用。另一方面，国有控股公司受政府干预的程度较高，往往承担了较多的政治和社会责任，复杂的代理关系产生更多的代理问题和更高的代理成本，公司管理层迫于巨大的市场压力（监管部门、投资者等利益相关者），增加了上市公司对外部高质量审计的需求意愿，从而支付较高的审计费用。对比全样本和"民营控股"子样本的平均处理效果可发现，"民营控股"子样本的平均处理效果小于全样本的平均处理效果，表明全样本受到"国有控股"的扰动，导致结果出现一定的偏差。此外，表6中的"核匹配法"

(Panel B) 与采用"最近邻匹配法"(Panel A) 的检验结果一致,进一步支持了假设 1 和假设 2。

表6 倾向得分匹配的处理效应 (*LNFEE*)

变量名称	样本		处理组	对照组	ATT	标准误	t 值
Panel A:最近邻匹配							
LNFEE	全样本	匹配前	13.146 9	13.421 2	-0.274 1	0.030 2	-9.09***
		匹配后	13.146 9	13.294 6	-0.147 7	0.062 4	-2.37**
	国有控股	匹配前	13.583 3	13.388 8	0.194 5	0.216 6	0.90
		匹配后	13.583 3	13.087 6	0.495 7	0.250 9	1.98**
	民营控股	匹配前	13.140 1	13.430 0	-0.289 9	0.031 2	-9.29***
		匹配后	13.140 1	13.321 9	-0.181 8	0.065 5	-2.77***
Panel B:核匹配							
LNFEE	全样本	匹配前	13.146 9	13.421 2	-0.274 1	0.030 2	-9.09***
		匹配后	13.146 9	13.296 1	-0.149 2	0.042 8	-3.49***
	国有控股	匹配前	13.583 3	13.388 8	0.194 5	0.216 6	0.90
		匹配后	13.512 2	13.034 0	0.478 2	0.184 1	2.60***
	民营控股	匹配前	13.140 1	13.430 0	-0.289 9	0.031 2	-9.29***
		匹配后	13.140 1	13.357 0	-0.216 9	0.046 7	-4.65***

五、结论及政策含义

本文选取 2010—2012 年沪深交易所非金融类 A 股上市公司为研究样本,以公司外部审计需求为切入点,基于代理成本理论视角,考察了企业产权性质、管理层持股与外部审计需求之间的关系。为了克服样本选择偏误和内生性问题,运用倾向得分匹配法(PSM),综合采用了最近邻匹配和核匹配法为处理组样本企业进行匹配,进而比较处理组和对照组样本的外部审计需求平均处理效应,以保证研究结论的稳健性。

研究发现:一是整体而言,管理层持股有助于缓解经理人与股东之间的代理冲突,一定程度上可以降低公司的代理成本,进而降低了公司对外部高质量审计的需求意愿。二是最终控制权会影响公司的外部审计需求,不同产权性质的上市公司其外部审计需求有差异。在其他条件相同的情况下,相对国有控股上市公司而言,民营控股上市公司管理层持股比例越低,对高质量外部审计需求的意愿越明显。换言之,民营控股上市公司管理层持股能够起到完善公司内部治理机制的作用,削弱了对外部高质量审计这一替代机制的需求,而在国有控股上市公司中这种效果并不明显。

本文的政策含义主要体现在两个方面：首先，管理层持股能够激励上市公司降低代理成本，缓解代理冲突，政府监管部门应进一步完善股权激励管理办法和实施细则，充分发挥股权激励的作用；其次，无论是国有控股公司还是民营控股公司，应减少政府部门对上市公司管理层选拔和聘用的干预程度，逐步构建有效的职业经理人市场，为上市公司管理层的遴选提供平台，实现好中选优、优中选强，选拔具有职业经理人特质和素养的高层次管理人才，辅以管理层持股激励和外部监督（审计、媒体监督等）手段，缓解股东与管理层之间的代理冲突，降低代理成本，提高公司绩效和市场价值。

参考文献

［1］JENSEN M C, MECKLING W H. Theory of the firm: managerial behavior, agency costs and ownership structure ［J］. Journal of Financial Economics, 1976, 3（4）: 305-360.

［2］SHLEIFER A, VISHNY R W. Large shareholders and corporate control ［J］. Journal of Political Economy, 1986, 94（3）: 461-488.

［3］YERMACK D. Good timing: CEO stock option awards and company news announcements ［J］. The Journal of Finance, 1997, 52（2）: 449-476.

［4］BAKER T, COLLINS D, REITENGA A. Stock option compensation and earnings management incentives ［J］. Journal of Accounting, Auditing & Finance, 2003, 18（4）: 557-582.

［5］HARTZELL J C, STARKS L T. Institutional investors and executive compensation ［J］. The Journal of Finance, 2003, 58（6）: 2351-2374.

［6］GUL F A, TSUI J S. Free cash flow, debt monitoring, and audit pricing: further evidence on the role of director equity ownership ［J］. Auditing: A Journal of Practice & Theory, 2001, 20（2）: 71-84.

［7］GUL F A, CHEN C J, TSUI J S. Discretionary accounting accruals, managers' incentives, and audit fees ［J］. Contemporary Accounting Research, 2003, 20（3）: 441-464.

［8］Defond M L. The association between changes in client firm agency costs and auditor switching ［J］. Auditing: A Journal of Practice and Theory, 1992, 11（1）: 16-31.

［9］FAN J P, WONG T J. Corporate ownership structure and the informativeness of accounting earnings in East Asia ［J］. Journal of Accounting and Economics, 2002, 33（3）: 401-425.

［10］BUSHMAN R, CHEN Q, ENGEL E, et al. Financial accounting information, organizational complexity and corporate governance systems ［J］. Journal of Accounting and Economics, 2004, 37（2）: 167-201.

［11］LIAN Y, SU Z, GU Y. Evaluating the effects of equity incentives using PSM: evidence from China [J]. Frontiers of Business Research in China, 2011, 5 (2): 266-290.

[12] JENSEN M C, MURPHY K J. CEO Incentives: it's not how much you pay, but how [J]. Harvard Business Review, 1990, 68 (3): 138-153.

[13] CLARKSON P M, SIMUNIC D A. The association between audit quality, retained ownership, and firm-specific risk in US vs. Canadian IPO markets [J]. Journal of Accounting and Economics, 1994, 17 (1): 207-228.

[14] SINGH M, DAVIDSON W N. Agency costs, ownership structure and corporate governance mechanisms [J]. Journal of Banking & Finance, 2003, 27 (5): 793-816.

[15] SIMUNIC D A, STEIN M T. Product differentiation in auditing: auditor choice in the market for unseasoned new issues [M]. Canadian Certified General, 1987.

[16] 曾颖, 叶康涛. 股权结构、代理成本与外部审计需求 [J]. 会计研究, 2005 (10): 63-70.

[17] 唐跃军. 审计质量 VS. 信号显示 [J]. 金融研究, 2011 (5): 139-155.

[18] 李明辉. 代理成本对审计师选择的影响 [J]. 经济科学, 2006 (3): 73-83.

[19] 李明辉. 股权结构、公司治理对股权代理成本的影响 [J]. 金融研究, 2009 (2): 149-168.

[20] 韩东京. 所有权结构、公司治理与外部审计监督 [J]. 审计研究, 2008 (2): 55-64.

[21] 辛清泉, 林斌, 王彦超. 政府控制、经理薪酬与资本投资 [J]. 经济研究, 2007 (8): 110-122.

[22] 郭道扬. 论产权会计观与会计产权变革 [J]. 会计研究, 2004 (2): 8-15.

[23] 张立民, 唐松华. 注册会计师审计的产权功能: 演化与延伸 [J]. 会计研究, 2008 (8): 3-10.

[24] 吴清华, 田高良. 终极产权、控制方式与审计委员会治理需求 [J]. 管理世界, 2008 (9): 124-138.

[25] 肖星, 陈婵. 激励水平、约束机制与上市公司股权激励计划 [J]. 南开管理评论, 2013 (1): 24–32.

[26] 宋衍蘅, 肖星. 监管风险、事务所规模与审计质量 [J]. 审计研究, 2012 (2): 83-89.

[27] 陈冬华, 周春泉. 自选择问题对审计收费的影响 [J]. 财经研究, 2006 (3): 44-55.

[28] ROSENBAUM P R, RUBIN D B. The central role of the propensity score in observational studies for causal effects [J]. Biometrika, 1983, 70 (1): 41-55.

内部控制政府监管、审计介入与会计信息可靠性*

更好的内部控制能否使财务披露更加可靠？尽管由于错误判断、串谋和管理层凌驾等原因会使设计良好的内部控制运转失效，且这一问题在实践成效方面一直存在争议，然而在理论上却普遍认为，虽然内部控制无法绝对保证财务报告的可靠性，但是有效的内部控制却能够帮助投资者更接近于这一目标[①]。本世纪初以来，各国积极推动内部控制政府监管的实践，目标之一就是提高会计信息的可靠性，给投资估价一个值得信任的依据。政府管制虽然突破参与约束，为市场设置了内部控制的最低供给标准，但是一个重要问题是，高昂的监管成本对内部控制的运转会产生怎样的现实影响？进一步的，弱化了市场甄别机制的强制审计，以什么样的替代机制来增进会计信息可靠性的供给质量？本文尝试从信息经济学的角度，通过理论分析和经验研究来回答上述问题。

一、理论分析及研究假设

资本市场上掌握私人信息的公司和对此缺乏了解的投资者之间由于信息不对称易产生逆向选择和道德风险问题，从而导致市场秩序混乱（Scott 等，2006）[1]。解决逆向选择的方法是通过信号传递将优质项目与劣质项目区别开来，或者投资者设置一种信息甄别机制，通过公司的选择来甄别项目的优劣。解决道德风险的方法是设置一种机制激励公司按照合约精神行事（张维迎，2005）[2]。无论是信号传递、信息甄别还是激励机制，都需要保证信息的真实可靠并进行鉴定。

---

* 原载于《广东财经大学学报》2014 年第 2 期第 46～53 页。作者：赵兴楣，广东财经大学会计学院副教授；王华，广东财经大学校长，教授。

(一) 内部控制政府监管、参与约束与会计信息可靠性

财务报告提供了一种信号传递的重要手段，它也是投资者信息甄别的重要途径，并为激励提供了重要依据。财务报告信息披露越充分、信息质量越高，信息不对称就越少。内部控制系统尤其是财务报告内部控制系统监控着财务信息的生成过程，决定了信息生产过程的质量（陈汉文和董望，2010）[3]。存在缺陷的内部控制将导致无法确定可靠的应计利润数量，这或者会导致会计信息误报，或者会导致管理层利用控制缺陷操纵盈余披露，二者必然都要以牺牲会计信息可靠性为代价（Patterson 和 Smith，2007；Collins 等，1997）[4-5]。内部控制对财务报告信息的生产和披露过程实施监控，将对信息质量的结果控制转移成为过程控制，为财报信息的真实可靠提供合理保证。孙光国和莫东燕（2012）[6]认为，内部控制的各要素相互关联或交叉，直接或间接作用于会计信息，从而提高了信息的可靠性，是不完全契约下会计信息质量的合理保证。也有研究发现，完善的内部控制能够有效地抑制公司的会计选择盈余管理和真实活动盈余管理，从而提高财务报告的可靠性，减少信息不对称（Doyle 等，2007；方红星和金玉娜，2010）[7-8]。Donaldson（2005）[9]将后安然时代 SOX 法案对公司施加的影响作为研究对象，发现实施内部控制治理、提高其有效性对持续改善会计信息的披露质量有显著影响。公司建立并披露内部控制是一种高成本投资，只有优质公司才能获得超过投入成本的收益。作为追求自身利益最大化的经济人，大多数不愿意其参与约束的公司建立并主动披露内部控制。政府管制突破参与约束，为市场设置了一个内部控制的最低供给标准，投资者因此得以将他对信息质量的模糊判断转换成对内部控制过程有效性的持续监督，这是一种帕累托改进。

2002 年美国国会颁布 SOX 法案，掀起了公司内部控制的监管变革，政府以提供内控框架的方式要求公司对建立和保持有关对外披露的内部控制负责，以提高披露的准确性和可靠性来保护资本市场投资者。这意味着内部控制成为信息质量可靠性的立法保证。当公司普遍提高内部控制标准，从而减少蓄意操纵和无意识错误时，盈余质量就会得到提高[4]。Ahamuro 和 Beatty（2010）[10]发现政府对内部控制的监管能够提高盈余质量，有利于保证公司披露会计信息的质量。财政部等五部委颁布的《企业内部控制基本规范》（以下简称《基本规范》）和三大指引，分别为 67 家政府监管公司和其余上市公司确定了不同的实施时间表。这就意味着市场同时存在内部控制的政府监管和非政府监管两类公司。67 家政府监管公司除在 A 股市场上市外，还有 66 家在香港上市、1 家在新加坡证券交易所上市，还有一些公司同时在美国和英国上市。这些公司在认识

内部控制的治理效果方面心态更为成熟，执行《基本规范》和配套指引有更良好的基础，这必然引致投资者对其实施效果的不同预期。鉴于此，本文提出：

假设1：政府监管公司的会计信息可靠性高于非政府监管公司。

政府监管对于公司而言会带来管制成本①（樊纲，1995）[11]，即内部控制的供给成本，包括制定成本、披露成本和效率成本等。比如 McMullen 等（1996）[12]研究发现，披露内部控制信息会带来搜集和评价成本、错误评估产生的诉讼成本以及向竞争对手泄露公司信息的潜在成本。内部控制的管制收益源于一种更好的公司治理实践。研究发现，内部控制能够向投资者传递出有效控制和竞争优势的信息（Willis 和 Lightle，2000）[13]，能够帮助公司规避风险并为长远发展做出保证（Hermanson，2000）[14]。如果剔除政府的管制成本之后，管制收益仍然大于未管制收益，那么政府监管将增加公司主动参与的积极性，内部控制的执行效率和效果都会相应增加；相反，如果管制收益小于未管制收益，由于无法满足公司的参与约束，则公司主动参与的积极性不高，即使是设计良好的内部控制也会运转无效。Gao 等（2009）[15]研究了 SOX 法案中内部控制条款对小型公司的影响，发现政府监管反而降低了这些公司的信息披露质量。

《企业内部控制基本规范》和三大指引虽然借鉴了国际经验，但更多地适应了我国国情，且不局限于财务报告内部控制，而是突破了全面内部控制的要求。67 家政府监管的公司在满足境外监管机构要求的基础上，还必须对照我国企业内部控制规范体系，对相关控制措施进行适当调整或补充完善。对已经具备较好的内部控制基础的公司而言，初始监管成本较小，主动参与的积极性较高，执行效率和效果都会增加，盈余质量就会提高；而对于内部控制基础相对薄弱的公司而言，政府监管的初始成本不容忽视，公司被动参与的可能性较大，他们更有可能追求短期行为，盈余质量反而有可能下降。因此监管可能会引起马太效应，出现两极分化的现象。鉴于此，本文提出：

假设2：内部控制基础薄弱的政府监管公司监管当年的会计信息可靠性低于未监管年度。

假设3：内部控制基础较好的政府监管公司监管当年的会计信息可靠性高于未监管年度。

（二）内部控制审计、激励相容与会计信息可靠性

信息不对称会导致公司行为的外部性，比如将偷懒成本转嫁给投资人。政府监管通过将外部成本内部化，来诱导公司做出符合投资人利益的最优选择。

---

① 这里主要考虑政府管制对公司的影响，因此是一种间接的管制成本。

政府监管在源头上设置标准推动公司内部控制的建设,并以审计介入方式从报告终点鉴证内部控制实施的情况。公司被告知:如果被发现财务报告内部控制存在缺陷以至于可能影响信息披露质量时,审计就会向投资者发出警示;如果确认财务报告存在缺陷,可以根据审计结果推定公司存在欺骗。内部控制审计首先甄别了财务报告内部控制的有效性,从而有助于保证信息系统的有效性;其次,其审计结果进一步成为财务报告审计的重要证据,有助于保证会计信息的可靠性。

审计以隐性激励的方式,通过责任界定以利于赔偿惩罚机制的实施①,诱导公司做出符合投资人利益的安排,从而帮助政府管制实现外部成本内部化。最大化自身利益的公司必然会以一种对自己负责任的方式,比如提高内部控制的效率和效果,来最小化已经内部化的外部成本,其有益的副作用是信息不对称得以缓解。这种隐性激励机制也被称之为信誉机制。研究发现,由于审计者在评价公司内部控制时运用比管理者更低的重要性水平,以揭示更多的控制缺陷,因此审计者比管理者更能赢得投资者的信赖(Beneish 等,2008;Hammersley 等,2008)[16-17],起到了信息增信的作用[3]。

由于审计本身是有成本的,因此只有盈余质量较高的公司才能获得高于审计成本的净收益。对于盈余质量不高、控制风险较大的公司,审计者需要投入更多的资源,比如针对某些以前未测试的、低于重要性水平或风险较小的账户余额认定实施实质性程序、扩大审计范围等,导致审计收费增加,从而直接增加这些公司的审计成本(Raghunandan 和 Rama,2006)[18]。Copley 等(1995)[19]、Chaney(2002)[20]都曾指出,通常较少从事盈余管理的公司更偏向于选择质量更高的审计者,较多从事盈余管理的公司则会做出相反选择。因此自愿性内部控制审计还为投资者提供了一种市场甄别机制。政府监管要求以法定形式强制内部控制审计,一定程度上削弱了市场甄别机制,取而代之的是审计结果甄别和审计质量甄别:投资者根据审计结果来甄别信息质量,并根据审计者一贯的审计质量来甄别审计结果是否值得信赖。公司对审计者的选择有可能影响投资者对信息质量的判断。Hammersley 等(2008)[17]研究发现,在是否完全揭示了内部控制缺陷、如何评价内部控制缺陷的影响以及是否对财务报告进行了适当审计等方面,投资者更倾向于信任国际大所。因此,那些盈余质量较高的公司更倾向于聘请国际大所执行内部控制审计。也有研究发现,当应计项目质量低劣时,国际大所更倾向于签署非标准意见审计报告,他们在提供更

---

① 比如未来投资合约的中断。

可靠的审计方面具有优势,因此被审计企业的会计信息可靠性更高[16]。据此提出:

假设4:由国际大所执行内部控制审计的企业比其他企业的会计信息可靠性更高。

二、研究设计

(一)数据来源和样本选择

本文财务数据来自国泰君安 CSMAR 数据库,上市公司的内部控制报告信息根据巨潮资讯网公布的数据整理而得。样本对象是 67 家政府监管公司,剔除数据不全的 6 家公司,实际样本是 61 家。同时在剔除数据不全的公司后,选取 1 247 家上市公司作为非政府监管公司进行对比。

财政部等五部委要求境内外同时上市的公司于 2011 年 1 月 1 日起正式执行《基本规范》和配套指引。这些公司在 2011 年公布上年业绩时,同时披露了按上述要求编制的《内部控制评价报告》。这些报告显示,为达到上述时间要求,所有境内外同时上市的公司在 2010 年就已经按照《基本规范》和配套指引的要求对公司的内部控制进行了治理。为了对治理前后进行比较,选择 2009 年和 2010 年作为研究期间。行业资料来自中国证监会 2001 年发布的《上市公司行业分类指引》,并结合 CSMAR 数据库资料,将合计 1308 家上市公司分为金融、公用事业、房地产、工业、商业和综合六大类。

(二)模型设定和变量选择

由于管理层往往通过应计项目达到盈余操纵的目的,因此应计项目的质量反映了盈余信息的质量,它从确认和计量的角度反映会计信息的可靠性。Doyle 等 (2007)[7] 指出,低劣的应计项目质量往往和内部控制缺陷相联系,当公司存在重大内部控制缺陷时,应计项目的质量就会降低。Ashbaugh-skaife 等 (2005)[21] 的研究得到相似的结论。McNichols (2002)[22] 借鉴 Jones 模型并将之与 DD 模型结合,提出修正的 DD 模型用以度量应计项目质量。本文以应计项目质量作为会计信息可靠性的代理变量,采用根据修正 DD 模型((1)式)的残差计量出的盈余质量来反映会计信息的可靠性。

$$\frac{\Delta WC_{it}}{TA_{t-1}} = \beta_0 + \beta_1 \frac{CFO_{t-1}}{TA_{t-1}} + \beta_2 \frac{CFO_t}{TA_{t-1}} + \beta_3 \frac{CFO_{t+1}}{TA_{t-1}} + \beta_4 \frac{\Delta REV_{it}}{TA_{t-1}} + \beta_5 \frac{PPE_{it}}{TA_{t-1}} + \delta_{it} \quad (1)$$

其中:ΔWC_{it} 表示流动性应计总额,CFO 表示经营活动现金流量,ΔREV 表示营业收入变动,PPE 表示固定资产净值;下标 $t-1$、t 和 $t+1$ 分别表示上一年、当年和下一年;TA_{t-1} 表示上一年的资产总额;δ_{it} 表示残差项。按行业拟合上述模型并计量出残差 δ_{it}，δ_{it} 的绝对值越大，可靠性越低。

按照（2）式计算 ΔWC_{it}，其中 ΔCA 表示流动资产变动，ΔCL 表示流动负债变动，$\Delta CASH$ 表示货币资金变动，$\Delta STDEBT$ 表示短期借款变动。

$$\Delta WC_{it} = \Delta CA - \Delta CL - \Delta CASH - \Delta STDEBT \tag{2}$$

三、检验结果及分析

（一）描述性分析

表1提供了各统计变量的描述性分析结果。相对而言，ΔWC_{it} 的均值为 -4.92E9，中位数为4.41E6，说明整体流动性应计总额偏向下聚集；ΔREV 和 PPE 的均值都显著大于中位数，说明整体向上聚集；CFO 三年的值都偏向上聚集，并且向上聚集的趋势在增加。这说明样本间差异较大，应计质量在样本间的分布不均，可能存在异方差。异方差检验结果 P 值远小于0.0001，故拒绝方差齐次性假设。后续的多元回归检验应该考虑纠正异方差影响。

表1 连续变量的描述性分析

变量	均值	中位数	标准差	最小值	最大值
$\triangle WC_{it}$	-4.92E9	4.41E6	6.345E10	-1.E12	6.33E10
CFO_{t-1}	2.02E9	1.08E8	1.972E10	-1.E11	4.E11
CFO_t	2.03E9	1.15E8	1.939E10	-1.2E11	4.24E11
CFO_{t+1}	2.05E9	8.51E7	1.902E10	-3.27E10	3.48E11
$\triangle REV_{it}$	1.59E9	1.25E8	1.619E10	-1.07E11	5.68E11
PPE_{it}	3.89E9	5.24E8	2.204E10	0	5.41E11

表2给出了61家政府监管公司两年的内控缺陷和审计情况的频数分析和非参数检验。发现政府监管在揭示公司内控缺陷方面有一定的成效，2010年披露的各类缺陷数量较之前有所增加。执行内部控制审计的公司大多数选择了四大会计师事务所。从 Kruskal-Wallis 秩和检验结果来看，2009年与2010年样本公司在是否披露一般缺陷、是否审计以及是否聘请四大审计等方面存在显著差异。

表3是主要变量的相关性检验。Pearson 相关检验的结果中，各变量相关系数的检验双侧 P 值小于0.01；Spearman 相关检验中，除 $\triangle WC_{it}$ 与 CFO_{t-1}、$\triangle REV_{it}$ 以外，其余结果与 Pearson 相关检验相似。判定系数 R^2 高于99%，且各变量均在 P 值远小于0.0001的基础上表现显著，各变量的标准误均小于0.05。因此相关关系不会影响系数估计值的精确性。

表2　政府监管公司披露内控缺陷情况分析

	重大缺陷	重要缺陷	一般缺陷	审计	四大审计
2009 公司数/频率	0/0	0/0	3/4.9	4/6.6	0/0
2010 公司数/频率	1/1.6	1/1.6	27/44.3	25/41	19/31.1
基于年度的 Kruskal-Wallis 秩和检验（P 值）	0.3173	0.3173	<.0001	<.0001	<.0001

表3　主要变量的相关系数表

	$\triangle WC_{it}$	CFO_{t-1}	CFO_t	CFO_{t+1}	PPE_{it}	$\triangle REV_{it}$
$\triangle WC_{it}$	1.000	0.993 <.0001	−0.994 <.0001	−0.978 <.0001	0.103 <.0001	0.998 <.0001
CFO_{t-1}	0.020 0.316	1.000	−0.986 <.0001	−0.972 <.0001	0.109 <.0001	0.994 <.0001
CFO_t	−0.136 <.0001	0.294 <.0001	1.000	0.969 <.0001	−0.082 <.0001	−0.992 <.0001
CFO_{t+1}	−0.067 0.001	0.292 <.0001	0.424 <.0001	1.000	−0.105 <.0001	−0.977 <.0001
PPE_{it}	−0.095 <.0001	0.228 <.0001	0.233 <.0001	0.320 <.0001	1.000	0.132 <.0001
$\triangle REV_{it}$	−.029 0.134	0.053 0.007	0.189 <.0001	0.091 <.0001	0.078 <.0001	1.000

注：左半部分为 Spearman 相关系数，右半部分为 Pearson 相关系数。

（二）多元线性回归分析

根据（1）式采用加权最小二乘法以消除异方差，表4是进行多元回归参数估计的结果。各变量都在 P 值远小于 0.0001 的基础上表现显著，且标准误较小，估值稳定；$R^2 > 99\%$，模型拟合度较高。

表4　多元回归参数估计

	估计值	标准误	T 值	$Pr > |t|$
截距	0.089	0.006	16.03	<.0001
CFO_{t-1}	1.456	0.044	33.09	<.0001
CFO_t	−0.810	0.019	−42.54	<.0001
CFO_{t+1}	−0.113	0.007	−15.81	<.0001
PPE_{it}	−0.843	0.022	−37.63	<.0001
$\triangle REV_{it}$	0.999	0.011	88.07	<.0001
R^2	0.9997	$Adj\ R^2$	0.9997	

对（1）式按年度和行业分别拟合计算残差，并统计成表5。

表5 可靠性（残差）的计量结果

	类型	均值	中位数	最大值	最小值	标准差
2009	非政府监管公司	0.154 3	0.124 0	8.119 4	0.000 0	0.388 3
	政府监管公司	0.079 9	0.080 0	0.439 4	0.000 6	0.074 4
2010	非政府监管公司	0.148 2	0.128 4	16.149 2	0.000 4	0.598 1
	政府监管公司	0.101 2	0.098 7	1.007 3	0.000 9	0.188 6

注：为方便比较，取残差的绝对值进行计量。

政府监管公司残差均值和标准差比其他公司小，说明其会计信息可靠性更高，并且公司间的一致性也更高（标准差更小）。对残差按照样本类别执行独立样本 t 检验，t 值是 2.64，P 值是 0.009 9，说明 2010 年政府监管公司会计信息的可靠性与其他公司相比有显著差异。假设 1 得以验证。

年度数据显示 2010 年政府监管公司的残差均值比 2009 年有所增加，独立样本 t 检验的结果为 2.14，P 值是 0.036 8。

分别对 2010 年存在重大内控缺陷的公司和披露了缺陷实质性内容的公司进行残差分析①，表6给出独立样本 t 检验的结果。数据显示，披露缺陷数量大于或等于 5 的公司以及披露了缺陷实质性内容的公司，其会计信息的可靠性显著更低（残差计量值显著更高）。剔除这些样本后，其余公司的残差均值为 0.075 35，比 2009 年的均值 0.079 9 低，t 值为 1.799。说明 2010 年残差均值的增加是由于披露内控缺陷的公司引起的。

表6 不同内控缺陷披露情况下可靠性（残差）的独立样本 t 检验

项目	缺陷数量		是否披露缺陷的实质性内容	
	<5	≥5	是	否
均值	0.035 6	0.151 9	0.156 4	0.069 9
t 值	2.64		2.14	
Pr>|t|	0.009 9		0.036 8	

进一步，按照残差是否大于均值将政府监管公司分为两组，残差大于均值

---

① 由于内部控制的固有局限性，一般性的缺陷实际上无法杜绝。只有那些数量和性质上的重大缺陷才会对控制效果产生实质性影响。2010 年仅有 1 家公司披露了重大缺陷，因此无法分析重大性质缺陷的系统性影响，而只能对数量上的重大缺陷和披露了实质性内容的缺陷进行分析。

的属于内部控制基础薄弱、会计信息可靠性较低的公司，残差小于均值的属于内部控制基础较好、会计信息可靠性较高的公司。追溯这两组公司2009年的表现，对其残差进行独立样本的 t 检验。表7给出的结果显示，内控基础薄弱的公司其残差比内控基础较好的公司显著更高，会计信息可靠性更低。对于内控薄弱的公司，在10%的显著性水平下，政府监管年度的残差均值比上年显著更高，会计信息可靠性更低。假设2得以验证。对于内控基础较好的公司，政府监管年度的残差均值比上年更低，但数据未表现出显著性。假设3未得到验证，即在政府监管年度，内控基础较好的公司其会计信息可靠性的提高并不明显。有可能是因为政府监管初始成本对于这些公司而言没有预期的小，以至于内部控制改善、信息可靠性提高的程度不是很显著。

表7 不同内控基础公司的可靠性差异

年度	均值		内控基础薄弱组 基于年度独立样本 t 检验		内控基础较好组 基于年度独立样本 t 检验	
	内控基础薄弱	内控基础较好	t 值	$Pr>\|t\|$	t 值	$Pr>\|t\|$
政府监管年度	0.265 1	0.049 1	-1.96	0.058	0.38	0.704
监管上一年度	0.171 5	0.052 0				

进一步比较经四大与非四大审计的公司会计信息可靠性的差异，进行 t 检验，结果见表8。检验结果显示，经四大审计的公司，其会计信息可靠性明显高于经非四大审计的公司，并且差异具有显著性。假设4得以验证。

表8 四大与非四大审计的公司的可靠性差异

检验内容	四大	非四大	t 值	$Pr>\|t\|$
残差均值	0.081 65	0.173 17	2.37	0.021 1

从公司披露缺陷的角度对假设4给出补充说明，见表9。2010年61家样本公司中披露内部控制缺陷的有25家，其中经审计并披露缺陷者有9家，占披露缺陷的公司的比例为36%；经国际四大审计并披露缺陷的有6家，占披露缺陷的公司的比例是24%。两种类型的比例值均低于41%——披露内控缺陷的25家公司占61家样本公司的比例。这表明选择了审计的公司尤其是选择国际四大审计的公司，其内部控制缺陷本身更少，内部控制治理更完善，会计信息可靠性程度更高。根据Copley（1995）[19]和Chaney等（2002）[20]的研究结果，高质量审计与低水平盈余管理之间的对应关系，很可能并不是由于审计的监督作用而

是逆向选择的结果,即自选择偏误,因此,对审计者选择、内控缺陷和披露信息可靠性(应计质量)之间的关系结合 Heckman 和 James (1978)[23]两阶段模型进行检验。结果发现,内部控制是否存在缺陷显著影响了公司对审计者的选择,而由第一阶段计算出的逆米尔斯比率 IMIR(Inverse Mill's ratio)在 P 值远小于 0.000 1 的基础上显著,说明审计者的自选择性确实存在。Heckman 两阶段回归的主要结果见表 10。

表 9 经审计的公司披露缺陷情况

检验内容	公司数	披露缺陷公司数	占所审计公司比例	占所有披露缺陷公司比例
经审计公司	25	9	36%	36%
经国际四大审计公司	19	6	32%	24%

表 10 Heckman 两阶段回归的主要结果

第一阶段 Probit 回归	估计值	标准误	Wald 值	Pr > ChiSq
截距	2.630 1	0.152 5	297.427 4	<.000 1
DE	-1.796 3	0.284 7	39.812 0	<.000 1
-2 Log L	191.463			
第二阶段加权最小二乘法	估计值	标准误	T 值	Pr > |t|
截距	0.102	0.024	4.25	<.000 1
Big4	-0.089	0.011	-7.85	<.000 1
IMIR	0.043	0.008	5.16	<.000 1
F 值	110.20			<.000 1
R^2	0.228 3	Adj R^2	0.226 2	

注:第一阶段和第二阶段回归均控制了盈利能力、财务状况、经营状况等变量,第二阶段还控制了行业和年度变量,但限于篇幅表中未给出结果。

由于几乎所有对评估报告的审计都声明,审计仅仅是对是否符合《基本规范》的鉴证,并不承担揭示内部控制缺陷的责任,因此投资者只能从审计者的身份获得更多信息。这从另一个侧面说明公司为什么更倾向于选择国际四大。

四、研究结论及启示

本文从信息经济学的视角分析财务报告内部控制的政府监管和审计介入对会计信息可靠性的影响,并通过实证研究得到以下结论:

政府监管突破了参与约束,普遍提高了公司的内部控制标准,因而减少了蓄意操纵和无意识错误,提高了盈余质量。政府监管形成的初始成本对内部控制基础不同的公司会产生不同影响,出现马太效应:对内部控制基础薄弱的公司而言初始成本不容忽视，公司被动参与并追求短期行为，盈余质量反而会下降；内部控制基础较好的公司初始监管成本较小，公司的主动参与提高了内控的效率和效果，盈余质量就会提高。实证结果验证了政府监管对盈余质量的正向作用，也验证了马太效应的存在，但初始监管成本对内控基础较好的公司也存在影响，使得盈余质量的提高并不明显。

审计介入以隐性激励的方式诱导公司做出符合投资人利益的安排，从而帮助政府管制实现外部成本内部化。政府监管要求以法定形式强制内部控制审计，用审计结果甄别和审计质量甄别替代市场甄别机制，公司对审计者的选择就会影响投资者对信息质量的判断。实证结果证实，盈余质量较高的公司更倾向于聘请国际四大执行内部控制审计，它们的会计信息可靠性显著高于非国际四大审计的公司，审计者的自选择性确实存在，从而引起审计市场的集中。

本文从会计信息可靠性方面揭示政府监管成本对内部控制效率的现实影响，以及强制审计介入后的替代选择机制，在一定程度上深化了内部控制运转的经济后果研究，为提高管制效率提供了重要依据。

参考文献

[1] SCOTT N B, J V CARCELLO, K RAGHUNANDAN. Firm characteristics and voluntary management reports on internal control [J]. Auditing: A Journal of Practice & Theory, 2006, 2: 45-51.

[2] 张维迎. 博弈论与信息经济学 [M]. 上海：上海人民出版社，2005：544-583.

[3] 陈汉文，董望. 财务报告内部控制研究述评 [J]. 厦门大学学报：哲学社科版，2010 (3)：20-27.

[4] PATTERSON E R, J R SMITH. The effect of Sarbanes-Oxley on auditing and internal control strength [J]. The Accounting Review, 2007, 2: 427-455.

[5] COLLINS D E, MAYDE W, WEISS I. Changes in the value relevance of earnings and book values over the past forty years [J]. Journal of Accounting and Economics, 1997, 24 (1): 39-67.

[6] 孙光国，莫冬燕. 内部控制对财务报告可靠性起到保证作用了吗？——来自我国上市公司的经验证据 [J]. 财经问题研究，2012 (3)：96-103.

[7] DOYLE JT, W G E, S MCVAY. Accrual quality and internal control over financial reporting [J]. The Accounting Review, 2007, 82: 1147-1170.

[8] 方红星，金玉娜. 高质量内部控制能抑制盈余管理吗？——基于自愿性内部控制鉴证报告的经验研究 [J]. 会计研究，2011 (8)：53-60.

[9] DONALDSON T W. Testimony concerning the impact of the Sarbanes-Oxley act [R].

Washington: Government Printing Office, 2005.

[10] AHAMURO J, A BEATTY. How does internal control regulation affect financial reporting? [J]. Journal of Accounting and Economics, 2010, 49 (1-2): 58-74.

[11] 樊纲. 市场机制与经济效率 [M]. 上海: 上海三联书店、上海人民出版社, 1995: 108-111.

[12] MCMULLE N D, K RAGHUNANDAN, D V RAMA. Internal control reports and financial reporting problems [J]. Accounting Horizons, 1996, 10 (4): 65-78.

[13] WILLIS D M, S S LIGHTLE. Management reports on internal controls [J]. Journal of Accountancy, 2000, 190 (4): 57-74.

[14] HERMANSON H M. An analysis of the demand for reporting on internal control [J]. Accounting Horizons, 2000, 14 (3): 325-341.

[15] GAO F, J S WU, J ZIMMERMAN. Unintended consequences of granting small firm's exemptions from securities regulation: evidence from the Sarbanes-Oxley act [J]. Journal of Accounting Research, 2009, 47 (2): 459-506.

[16] BENEISH M D, M B BILLINGS, L D HODDER. Internal control weaknesses and information uncertainty [J]. The Accounting Review, 2008, 83 (3): 665-703.

[17] HAMMERSLEY J S, L A MYERS, C SHAKESPEAR. Market reactions to the disclosure of internal control weaknesses and to the characteristics of those weaknesses under section 302 of the Sarbanes-Oxley act of 2002 [J]. The Accounting Review, 2008, 13 (1): 141-165.

[18] RAGHUNANDAN K, D V RAMA. SOX section 404 material weakness disclosures and audit fees [J]. Auditing: A Journal of Practice & Theory, 2006, 25 (1): 99-114.

[19] COPLEY P A, J J GAVER, K M GAVER. Simultaneous estimation of the supply and demand of differentiated audits: evidence for the municipal audit market [J]. Journal of Accounting Research, 1995, 33: 137-55.

[20] CHANEY P K. Shredded reputation: the cost of audit failure [J]. Journal of Accounting Research, 2002, 40 (4): 1221-1245.

[21] ASHBAUGH-SKAIFE H, D COLLINS, W KINNEY, et al. The effect of SOX internal control deficiencies and their remediation on accrual quality [J]. The Accounting Review, 2005, 83 (1): 217-250.

[22] MCNICHOLS M F. Discussion of the quality of accruals and earnings: the role of accrual estimation errors [J]. The Accounting Review, 2002, 77 (1): 61-69.

[23] HECKMAN, J JAMES. Dummy endogenous variables in a simultaneous equation system [J]. Econometrica, Econometric Society, 1978, 46 (4): 931-59.

第三部分 03

| 公司财务与资本市场 |

机构投资者是更积极的监督者吗*
——来自创业板的证据

一、引言

粗放型增长模式下,我国经济增长长期依赖的"红利"因素相对趋于枯竭,传统发展模式受阻,亟待新经济增长模式的转变。这种困境下创新型企业的大量涌现以及是否能发挥"新造血"功能,对于经济繁荣显得尤为重要。随着创业板市场的推出,新成立的创新型企业(简称:新创企业)的融资问题将得到有效缓解。截至 2013 年 6 月 30 日,355 家创业板新上市公司中有 329 家是"高新技术企业",占比达到 92.8%。但另一方面,创业板的创新能力却屡屡遭受质疑,股价虚高、泡沫明显、创新不足等现象有悖于创业板的设立初衷。2013 年上半年,创业板机构持股比例超过 60%,但指数的大涨大落反映出机构投资者的不成熟。因此,如何发挥机构投资者的监督作用,对于创业板的健康发展至关重要。

作为职业投资者,机构投资者更有动力和能力关注企业的长期发展,他们对经理人进行监督,提高企业的创新投入水平,为积极发挥治理监督作用做出努力(Lee 和 Masulis,2011)[1]。然而,机构投资者与被投资企业之间的投资关系,决定了前者更加关注是在长期内还是在短期内获得高额利润,进而导致其在被投资企业发挥的监督角色存在差异(Gompers,1996)[2]。Cornett 等(2007)[3]的实证研究验证了机构投资者监督角色差异的存在。由于新创企业研发投入风险较大,被投资企业的管理层往往不愿意冒太大风险,因此机构投资者的监督角色差异在研发投入中表现得尤为突出。同时,在转型经济背景下,

---

* 原载于《广东财经大学学报》2015 年第 1 期第 96~103 页。作者:甄丽明,广东金融学院会计系讲师;唐清泉,中山大学管理学院教授,博士生导师。

控股大股东与政府"有形之手"的干预色彩很浓,机构投资者的投资行为亦受到各种制度条件的约束(Lerner,1995)[4]。控股股东控制权相对集中或分散时,机构投资者的监督成本决定了其选择"用手投票"抑或"用脚投票";且企业与政府之间的密切关系也会影响机构投资者监督机制的信息筛选过程,进而决定其是扮演"消极股东主义"抑或"积极股东主义"角色。

目前相关问题的研究多是基于英美成熟市场的制度环境,基于我国背景的研究极少。理论研究的滞后必然导致监管的不完善,且与主板公司相比,创业板公司规模更小、经营风险更高,与投资者之间的信息不对称程度更高,因而面临更大的监管挑战。故就机构投资者参与创业板新创企业研发的监督作用进行研究,不仅可加深对创业板市场微观结构的了解,也能为市场监管提供更有力的依据。本文以2009—2012年的创业板上市公司为样本,分析机构投资者的参与对新创企业研发行为的影响。

二、理论分析与研究假设

(一)机构投资者与新创企业的研发行为

机构投资者将中小投资者的资金集中起来进行管理,在投资者可接受的风险范围和规定时间内追求投资收益的最大化。新创企业多属于新兴产业,科技含量高,研发投入显得尤其重要。这类企业不断追求具有领先水平的科技技术,重视技术创新的投入。然而创新具有高投入、高风险的特点,并且会对企业的短期绩效产生负面影响,所以企业经理人一般不愿意进行创新投入,这就产生了代理问题。

已有研究表明,机构投资者更有动力和能力关注企业的长期绩效,他们对经理人进行监督,提高企业的创新投入水平(Aghion等,2008)[5]。随着持股比例的上升,机构投资者作为股东,有动力利用其提案权、投票权等手段影响或改变公司的管理,而不是简单地"用脚投票"。国外学者Boyd和Smith(1996)[6]认为,机构投资者治理可以代替更为严格的公司内部治理,机构投资者能够保持外部独立性,既能解决小股东治理激励不足的问题,同时也可以制衡大股东的内部控制缺陷。Clasessens和Fan(2002)[7]也认为,在中国这样的发展中国家,由于缺乏完善的法律制度对小股东进行保护,发展包括机构投资者在内的公司治理制衡机制将有利于促进市场的良性发展。国内学者付雷鸣等(2012)[8]以创业板上市公司为研究对象,探讨了机构投资者持股与企业创新投入之间的关系,结果发现机构投资者持股能够显著提高企业的创新投入水平。基于以上分析,本文提出假设1。

假设1：机构投资者的监督作用能显著提高新创企业的研发投入，且机构投资者持股比例越高，对研发投入发挥的监督作用越明显。

（二）异质机构的监督作用：基于投资关系分类

已有研究表明，由于投资目标和投资期限不同，不同的机构投资者在公司治理中发挥的作用也不尽相同，有积极的股东也有消极的股东（Bushee，1998）[9]。有学者从机构投资者与被投资企业之间是否存在商业关系进行分类研究，得到的结论是：与上市公司只存在投资关系的机构投资者更有动机监督管理层，而仅存在业务依赖关系的机构投资者通常采取中庸或支持公司决策的态度（Brickley等，1988；Almazam等，2005；Chen，2007）[10-12]。

与被投资企业只存在投资关系的机构投资者则有能力对管理层进行监督，迫使管理层更加关注公司绩效并减少自利行为或机会主义行为。证券投资基金作为我国机构投资者的最大构成主体，其持股市值占A股的比重与日俱增。对于证券投资基金的治理角色，肖星和王琨（2005）[13]的研究表明，尽管有部分证券投资基金参与"炒作"和"坐庄"，但从整体来看，证券投资基金仍然扮演着积极投资者的角色。姚颐和刘志远（2007）[14]的研究也表明，证券投资基金在公司的再融资决策中具备理性监督的特点。证券投资基金与投资组合中的公司商业关系很少甚至没有，可使基金监督公司的行为不受外界影响，从而有利于监督公司治理，在一定程度上减轻上市公司的委托代理问题，督促管理层积极开展研发活动（叶建芳等，2012）[15]。Zahra（1996）[16]、Bushee（1998）[9]等学者的实证研究还表明，养老基金与证券投资基金一样，与被投资企业往往只存在投资关系，且投资期限较长，注重价值投资，因此养老基金的持股水平与企业创新呈显著的正相关关系。

与被投资企业存在商业关系的机构投资者很难发挥良好的监督作用，甚至有时会与上市公司合谋，出现所谓的"利益冲突假说"和"战略合作假说"，使公司管理层既无能力也无动力实行创新战略（Porter，1992）[17]。Cornett等（2007）[3]研究发现，公司的经营现金流回报率不存在于与上市公司有商业关系的机构投资者持股的企业中。Brickley等（1988）[10]认为，保险公司和银行信托与所投资的公司一般有商业关系或希望形成商业关系，由于存在潜在的利益冲突，他们缺乏参与公司治理的积极性和能力。叶建芳等（2012）[15]在对上市公司过度投资的研究中，发现境外机构投资者等与企业存在商业关系的机构投资者并未对过度投资有抑制作用，其监督作用没有体现。基于上述分析，本文提出假设2。

假设2：与被投资企业只存在投资关系的机构投资者往往采取积极股东行

为，有利于监督管理层进行研发活动；而与被投资企业只存在业务依赖的商业关系时，机构投资者"用脚投票"现象更加普遍，监督作用不明显。

（三）制度环境对机构投资者监督作用的影响

制度理论认为，个体和群体的信仰、目标及行为受到不同制度环境的重大影响，且特殊的制度环境必然导致机构投资者对研发行为的特殊影响，从而体现在其对被投资的新创企业的不同监督效应方面。我国创业板现实情况的复杂性使机构投资者并不能总是发挥积极的作用，还需要结合具体制度环境进行分析。

1. 控股股东的控制权对机构投资者监督作用的影响

已有研究表明，在股权高度分散的情况下，中小股东由于持股比例很小，监督收益不足以弥补监督成本，"搭便车"行为是其最优选择，这不利于企业R&D中代理问题的解决。当股权集中时，大股东有动机也有能力对经理人实施监督，使他们按照股东的利益行事，保证风险项目的执行，此时机构投资者的监督收益才足以弥补监督成本，并在利益趋同效应下发挥积极的监督作用，从而对大股东进行股权制衡（叶松勤和徐经长，2013）[18]。

随着大股东持股比例的增加，机构投资者监督管理层道德风险行为的成本将会下降，监督收益逐渐上升；且随着机构投资者持股比例的上升，其自身的利益与公司利益逐步趋同，从而承担更积极的股东角色。如2011年底，前两大股东持股比例近50%的重庆啤酒因"疫苗门"事件股价一落千丈，其机构投资者大成基金损失惨重。之后，大成基金提议召开临时股东大会，审议免除董事长黄明贵职务的议案。大成基金积极参与公司治理的行为表明了其积极股东的身份。在此基础上，本文提出假设3。

假设3：公司控股股东的控制力越强，机构投资者对企业研发行为的监督作用越明显，反之亦然。

2. 控制人与政府的关系对机构投资者监督作用的影响

创业板上市企业大多属于高科技行业，如新能源、新材料、生物医药、电子信息、环保节能、现代服务等，这些行业也备受地方政府的青睐。我国地方政府权力相对集中，与政府维系良好的政治关联，有助于企业获得各种资源，如审批项目、采购项目、银行贷款等。因此，相对而言，有政治关联的上市公司其管理层利益更难以与股东利益相协调，更可能无视机构投资者的股东积极主义行为。对于这类企业，机构投资者的监督作用将大打折扣。姚颐和刘志远（2009）[19]等学者认为我国政府会凭借资源或政策等控制手段干预新创企业的经营活动，因此机构投资者的监督作用将受限于政府干预程度。

在与政府有密切关联的上市公司中,机构投资者行使话语权的监督效用有限。由于政府在中国的社会生活和经济生活中具有强势地位,监管力量和法律约束难以限制这类"亲政府企业"(夏立军和方轶强,2005)[20],这导致了相对于非政治关联的上市公司,在有政治关联的上市公司中,机构投资者采取股东积极主义的行为受到更多限制,甚至迫使机构投资者"用脚投票"以适应强势的政府权力,这也将影响机构投资者参与公司治理的能力和效果。综上所述提出假设4。

假设4:控制人与政府关系越密切,机构投资者行使话语权的监督效用越有限,反之亦然。

三、数据、变量与样本

(一)数据来源

本文以2009—2012年在深圳证券交易所创业板上市的公司为研究样本,剔除研发投资数据缺失及具有极端值的异常公司,最终获得601个样本。

本文关于R&D投入的数据是在对样本公司的财务报表进行详细分析的基础上获得的。机构投资者及其他公司数据来自Wind数据库和国泰安数据库,政治关联数据来自百度等网站和上述数据库。

(二)变量选择

1. 被解释变量

借鉴学术界的一般做法,以研发投入占销售收入的比重衡量R&D的投入强度,记为 $RDint$[21]。

2. 解释变量

1)上市公司的机构持股比例,用 INS 表示。其中证券投资基金用 MF 表示,社保基金、保险基金和证券公司持股记为 IC,$QFII$ 代表合格境外投资者,TC 代表信托公司,LR 代表一般法人。

2)异质机构投资者的分类。杨海燕等(2012)[22]认为,证券投资基金、社保基金作为独立的机构投资者,其与上市公司往往仅存在着投资关系,因而对上市公司的监督效应更加明显;而保险公司、信托公司和一般法人机构与被投资公司可能存在某种商业关系,该类机构投资者为了维持现有或潜在的商业关系,往往不会对上市公司财务报告的可靠性和信息披露的透明度发表独立意见。在这种分类的基础上,作者检验了存在着投资关系与存在着商业关系的机构投资者如何分别影响上市公司的会计信息质量。本文在杨海燕等的分类基础上把机构投资者分为两类:一类是只存在投资关系的机构投资者,如证券投资基金、社保基金等；另一类是存在商业关系的机构投资者，如 QFII、信托公司和一般法人机构等。

3）大股东控制权的界定。采用实际控制人持股比例来衡量。

4）政治关联的界定。政治关联定义为公司的董事长（董事会主席）或总经理（总裁）现在或者曾经担任中央或地方各级人大代表或政协委员。该定义与 Faccio（2006a）[23]、蔡卫星等（2011）[24]的变量定义一致，用 $Polcon$ 表示。当董事长或总经理具有政府、人大、政协工作背景时，$Polcon=1$；否则，$Polcon=0$。

3. 控制变量

1）公司特征变量：盈利能力，用公司资产报酬率表示，记为 ROA；偿债能力，用公司的利息保障倍数表示，记为 COV；企业成长能力，用公司的主营业务增长率表示，记为 GMP；股权结构，用公司的实际控制人持股比例表示，记为 CON。

2）地区特征变量。用市场化进程指数表示，记为 MAR。

（三）描述性统计

表1是变量的描述性统计结果。从中可以看出，我国创业板上市公司 $RDint$ 的最大值为98.39%，最小值为0，样本标准差为8.23，这说明企业的 R&D 投入比重差距较大，企业间差异较明显。样本公司中机构持股的最大值为92.24%，最小值为0，均值为21.76%，均值远远大于 QFII、社保基金、信托公司与一般法人，表明基金持股在创业板中发挥着举足轻重的作用，目前仍是机构投资者的主要组成部分。分析结果还显示，有政治关联的企业其创新水平弱于非政治关联的企业，且这一差异的 Z 检验在统计上高度显著。

表1 关键变量描述性统计

样本类型	变量名称/%	最大值	最小值	均值	标准差	Z 检验
全样本（N=601）	$RDint$	98.39	0	6.64	8.23	
	INS	92.24	0	21.76	18.89	
	MF	63.60	0	12.38	14.72	
	IC	14.04	0	0.62	1.70	
	$QFII$	10.52	0	0.15	0.86	
	TC	3.44	0	0.06	0.32	-4.53***
	LR	71.13	0	6.99	11.97	
有政治关联（N=182）	$RDint$	14.57	0	4.37	2.57	
	INS	73.98	0	20.80	18.71	
非政治关联（N=419）	$RDint$	98.39	0	7.63	9.55	
	INS	92.24	0	22.19	18.98	

注：*、**、***分别表示在10%、5%、1%水平上显著，均为双尾检验。下表同。

四、检验结果与分析

（一）模型设定

在进行实证分析时对计量方法进行了如下处理：采用冗余固定效应（RFE）检验数据是否存在个体固定效应，结果拒绝原假设；采用 Hausman 检验对模型在固定效应和随机效应之间进行选择，结果显示固定效应更加适合。据此构建如下模型：

$$RDint_{it} = \beta_1 INS_{it} + \beta' X + \mu_t + \mu_i + \varepsilon_{it}$$

式中，i 代表企业个体，t 代表年份，μ_t、μ_i 代表时期和个体固定效应；ε_{it} 为随机扰动项；$\beta'X$ 代表控制变量向量与其回归系数的乘积，$RDint_{it}$、INS_{it} 的含义同前文。

（二）实证分析

表2 机构持股对研发投入的回归结果

变量名称	Y = $RDint_{it}$	
	Model 1	Model 2
常数项	6.172*** （12.046）	1.047 （0.494）
INS	0.022 （0.223）	0.054** （2.366）
ROA		0.215*** （3.724）
COV		0.001 （0.549）
GMP		-0.011 （0.301）
CON		0.060** （2.448）
MAR		-0.011 （0.956）
R^2	0.002	0.116
F 值	1.489	3.93
样本数	601	601

由表2可知，在加入企业盈利能力、偿债能力等控制变量之后，机构投资者持股对研发投入的影响变得显著，验证了假设1。这意味着对于新创企业而言，机构投资者持股比例越高，越有利于企业开展研发活动，机构投资者的积极股东角色得到了验证。这一结论与 Shleifer 和 Vishny（1986）[25]的观点一致，他们认为机构大股东持股比例较高，改变了公司的股权结构，能够在一定程度上减轻上市公司的委托代理问题，且相较于个人而言，机构者更有能力通过监督获取回报，也有足够的动力监督管理层。另外，从控制变量的系数来看，企业盈利能力与股权结构对 R&D 投入影响的作用明显。企业盈利水平越高，越有

实力进行研发活动；实际控制人持有股权越多，越有利于企业所有者关注长期投资活动，进而促进企业的研发投入。

由于不同类型机构投资者在资金来源、资产性质、债务特点、委托要求、投资限制、行为方式等方面存在差异，因此，本文进一步考察了机构异质性对企业创新的影响，结果如表3所示。

表3　异质机构对研发投入的回归结果

变量名称		Y = $RDint_{it}$				
		Model 1	Model 2	Model 3	Model 4	Model 5
常数项		1.074 (0.523)	1.044 (0.515)	2.049 (0.970)	1.984 (0.939)	2.965 (1.193)
只存在投资关系的机构投资者	MF	**0.119*** (**3.641**)				
	IC		1.227*** (4.242)			
存在业务依赖商业关系的机构投资者	QFII			−0.540 (−0.266)		
	TC				2.241 (0.520)	
	LR					−0.018 (−0.539)
ROA		0.207*** (2.448)	0.185*** (3.525)	0.166*** (2.995)	0.17*** (3.083)	0.154** (2.162)
COV		0.001 (0.541)	0.001 (0.474)	0.001 (1.067)	0.001 (0.943)	0.001 (1.025)
GMP		−0.018 (−1.623)	−0.01 (−0.941)	−0.007 (−0.607)	−0.007 (−0.676)	−0.007 (−0.537)
CON		0.063*** (2.685)	0.049** (2.048)	0.077*** (3.191)	0.077*** (3.232)	0.081*** (3.068)
MAR		0.004 (0.982)	0.076 (0.384)	0.005 (0.026)	0.007 (0.036)	−0.068 (−0.539)
R^2		0.151	0.171	0.089	0.09	0.085
F值		5.327	6.193	2.917	2.953	2.330
样本数		601	601	601	601	601

表3显示，其中，与被投资企业只存在投资关系的机构投资者发挥了积极的监督作用，其中基金持股对企业$RDint_{it}$有显著的正效应，模型1的回归系数为0.119，在1%的水平下高度显著；模型2中，社保基金持股对企业$RDint_{it}$的

作用也非常显著，回归系数为 1.227。

而与被投资企业存在着商业关系的机构投资者的监督作用并不明显。模型 3 至模型 5 的回归结果表明，境外机构持股 QFII、信托公司持股以及一般法人持股等三类机构持股的作用并不显著。表 3 的实证结果支持了假设 3，即不同的机构对企业的技术创新有不同的影响，与被投资企业存在投资关系的机构投资者承担了积极股东的角色，与被投资企业存在着业务依赖关系的机构投资者发挥着消极的股东作用，监督作用不显著。

下面考察制度因素对机构投资者监督作用的影响。根据前文的假设，本文进一步运用了机构投资、大股东控制权以及政治关联对企业研发的回归。结果如表 4 所示。

表 4 制度环境对机构持股监督作用影响的回归结果

Model 1 ($Y = RDint_{it}$)		Model 2 ($Y = RDint_{it}$)	
变量	回归系数	变量	回归系数
常数项	9.357*** (4.363)	常数项	2.350 (1.072)
机构持股	0.021*** (3.104)	机构持股	0.076*** (3.055)
机构持股*大股东控制权	0.001** (2.386)	机构持股*政治关联	-0.066** (-2.099)
ROA	0.01 (0.216)	ROA	0.205*** (3.575)
COV	0.000 (0.312)	COV	0.000 (0.268)
GMP	0.004 (0.358)	GMP	-0.014 (-1.285)
CON	0.092*** (3.608)	CON	0.059** (2.409)
MAR	0.395** (2.046)	MAR	-0.113 (-0.543)
R^2	0.08	R^2	0.103
F 值	7.631	F 值	4.059
样本数	520	样本数	601

由表 1 可知，创业板企业中机构投资者持股比例最高达 92.24%，因此本文所选样本中部分企业第一大股东本身可能就是机构投资者。为了排除这类样本对实证结果的干扰，剔除第一大股东是机构投资者的样本（共 81 家），得到 520 个样本。

表 4 模型 1 中，机构持股与大股东控制权交叉项系数为正，且非常显著，表明大股东持股比例越高，越有利于机构投资者发挥监督作用，从而验证了假设 3。它意味着大股东控制权集中时，机构投资者发挥监督作用的成本相对较低，在权衡收益与成本之后，利益趋同效应作用下机构投资者会采取积极的股东行为，从而较好地制衡了大股东行为。

模型 2 中，机构持股与政治关联的交叉项系数为 -0.066，且在 5% 的水平下显著，表明政治关联不利于机构投资者发挥监督作用。相对于没有政治关联的企业而言，对于那些有政治关联的企业，机构投资者的监督作用受到限制。这一结论证明了假设4。说明在非政治关联企业中，机构股东的监督提高了经营者的创新积极性，鼓励了经营者的创新行为；在有政治关联的企业中，机构投资者采取股东积极主义行为的效果有限，机构股东的监督并不能提升经营者的创新积极性。

五、结论

本文基于新兴市场的制度背景，以2009—2012年在创业板上市的新创企业为样本，综合分析了机构投资者对企业研发行为的监督作用。研究发现，机构投资者持股比例与新创企业的研发行为的增量显著正相关；但异质机构发挥的监督作用不一，与被投资企业仅存在投资关系时，有利于监督管理层进行研发活动，而存在商业关系时，其监督作用并不明显。在转型经济背景下，控股股东与政府"有形之手"干预色彩很浓，机构投资者的投资行为亦受到制度条件的约束，不同的制度安排将导致机构投资者行为及其效果的差异。本文进一步研究了制度环境对机构投资者监督作用的影响。发现只有当控股股东的控制权集中时，机构投资者的监督收益才能弥补监督成本，进而发挥监督作用，而政府干预企业的色彩越浓，控制人与政府关系越密切，机构投资者行使话语权的监督效用反而越有限。

本文的研究结论具有重要的政策含义：

首先，我国的机构持股与新创企业R&D投入的关系远较英美等国复杂。新创企业多以盈利为目的，易受业绩指标的影响。持股比例较高的机构股东同其他大股东一样，在公司治理中具有较强的话语权，对成功的创新有共同的利益追求，整体而言，对企业的自主创新有积极作用，因此，要积极发展机构投资者对被投资公司的监督作用。

其次，要积极鼓励证券投资基金、社保基金等与新创企业存在着投资关系的机构投资者进入创业型企业，适度放宽QFII额度，不断优化新创企业中机构投资者的比例结构，从而积极发挥各类异质机构的股东作用。

最后，制度环境因素对公司层面的机构投资者的股东积极主义行为具有重要影响，机构投资者的行为差异是对不同制度安排的适应性反映。制度条件的改善是机构投资者采取股东积极主义行为的基础，需要降低政府干预上市公司的程度，以利于机构投资者客观上更好地发挥积极股东的监督作用，督促经营者着眼于企业长远利益，进而提升企业创新能力。政府应适当放权，并做到公平、公正、透明地分配资源，弱化非经济因素在资源分配中的作用，从而为机构投资者监督创新效应的有效发挥创造条件。

参考文献

［1］ LEE GEMMA, MASULIS RONALD W. Do more reputable financial institutions reduce earnings management by IPO issuers？ ［J］. Journal of Corporate Finance, 2011, 7（4）: 982-1000.

［2］ GOMPERS PAUL A. Grandstanding in the venture capital industry［J］. Journal of Financial Economics, 1996, 42: 133-156.

［3］ MARCIA MILLON CORNETT, ALAN J MARCUS, ANTHONY SAUNDERS, et al. The impact of institutional ownership on corporate operating performance［J］. Journal of Banking and Finance, 2007, 31: 1771-1794.

［4］ LERNER. Venture capitalists and the oversight of private firms［J］. Journal of Finance, 1995, 50（1）: 301-318.

［5］ AGHION P, J V REENEN, L ZINGALES. Innovation and institutional ownership［R］. Harvard University, 2008.

［6］ BOYD J, B SMITH. The co-evolution of the real and financial sectors in the growth process［J］. World Bank Economic Review, 1996, 10: 371-396.

［7］ CLAESSENS S, FAN JOSEPH P H. Corporate governance in Asia: a survey［J］. International Review of Finance, 2002, 3（2）: 71-103.

［8］ 付雷鸣，万迪昉，张雅慧. VC是更积极的投资者吗？——来自创业板上市公司创新投入的证据［J］. 金融研究, 2012（10）: 125-138.

［9］ BUSHEE B. Institutional investors, long term investment and earnings management［J］. Accounting Review, 1998, 73: 305-333.

［10］ BRICKLEY J A, R C LEASE, C SMITH. Ownership structure and voting on ant takeover amendments［J］. Journal of Financial Economics, 1988, 20: 267-291.

［11］ ALMAZAN A, HARTZELL J, STARKS L. Active institutional shareholders and cost of monitoring: evidence from executive compensation［J］. Financial Management, 2005, 34: 5-34.

［12］ CHEN X, HARFORD J, KAI LI. Monitoring: which institutions matter?［J］. Journal of Financial Economics, 2007, 86: 279-305.

［13］ 肖星，王琨. 证券投资基金：投资者还是投机者？［J］. 世界经济, 2005（8）: 73-79.

［14］ 姚颐，刘志远. 股权分置改革、机构投资者与投资者保护［J］. 金融研究, 2007（11）: 48-56.

[15] 叶建芳,赵胜男,李丹蒙. 机构投资者的治理角色 [J]. 证券市场导报,2012 (5): 27-35.

[16] ZAHRA S A. Governance, ownership and corporate entrepreneurship: the moderating impact of industry technological opportunities [J]. Academy of Management Journal, 1996, 39: 1713-1735.

[17] PORTER M E. Capital disadvantage: America's failing capital investment system [J]. Harvard Business Review, 1992, 70 (5): 65-82.

[18] 叶松勤,徐经长. 大股东控制与机构投资者的治理效应——基于投资效率视角的实证分析 [J]. 证券市场导报,2013 (5): 35-42.

[19] 姚颐,刘志远. 机构投资者具有监督作用吗? [J]. 金融研究,2009 (6): 128-143.

[20] 夏立军,方轶强. 政府控制、治理环境与公司价值——来自中国证券市场的经验证据 [J]. 经济研究,2005 (5): 40-51.

[21] WAHAL S, J J MCCONNELL. Do institutional investors exacerbate managerial Myopia? [J]. Journal of Corporate Finance, 2000, 6: 307-329.

[22] 杨海燕,韦德洪,孙健. 机构投资者能提高上市公司会计信息质量吗?——兼论不同类型机构投资者的差异 [J]. 会计研究,2012 (9): 16-23.

[23] FACCIO M. Politically connected firms [J]. American Economic Review, 2006, 96: 369-386.

[24] 蔡卫星,赵峰,曾诚. 政治关系、地区经济增长与企业投资行为 [J]. 金融研究,2012 (4): 100-112.

[25] SHLEIFER A, VISHNY R. Large shareholders and corporate control [J]. Journal of political Economy, 1986, 94: 448-461.

私募股权投资有助于提升
中小企业绩效吗*

一、引言

私募股权投资（Private Equity，PE）是指通过非公开方式募集资金对企业进行的融资，如权益性投资、准权益投资或可转换权益投资等。深圳交易所创业板的开启和中小板的发展为 PE 的退出提供了最有效的便利途径。创业板的高市盈率、高发行价格、高募集资金额一直备受关注。目前投资者热衷于关注 PE 机构成功募集资金的规模、所投项目多寡、成功上市项目数量、退出时的回报率等，却往往忽略了从企业角度来观察 PE 机构是否有助于提升企业绩效，尤其是很少关注企业上市后 PE 机构的股份减持对企业绩效的影响。

本文研究的私募股权投资具有如下特征：一是资金来源于特定机构和个人；二是投资的对象是非公开上市企业的股权；三是投资目的是财务投资，即通过退出获得股权增值收益。本文通过实证研究综合分析 PE 机构对企业上市前后绩效的影响，尤其是上市后减持期间对企业绩效的影响，将有助于投资者全面认识而不是盲目追捧 PE 机构。为了观察 PE 机构是否有助于提升企业绩效，主要分两个时间段进行研究，即从 PE 机构参股企业当年至企业上市当年这段时间和企业上市后至 PE 机构减持期间。根据中国证监会的规定，PE 机构所持上市企业股份须在企业上市挂牌经历至少 12 个月的锁定期后才能陆续减持股份。本文从时间纵向角度观察 PE 机构所投企业绩效的变动与 PE 机构持股比例之间的关

---

* 原载于《广东财经大学学报》2015 年第 4 期第 103～113 页。作者：蒋序怀，申万宏源证券有限公司广州分公司营业部总经理，暨南大学硕士专业学位实践导师，理论经济学博士后；苏月中，暨南大学管理学院副教授；陈小燕，中移动集团重庆有限公司财务部职员。

系，比较企业自 PE 机构进入当年至企业上市当年、上市当年至 PE 机构退出前、上市当年至 PE 机构退出当年的绩效增减情况。

二、文献综述及研究假设

（一）文献综述

现有的相关文献大多集中在静态时点企业绩效与 PE 机构持股比例等的关系方面，对于动态绩效提升评估较少涉及，本文将在这一方面有所完善。

在国外，很多学者非常看好 PE 的发展，认为 PE 提升了企业的资本结构、公司治理及经营绩效等[1-7]，但也有学者认为 PE 机构并没有提升企业绩效，或者提升绩效的结果不显著。如 Philippe 和 Schatt（2002）[8]研究发现，杠杆收购后，企业的净资产收益率、投资回报率、息税前利润率反而有所下降。

关于 PE 机构是否提升了企业绩效，国内学术界的看法也不尽一致。如梁建敏和吴江（2012）[9]研究发现，有 PE 机构投资持股的企业上市前盈利情况差于无风险投资持股的公司，而上市后经营业绩的情况要明显好于后者；而侯建仁和李强（2009）[10]的研究则表明，PE 投资并没有提升企业绩效，有 PE 机构参与的创业企业相对而言投资绩效、获利性更差，PE 机构对创业企业的投资时间越长，创业投资企业的投资绩效和获利性反而越差；谈毅等（2009）[11]的研究也得出大致相同的结论。

学术界对于 PE 投资在企业上市中的作用也有两种不同的观点：认证监督理论认为，PE 机构参股企业能起到认证监督的作用，其作为独立的第三方参股企业本身就是对企业价值的一种认证，且还会充当监督的角色监控企业管理层的投机行为；躁动理论认为，PE 机构在企业上市的过程中存在道德风险，急于包装美化企业并将其打包上市，谋求短期造富效应而忽略管理监督企业，迫切地向市场传递其帮助企业上市的能力，以此来建立自己的声誉，吸引更多的后续融资。胡志颖等（2012）[12]、陈工孟等（2011）[13]的研究结论支持声誉假说。如果说 PE 投资在上市中存在道德风险，急于把企业推向上市而后退出，那么急功近利的结果很可能是 PE 投资仅仅充当提供资本的角色而没有积极提升企业的公司治理、经营绩效等。

本文在上述研究的基础上，对私募股权是否有助于提升中小企业的绩效进行求证，并对提升绩效需要依赖的时间长度、公司治理等因素进行探析，同时对中小企业进行私募股权投资的基金机构本身的所有制形式和公司治理，以及对所投资中小企业绩效可能造成的影响等进行深入探讨。

(二) 研究假设的提出

一般而言，PE 机构投资行为表现出以下特征：首先，相对于分散的个人投资者而言，PE 机构作为机构投资者以股权投资的形式入股企业，拥有企业的相对控制权，有意愿和能力去监督经理人的管理行为；相对于拥有绝对控制权的大股东而言，PE 机构的目的不是控制企业，而是通过推动企业加强管理、创造价值而在最终退出时实现资本增值。其次，PE 机构通过在企业董事会中派驻非执行董事来推动企业的治理文化方面的建设，进而提升公司价值。非执行董事一般都是财务专家、管理专家，他们通过执行表决权来提升企业制定决策的效率和效果。再次，PE 机构会设计良好的管理层激励与约束机制促使其更加努力地经营企业。第四，PE 机构的参与不仅为企业带来先进的管理理念、丰富的行业知识，甚至还可以为企业提供财务服务，并引入优质供应商或者客户，帮助其开拓市场。

一般情况下，相对于个人投资者，PE 机构更有意愿和能力去监督经理人的经营管理行为。因此，PE 机构在企业中的持股比例越高，越有意愿和能力去督促经理人的行为，越有助于企业绩效的提升。企业上市后，PE 机构对企业持股的禁售期一般为 1 年。伴随着 PE 机构解禁后对企业持股比例的减少，其对企业经理人的监督影响能力也不断降低。经理人的松懈或者投机行为，会导致企业绩效的下降。由此提出以下假设。

假设 1a：从 PE 机构参股企业当年至企业上市当年，在其他条件不变的情况下，企业上市前引入 PE 机构的持股比例越高，绩效表现越好；

假设 1b：解禁后，在其他条件不变的情况下，伴随着 PE 机构对企业持股比例的减少，企业绩效下降。

PE 是一种中长期投资行为。当 PE 基金投向某企业时，需要经过长期努力才能让企业逐渐成长。国际上规范的 PE 基金不仅通过股权投资形式提升企业的资本结构、增强其偿债能力，还会为企业提供增值服务，例如提升被投资企业的公司治理结构、帮助企业制定发展战略及筛选合适的管理团队、推进企业技术创新等。这种增值服务过程并非一朝一夕可以完成，因此 PE 机构对企业的投资年限越长，越有时间来帮助企业提升绩效。谈毅等（2009）[11] 的研究表明，PE 机构进入年限与企业经营绩效呈正相关关系，即风险投资参与时间越长，企业上市后一年的运营资本回报率增长越多，运营绩效越好。据此提出如下假设。

假设 2：从 PE 机构参股企业当年至企业上市当年，当其他条件不变的情况下，PE 机构对企业的投资年限越长，企业绩效越好。

PE 机构通过在董事会中派驻非执行董事来参与影响企业的战略决策制定。这些非执行董事通常是 PE 机构的中高级管理层，他们要么拥有丰富的行业及管理知识，要么擅长资本运作，他们的参与对于优化企业的董事会结构，提升董事会决策效率效果明显。非执行董事通过执行董事会表决权、一票否决权来影响企业对管理层的聘用、更换等重大决策，进而推动企业绩效的提升。除了在董事会中派驻非执行董事之外，PE 机构有时候还会在企业监事会中派驻席位，有助于企业优化其监事会结构，推动监事会有效发挥其监督职能。因此，提出如下假设。

假设 3：在其他条件不变的情况下，PE 机构在企业董事会（或监事会）中所占席位比例越高，企业绩效越好。

根据 PE 机构自身背景的不同，可将其分为国有 PE 机构、民营 PE 机构、外资 PE 机构三类。国有 PE 机构是本土 PE 机构中最早尝试股权投资的机构，其资金主要来源于各级政府、各地国资委、科技厅、地方产业园区或者国有企业。国有 PE 机构资金充裕，每年只需要完成一定的指标即可，并不急于退出每个项目，因此其投资策略一般是追求稳定回报、注重控制风险。他们凭借与政府相关部门的天然关系，可以优先得到政府的资源支持，从而建立庞大的优质项目组合。国有 PE 机构的参与使上市企业更有机会获得地方政府的优惠政策与支持，但是也面临着一些限制：一是投资地域的限制；二是受干预较多，市场化运作程度不高，如为了符合国家的产业发展战略，国有 PE 机构可能会被要求投资于特定产业或者行业；三是在内部管理和激励机制方面与其他两种 PE 机构存在差距，如何留住人才成为其工作的难点。

民营 PE 机构在 2005 年后如雨后春笋般相继出现。由于其资金大多来源于个人或民营企业，因此 PE 机构在面临出资人可能施加的快速变现压力时急于将企业推向上市而后退出。民营 PE 机构筹集资金的压力较大，资金募集成功与否从长远上来看依靠的是 PE 机构的声誉及口碑，因此民营 PE 机构不仅在选择项目时比较谨慎，还可能会比较注重通过提升企业绩效来提升自己在业界的口碑。相对于国有 PE 机构而言，民营 PE 机构的市场化运作程度更高。

外资 PE 机构大多来源于 PE 行业发达的国家，成立时间较早，拥有成熟的投资经验。成熟的外资 PE 机构为了使自己手中持有的股权增值会想方设法提升企业价值，有的还可以凭借其庞大的项目资源组合帮助企业寻找优质供应商和战略合作伙伴、开拓国外市场等。外资 PE 机构同民营 PE 机构一样，更看重项目的盈利性。

在中国目前的 PE 行业内，2 个及 2 个以上 PE 机构联合投资一家企业的情况比较普遍。PE 机构的背景可能会不同，常见的现象是国有 PE 机构与民营 PE 机构联手投资一家企业。为行文方便，笔者将联合投资情况下不同背景的各 PE

机构称为"混合背景 PE 机构"。外资 PE 机构不但拥有国际视野，且市场化运作程度更高、从业经验更丰富，其提升企业绩效的能力也要强于本土 PE 机构。从长远来看，PE 行业注重的是人才竞争，项目成功与否、能否提升企业经营绩效，关键在于基金管理团队能否倾力合作。尽管国有 PE 机构拥有较广泛的政府人脉，但也面临着诸多限制，尤其是激励机制方面的不足，使其在提升企业经营绩效方面弱于民营 PE 机构。梁建敏和吴江（2012）[9]的研究也发现，国资背景的 PE 机构在提升企业绩效能力方面要比民营背景的 PE 机构差。由于背景、投资目的、投资理念等方面存在差异，联合投资增加了各 PE 机构达成一致决策的难度，因此混合背景 PE 机构在提升企业绩效方面弱于民营 PE 机构但强于国有 PE 机构。据此提出如下假设。

假设 4：在其他条件不变的情况下，国有 PE 机构所投企业绩效不如外资 PE 机构、民营 PE 机构所投企业的绩效。

三、样本选取与模型设计

（一）样本选取和数据来源

本文以 2007 年、2008 年在深圳交易所中小板上市及 2009 年、2010 年在深圳创业板上市且上市时有 PE 机构持股的公司为样本，研究从 PE 机构参股企业当年至企业上市当年期间及减持期间，PE 机构对企业绩效的影响。之所以选择 2009 年、2010 年在创业板而不是中小板上市的企业，是考虑到创业板是 PE 的主要退出渠道。文中数据主要来源于 WIND、CSMAR 数据库及上市公司招股说明书、季报、年报等。

从表 1 可以看出，创业板中有 PE 机构投资的上市企业的比例高于中小板。中小企业上市前往往不只引入一家 PE 机构，有的甚至多达 6 家。123 家上市企业共引进 230 家 PE 机构，平均每家上市企业有 1.87 家 PE 机构投资。

根据 PE 机构自身的性质及 PE 机构的股权结构性质来划分 PE 机构的背景，如果 PE 机构是有限责任公司且存在控股股东或者实际控制人，则根据其控股股东或实际控制人的性质来判断 PE 机构的性质。即，若控股股东或者实际控制人为国资委、国有独资公司、国有控股公司、各级政府、高校、技术开发区、创业园区的资产管理委员会等，则认为其是国有 PE 机构；若控股股东或者实际控制人为自然人或者民营企业，则认为其是民营 PE 机构；若控股股东或者实际控制人是外资企业或者外籍自然人、境外机构，则认为其是外资 PE 机构。如果 PE 机构是有限合伙制，则视其普通合伙人的性质来判断 PE 机构的性质，判断方法和控股股东、实际控制人的判断方法相同。控股股东或者实际控制人、普通合伙人性质资料来源于招股说明书、PE机构网站、投资界等专业披露渠道。

表1　中小企业上市前引入PE机构的情况

上市板块	发行期间	上市企业数量①	上市时有PE机构投资的企业		仅1家PE机构投资的企业		PE机构联合投资的企业	
			数量②	占①的百分比	数量	占②的百分比	数量	占②的百分比
中小板	2007.01–2007.12	97	25	25.77	13	52.00	12	48.00
中小板	2008.01–2008.12	71	21	29.58	15	71.43	6	28.57
小计		168	46	27.38	28	60.87	18	39.13
创业板	2009.10–2009.12	36	20	55.56	10	50.00	10	50.00
创业板	2010.01–2010.12	117	57	48.72	18	31.58	39	68.42
小计		153	77	50.33	28	36.36	49	63.64
合计		321	123	38.32	56	45.53	67	54.47

（二）变量选择

本文主要研究PE机构的投资特征①及PE机构背景对企业的影响，相关解释变量含义见表2。

联合投资情况下，如果PE机构之间构成关联方或者一致行动人，将其视为1家PE机构，否则先考察PE机构是否对企业有重大影响，然后再结合解释变量的特征确定其计算方式。若PE机构在企业董事会和监事会中派驻席位或被投资企业上市前PE机构持股比例大于5%，则认为该PE机构对企业有重大影响。

表2　变量界定

变量类型	变量名称	变量定义	计算方式
解释变量	DPES	PE机构持股比例变动量	年末PE机构持股比例 – 上市当年年末PE机构持股比例
	PES	企业上市前PE机构的持股比例	如果上市企业只有1家（有重大影响的）PE机构，那么PE机构持股比例就是这家PE机构的持股比例；如果存在两家及以上有重大影响的PE机构，将各个有重大影响的PE机构的持股比例加总；上市企业没有重大影响的PE机构，将最大的PE机构持股比例作为PE机构持股比例的值

---

① 文中将PE机构对企业的持股比例、投资年限、PE机构在企业董事会或监事会中所占席位比例统称为PE机构的投资特征。

续表

变量类型	变量名称	变量定义	计算方式
解释变量	Invyear	企业上市时PE机构对其投资年限	有重大影响的PE机构对企业的投资年限用上市前持股比例加权平均
	TDSHS	所有PE机构在企业董事会中所占席位比例	各PE机构在董事会所占席位比例之和
	TJSHS	所有PE机构在企业监事会中所占席位比例	各PE机构在监事会所占席位比例之和
	SOE	国有PE机构	有重大影响的PE机构都是国有则取值为1,否则为0
	Private	民营PE机构	有重大影响的PE机构都是民营则取值为1,否则为0
	Foreign	外资PE机构	有重大影响的PE机构都是外资则取值为1,否则为0
	Mix	混合背景PE机构	有重大影响的PE机构是国有、民营或外资混合取值为1,否则为0
被解释变量	DGPR	主营业务利润率变动量	报告期主营业务利润率 – 基期主营业务利润率
	DROA	资产报酬率变动量	报告期资产报酬率 – 基期资产报酬率
控制变量	DLev	资产负债率变动量	=报告期资产负债率 – 基期资产负债率。选择其作为控制变量,是因为PE机构通过股权投资行为参股企业,降低了企业的资产负债率,影响了企业的资本结构
	ROA（0）	上市当年资产报酬率	用来控制上市当年的ROA对ROA变动量的影响
	GPR（0）	上市当年主营业务利润率	用来控制其对GPR变动量的影响
	ROA（-n）	PE机构进入当年企业的ROA	用来控制其对ROA变动量的影响
	GPR（-n）	PE机构进入当年企业的GPR	用来控制其对GPR变动量的影响
	ASSGR	资产平均余额增长率	(报告期的资产平均余额 – 基期的资产平均余额)/基期的资产平均余额
	Year	年份哑变量	用来控制不同上市年份对绩效变动量的影响
	IND	行业哑变量	用来控制不同行业对绩效变动量的影响

本文所指绩效包括企业的年主营业务利润率（GPR）和年资产报酬率（ROA）。之所以选择企业的主营业务利润率来衡量其绩效,是因为主营业务利润率不仅衡量企业的核心业务,而且盈余操纵的可能性较低。绩效的计算公式

如下：

年主营业务利润率 = 年主营业务利润/年主营业务收入；

年资产报酬率 = （年利润总额 + 当年财务费用）/当年资产平均余额；

年资产平均余额 = （年初资产余额 + 年末资产余额）/2。

本文的被解释变量是企业绩效的变动量，按时间不同分为从 PE 机构参股当年至企业上市当年的绩效变动量、上市后的绩效变动量。$-n$ 代表 PE 机构参股企业当年年末，0 代表企业上市当年年末，1 代表企业上市后第 1 年年末，依此类推。被解释变量包括 $-n \sim 0$、$0 \sim 1$、$0 \sim 2$、$0 \sim 3$、$0 \sim 4$ 的绩效变动量。绩效变动量等于报告期的绩效减去基期的绩效：$-n \sim 0$ 期间，$-n$ 为基期，0 为报告期；$0 \sim 1$ 期间，0 为基期，1 为报告期；依此类推。被解释变量和控制变量设计见表3。

（三）回归模型的建立

本文运用最小二乘法建立多元回归模型检验假设，对 PE 机构参股企业至企业上市期间和减持期间分别设计相应的模型（上市当年模型和减持期间模型）来观察 PE 机构对企业绩效的影响。上市当年模型研究从 PE 机构参股企业当年年末至企业上市当年年末，PE 机构的投资特征及背景对企业资产报酬率变动量（DROA）和主营业务利润率变动量（DGRatio）的影响，包括模型1和模型2。减持期间模型包括模型3和模型4。当回归结果表明年份哑变量显著且整个模型显著时，将年份哑变量留在模型中，否则采用无年份哑变量的模型。行业哑变量亦如此。

模型1（上市当年 ROA 变动量模型）如下：

$$DROA = \beta_0 + \beta_1 PES + \beta_2 Invyear + \beta_3 TDSHS + \beta_4 TJSHS + \beta_5 SOE + \beta_6 Foreign + \beta_7 Mix + \beta_8 DLev + \beta_9 ROA(-n) + \beta_{10} ASSGR + Year + IND + \varepsilon$$

模型2（上市当年 GPR 变动量模型）如下：

$$DGPR = \beta_0 + \beta_1 PES + \beta_2 Invyear + \beta_3 TDSHS + \beta_4 TJSHS + \beta_5 SOE + \beta_6 Foreign + \beta_7 Mix + \beta_8 DLEV + \beta_9 GPR(-n) + Year + IND + \varepsilon$$

模型3（减持期间的 ROA 变动量模型）如下：

$$DROA = \beta_0 + \beta_1 DPES + \beta_2 TDSHS + \beta_3 TJSHS + \beta_4 SOE + \beta_5 Foreign + \beta_6 Mix + \beta_7 DLev + \beta_8 ROA(0) + \beta_9 ASSGR + Year + IND + \varepsilon$$

模型4（减持期间的 GPR 变动量模型）如下：

$$DGPR = \beta_0 + \beta_1 DPES + \beta_2 TDSHS + \beta_3 TJSHS + \beta_4 SOE + \beta_5 Foreign + \beta_6 Mix + \beta_7 DLev + \beta_8 GPR(0) + Year + IND + \varepsilon$$

截至2011年12月31日，搜集了企业上市后4年的绩效数据。因此，模型

3、模型4实质上各衍生出4个模型（见表3）。

表3　各模型的样本界定

	样本量	样本描述
上市当年模型	117	涵盖2007、2008年在中小板上市及2009、2010年在创业板上市且上市时有PE机构投资的企业，但剔除PE机构在企业上市当年才参股的企业
上市后1年模型	78	涵盖2007、2008年在中小板上市及2009、2010年在创业板上市且上市时有PE机构投资的企业，但剔除PE机构在上市后1年内未减持的企业
上市后2年模型	52	涵盖2007、2008年在中小板上市及2009年在创业板上市且上市时有PE机构投资的企业，不包括PE机构在上市后第1年已经退出或者PE机构在上市后2年内未减持的样本
上市后3年模型	35	涵盖2007、2008年在中小板上市且上市时有PE机构投资的企业，但不包括PE机构在上市后2年已经完全退出或者PE机构在上市后3年内未减持的企业
上市后4年模型	15	2007年在中小板上市且上市时有PE机构投资的企业，但不包括PE机构在上市后3年内已经完全退出或者PE机构在上市后4年内未减持的企业

四、描述性统计和实证检验

（一）变量描述性统计

PE机构投资特征变量描述见表4。企业上市前，PE机构平均持股比例为14.50%，最大持股比例达到37.85%，最小持股比例仅为2.36%。上市后第1年，PE机构的平均减持比例为3.79%，最高减持比例达21.26%。仅有1家PE机构在上市后第1年非但没有减持反而增持，增持比例为0.61%。大部分企业的PE机构在企业上市后3年内减持完毕。3年内没有减持完的PE机构在第4年减持的股份比例很小，这从变量DPES 3和DPES 4的均值很接近可以看出。

表4　PE机构投资特征变量的描述性统计

变量	N	均值	标准差	中位数	最小值	最大值
PES	117	14.50	8.86	12.39	2.36	37.85
$DPES$1	78	−3.79	3.38	−3.10	−21.26	0.61

续表

变量	N	均值	标准差	中位数	最小值	最大值
DPES2	52	-6.27	4.73	-5.91	-18.71	0.55
DPES3	35	-8.16	5.56	-7.39	-20.60	-0.17
DPES4	15	-8.50	5.04	-8.84	-17.49	-0.96
Invyear	117	2.51	1.81	1.91	0.41	8.50
TDSHS	117	12.54	8.49	11.11	0.00	44.44
TJSHS	117	14.87	18.95	0.00	0.00	66.67

注：DPES1 表示企业上市后 1 年 PE 机构持股比例变动量，DPES2 表示企业上市后 2 年 PE 机构持股比例变动量，依此类推。

PE 机构对企业的平均投资年限为 2.51 年，最短投资年限仅为 0.41 年，最长投资年限为 8.5 年。所有 PE 机构在企业董事会中所占席位比例平均为 12.54%，最高达 44.44%，最低为 0。按照董事会一般包含 9 个席位来算，意味着企业的董事会席位中平均有 1 个席位是由 PE 机构的代表担任。PE 机构最多会在企业董事会中派驻 4 名非执行董事，最少为不派非执行董事。PE 机构在企业监事会中所占席位比例平均为 14.87%，最大为 66.67%，最小为 0，按照监事会一般包含 3 个席位来算，意味着 PE 机构最多会在企业监事会中派驻 2 名监事，最少则为不派驻监事。

表 5 描述的是样本企业引入有重大影响 PE 机构的背景统计表。从表中可知，在上市当年模型中，117 家企业上市前引入的 PE 机构多为民营 PE 机构，其次是国有 PE 机构，再次为混合背景（混合背景 PE 机构全部是国有、民营 PE 机构的混合）PE 机构，最后是外资 PE 机构。上市后 1 年模型、上市后 2 年模型中，企业上市前引入的 PE 机构同样依次是民营、国有、混合背景和外资。但在上市后 3 年、4 年模型中，企业上市前引入的 PE 机构最多为国有，其次才为民营。可见国有 PE 机构相比之下投资年限较长，这与其资金雄厚不急于退出项目相符。

表 5 样本企业引进 PE 机构背景统计 　　　　　　个，%

PE 机构背景	样本量	上市当年模型	上市后 1 年模型	上市后 2 年模型	上市后 3 年模型	上市后 4 年模型
国有	数量 占比	41 35.04	27 34.62	22 42.31	15 42.86	8 53.33
民营	数量 占比	54 46.15	34 43.59	24 46.15	14 40.00	4 26.67
外资	数量 占比	6 5.13	5 6.41	2 3.85	3 8.57	1 6.67

续表

PE机构背景	样本量	上市当年模型	上市后1年模型	上市后2年模型	上市后3年模型	上市后4年模型
混合	数量	16	12	4	3	2
	占比	13.68	15.38	7.69	8.57	13.33
小计	数量	117	78	52	35	15

(二) 上市当年模型回归结果分析

上市当年 ROA 变动量模型回归结果见表 6 所示。变量 PES、Invyear、TDSHS 和 TJSHS 不显著,表明 PE 机构的投资特征对企业的 ROA 变动量影响不显著,假设 1 至假设 3 被拒绝。解释变量 SOE 在 1% 的水平下显著为负,表明从 PE 机构开始参股直至企业上市当年,当其他条件不变的情况下,国有 PE 机构所投企业的 ROA 表现不如民营 PE 机构所投企业。对原假设 Mix 的系数大于 SOE 的系数进行检验,原假设不能被拒绝,表明混合背景 PE 机构所投企业的 ROA 表现比国有 PE 机构所投企业的 ROA 表现好①。假设 4 得到支持。Dlev 在 10% 的水平下显著,表明当其他条件不变时,企业资产负债率每提高 1 个百分点,DROA 减少 0.12 个百分点。这意味着从 PE 机构开始参股直至企业上市当年,控制其他条件不变的情况下,资产负债率增加的企业 ROA 会降低。

剔除 2 个无主营业务成本数据的企业,上市当年 GPR 变动量回归模型有 115 个观测值。PES、Invyear、TDSHS 和 TJSHS 同样不显著,表明 PE 机构的投资特征对企业的 GPR 变动量影响不显著。SOE、Foreign 和 Mix 在 10% 的显著性水平下都不显著,表明国有 PE 机构、外资 PE 机构、混合 PE 机构所投企业的绩效表现与民营 PE 机构无显著差异。但经检验,发现混合背景 PE 机构所投企业的绩效表现要优于国有 PE 机构所投企业,部分支持假设 4。

(三) 减持期间的绩效变动量模型回归结果分析

减持期间的绩效变动量模型包括 ROA 变动量模型和主营业务利润率变动量模型。上市后第 1 至 4 年每年分别有 1 个 ROA 变动量模型和 1 个 GPR 变动量模型。

---

① 本文所指企业某个期间绩效 (ROA 或者主营业务利润率) 较好,意思是在控制其他条件不变的前提下,企业报告期的绩效相比于基期绩效要么是增加得多,要么是减少得少。反之,企业某年绩效差,是指控制在其他条件不变的前提下,企业报告期的绩效相比于基期绩效要么是增加得少,要么是减少得多。

表 6 上市当年模型和减持期间模型的回归结果

变量	上市当年模型		减持期间模型							
			上市后1年模型		上市后2年模型		上市后3年模型		上市后4年模型	
	DROA	DGPR	DROA	DGPR	DROA	DGPR	DROA	DGPR	DROA	DGPR
Intercept	-0.011	0.172***	0.024**		0.005	0.023	0.083***	0.317	0.012	0.359***
	(-0.36)	(3.45)	(2.23)		(0.31)	(0.26)	(5.63)	(3.27)	(0.43)	(5.44)
PES	-0.140	0.030								
	(-1.33)	(0.17)								
Invyear	0.002	0.006								
	(0.57)	(0.85)								
DPES			0.086		0.017	0.300				1.803***
			(0.82)		(0.15)	(0.57)				(3.47)
TDSHS	0.140	-0.190	0.095**		0.048	-0.261				
	(1.44)	(-1.17)	(2.03)		(1.21)	(-0.53)				
TJSHS	-0.036	-0.034	-0.012		0.101***	0.109			0.160**	0.651***
	(-0.99)	(-0.58)	(-0.71)		(2.94)	(0.77)			(2.35)	(3.51)
SOE	-0.044***	-0.035	-0.016**		-0.007	0.001				
	(-3.35)	(-1.59)	(-2.22)		(-0.57)	(0.02)				
Foreign	-0.036	0.029	-0.051***		0.029	0.113				
	(-1.21)	(0.59)	(-3.36)		(1.01)	(0.98)				
Mix	0.017	0.048	-0.018*		-0.039*	0.148				
	(0.87)	(1.47)	(-1.89)		(-1.73)	(1.56)				

续表

变量	上市当年模型		减持期间模型						
			上市后1年模型	上市后2年模型		上市后3年模型		上市后4年模型	
	DROA	DGPR	DROA	DROA	DGPR	DROA	DGPR	DROA	DGPR
DLev	-0.119*	0.008	-0.162***	-0.090*	0.097	-0.197**	-0.535*		0.791**
	(-1.83)	(0.07)	(-2.98)	(-1.75)	(0.45)	(-2.14)	(-1.95)		(2.61)
ROA(-n)	-0.638***								
	(-9.97)								
ROA(0)			-0.503***	-0.244		-0.91***		-0.760***	
			(-7.2)	(-1.53)		(-9.92)		(-3.57)	
GPR(-n)		-0.285***							
		(-4.98)							
GPR(0)			0.118***		-0.405***		-1.016***		-1.030***
			(3.65)		(-3.3)		(-6.27)		(-7.63)
ASSGR	-0.003								
	(-1.46)								
Year	控制	控制	控制	控制	控制	控制	控制		
IND	控制	控制	控制	控制	控制	控制	控制		
R^2	79.44	32.94	64.98	25.11	52.42	75.72	73.20	68.35	90.89
Adj_R^2	75.16	19.53	55.80	13.20	36.14	74.20	66.25	55.69	87.24
F-value	18.55***	2.46***	7.07***	2.11*	3.22***	49.9***	10.53***	5.4**	24.93***
N	117	115	78	52	52	35	35	15	15

注：VIF值很小（未列出）表明各模型不存在严重的多重共线性问题；各回归模型的异方差假设均被拒绝；上市后3年模型与上市后4年模型用逐步回归法得到回归结果，括号外数字为估计系数，括号内数字为t值，***、**、*分别表示1%、5%、10%的显著性水平。下表同。

上市后 1 年 ROA 变动量模型中，TDSHS 在 5% 的水平下显著为正，这意味着企业上市前引入的 PE 机构在其董事会中所占席位比例越高，企业上市后第 1 年的 ROA 表现越好，支持假设 3。变量 SOE、Mix 和 Foreign 都显著为负，表明国有 PE 机构、混合背景 PE 机构或外资 PE 机构所投企业上市后 1 年的 ROA 表现都不如民营 PE 机构所投企业，部分支持假设 4。另外经过检验，发现外资 PE 机构所投企业上市后 1 年的 ROA 表现不如国有 PE 机构及混合背景 PE 机构所投企业。

上市后 1 年 GPR 变动量模型中，没有自变量显著。为避免多重共线性问题造成自变量不显著的情况，采用逐步回归法且将显著性水平控制在 10% 范围内选择变量，DPES 及其他解释变量没有进入模型。

上市后 2 年 ROA 变动量模型中，TJSHS 在 1% 的水平下显著为正，表明在其他条件不变的情况下，企业上市前引入 PE 机构在其监事会中所占席位比例越高，企业上市后 2 年的 ROA 表现越好，部分支持假设 3。变量 SOE 不显著，表明国有 PE 机构所投企业在上市后 2 年的 ROA 表现与民营 PE 机构所投企业没有显著差别。变量 Mix 在 10% 的水平下显著为负，表明混合背景 PE 机构所投企业在上市后 2 年的 ROA 表现不如民营 PE 机构所投企业。经检验发现，混合背景 PE 机构所投企业在上市后 2 年的 ROA 表现不如外资 PE 机构所投企业。在上市后 2 年的 GPR 变动量模型中，PE 机构投资特征及 PE 机构背景变量对 DGPR 的影响都不显著，不支持假设 4。

上市后 3 年模型与上市后 4 年模型所有解释变量和控制变量都不显著，因此采用逐步回归法且将显著性水平控制在 10% 范围内选择变量。结果表明，上市后 3 年内 PE 机构减持股份、在董事会或监事会所拥有的席位对企业的绩效都没有显著影响，不同背景的 PE 机构所投企业的绩效表现也没有显著差异，不支持假设 4。

上市后 4 年模型的回归结果表明，上市后 4 年内 PE 机构减持股份对企业的 ROA 变动没有显著影响，但会使企业的主营业务利润率显著下降。TJSHS 显著为正，表明在其他条件不变的情况下，上市前 PE 机构在监事会中所占席位比例越高，企业上市后 4 年的绩效表现越好。但由于上市后 4 年模型样本量很小，因此回归结果不一定具有代表性。

DPES 仅在上市后 4 年 GPR 变动量模型中显著，在其他模型中都不显著，表明 PE 机构减持股份对企业绩效变动的影响不显著，不支持假设 1b。由于 TDSHS 仅在上市后第 1 年 ROA 变动量模型中显著，在其他 7 个模型中不显著，因此不支持假设 3。TJSHS 除了在 2 个 ROA 变动量模型中显著，还在上市后第 4 年

GPR 变动量模型中显著，但模型样本量仅为 15，因此笔者认为，TJSHS 在 3 个模型中显著并不能支持假设 3。由于外资 PE 机构在上市后所有模型中所占比例较小，因此无法推测外资 PE 机构相比于民营 PE 机构、国有 PE 机构而言对企业上市后绩效变动量的影响。

在其他条件不变的情况下，民营 PE 机构所投企业在上市后第 1 年、第 4 年的 ROA 表现显著优于国有 PE 机构所投企业；在上市后第 1 年、第 2 年、第 4 年显著优于混合背景 PE 机构所投企业。由于混合背景 PE 机构都是国有 PE 机构和民营 PE 机构的混合，因此可以推断：民营 PE 机构因为和国有 PE 机构联合投资，使得混合背景 PE 机构所投企业的 ROA 表现反而不如民营 PE 机构所投企业。因此，减持期间，在其他条件不变的情况下，民营 PE 机构所投企业上市后绩效表现优于国有 PE 机构所投企业，部分支持假设 4。

表 7 上市当年模型的稳健性检验结果

变量	被解释变量	
	DROA	GPR
Intercept	-0.004（-0.08）	0.066（1.28）
PES	-0.281（-1.32）	0.373（0.79）
Invyear	0.014（0.29）	-0.006（-0.72）
TDSHS	0.086（0.49）	-0.363**（-2.12）
TJSHS	-0.173（-1.34）	-0.067（-0.93）
SOE	-0.064***（-2.88）	-0.026（-1.16）
Foreign	-0.032（-0.84）	-0.034（-0.96）
DLev	-0.163*（-1.87）	0.133（1.09）
ROA（-n）	-0.507***（-4.68）	
GPR（-n）		-0.117*（-2）
ASSGR	-0.005（-0.88）	
Year	控制	控制
IND	控制	控制
R^2	79.95	59.21
Adj_R^2	69.64	40.57
F-value	7.75***	3.18***
N	54	52

Dlev 一方面在上市后第 3 年 GPR 变动量模型中显著为负，另一方面在上市后第 4 年 GPR 变动量模型中显著为正。因此，资产负债率对主营业务利润率的影响不确定。但是，在上市后第 1 年至第 3 年 ROA 变动量模型中，Dlev 的系数显著为负。表明资产负债率增加、财务杠杆的提高反而不利于资产报酬率的提

升，对企业运营总体资产的盈利能力产生负面影响。因此，PE 机构通过股权投资形式参股企业，有助于扩充企业的股本，降低企业的资产负债率，从而在一定程度上优化了企业的资本结构、提升了企业的偿债能力，进一步有助于企业提升运营总资产的盈利能力。

（四）稳健性检验

为了检验多家 PE 机构联合投资情况下本文对自变量的处理是否妥当，现以上市时仅引入 1 家 PE 机构的企业为样本，按照模型 1、模型 2 建立回归模型，将回归结果与上市当年模型进行比较，稳健性检验结果见表 7。可以发现，不论是上市当年 ROA 变动量模型还是上市当年 GPR 变动量模型，都得到与上市当年模型类似的结果，说明本文对联合投资情况下自变量的处理是恰当的。

五、研究结论与启示

以 2007 年、2008 年在中小板及 2009 年、2010 年在创业板上市的且上市前有 PE 机构持股的中小企业为研究样本，分两个期间动态分析 PE 机构对企业绩效的影响。研究结果表明，不论是在 PE 机构参股企业当年至企业上市当年这一期间，还是在 PE 机构的减持期间，PE 机构的投资特征对企业的绩效变动量影响均不显著。即总体而言，PE 机构在提升企业绩效方面作用有限。

造成 PE 机构对企业绩效影响不显著的原因可能有两方面：一是中国 PE 行业尚处于发展初期，存在很多不足。从 PE 基金的构成来看，基金出资人不成熟、基金管理团队缺乏凝聚力和稳定性差，均影响了其对企业的投后管理，降低为企业带来增值服务的质量。PE 机构大多倾向于在企业上市前 3 年内集中进入，追求短期利益、急功近利，忽略为企业提供持续的增值服务。二是和目前中小企业普遍存在的董事会由大股东或内部控制人控制、监事会职能发挥缺失有关。PE 机构虽然在企业董事会、监事会中派驻席位，但多形同虚设，没有发挥应有的职责。

回归结果还表明，在其他条件不变的情况下，民营 PE 机构所投企业解禁前后的绩效表现优于国有 PE 机构所投企业。原因可能在于民营 PE 机构在选择企业时更加谨慎，更看重企业的经营情况以及绩效提升潜力。此外，在其他条件不变的情况下，企业的资产负债率越高，其 ROA 表现反而越差。PE 机构通过股权投资的形式降低企业的资产负债率，提升了企业的资本结构，进而增强了企业的偿债能力和后续融资能力，因此，本文认为 PE 机构在增强企业的偿债能力、后续融资能力方面的作用是值得肯定的。

基于以上分析，本文建议：PE 机构在关注高回报的同时，还应注重为企业提供增值服务，促进企业提升经营绩效；政策制定者应制定合理的政策，设计透明的制度，充分发挥好监管、服务职能。例如，通过完善股票发行制度来弱化人脉在企业上市中的影响力，从而减少 PE 腐败，投资者尤其是 PE 基金出资人应客观辩证地看待 PE 机构及其投资行为，而不是盲目追捧 PE 机构。唯有当政策制定者、PE 机构、PE 基金出资人等扮演好各自的角色，才能够促进 PE 行业的健康发展，促进 PE 投资真正发挥好促进研发成果产业化的作用，才能为企业和经济发展贡献力量。

参考文献

[1] JONES ALAN, MICHAEL JENSEN, STEVE KAPLAN. Morgan stanley roundtable on private equity and its import for public companies [J]. Journal of Applied Corporate Finance, 2006, 18 (3): 8-37.

[2] CHEWDON, STEVE KAPLAN. The future of private equity [J]. Journal of Applied Corporate Finance, 2009, 21 (3): 8-20.

[3] KAPLAN N STEVEN. Private equity performance: returns, persistence, and capital flows [J]. The Journal of Finance, 2005, LX (4): 1791-1823.

[4] KAPLAN N STEVEN. Private equity: past, present, and future [J]. Journal of Applied Corporate Finance, 2007, 19 (3): 8-16.

[5] BERGSTROM CLAS, MIKAEL GRUBB, SARA JONSSON. The operating impact of buyouts in Sweden: a study of value creation [J]. The Journal of Private Equity, 2007, Winter: 22-39.

[6] GUO SHOURUN, EDITH S HOTCHKISS, WEIHONG SONG. Do buyouts (still) create value? [J]. The Journal of Finance, 2011, LXVI (2): 479-517.

[7] WILSON NICK, MIKE WRIGHT, DONALD S SIEGEL, et al. Private equity portfolio company performance during the global recession [J]. Journal of Corporate Finance, 2012, 18: 193-205.

[8] PHILIPPE DESBRIEáRES, ALAIN SCHATT. The impacts of LBOs on the performance of acquired firms: the French case [J]. Journal of Business Finance & Accounting, 2002, 29 (5) & (6): 695-729.

[9] 梁建敏, 吴江. 创业板公司 IPO 前后业绩变化及风险投资的影响 [J]. 证券市场导报, 2012 (4): 64-76.

[10] 侯建仁, 李强, 曾勇. 风险投资、股权结构与创业绩效 [J]. 研究与发展管理, 2009 (4): 10-19.

[11] 谈毅, 陆海天, 高大胜. 风险投资参与对中小企业板上市公司的影响 [J]. 证券市场导报, 2009 (5): 26-33.

［12］胡志颖，周璐，刘亚莉. 风险投资、联合差异和创业板 IPO 公司会计信息质量［J］. 会计研究，2012（7）：48-57.

［13］陈工孟，俞欣，寇祥河. 风险投资参与对中资企业首次公开发行折价的影响［J］. 经济研究，2011（5）：74-85.

投资者情绪、异质预期与定向增发公告效应*

一、引言

根据 WIND 数据库统计显示，截至 2015 年 12 月，定向增发公司的数量和融资额平均占股权再融资总体的比重分别为 77.46% 和 83.75%，无论是从融资公司数量还是从融资金额来看，定向增发新股已经成为股权分置改革之后上市公司股权再融资的主要方式。当前，国内外学者如 Smith 和 Hertzel（1993）[1]、Barclay 等（2007）[2]、Chakraborty 和 Gantchev（2013）[3]、章卫东（2007）[4]、张鸣和郭思永（2009）[5]等基于信息不对称、代理理论、监督成本补偿、管理者堑壕、期限流动性补偿、财富转移等理论解释了上市公司定向增发新股过程中的利益输送行为和长短期市场态势等问题。但这些研究成果主要是基于传统经济理论的视角，以理性经济人假设和贝叶斯学习法则为分析框架。

定向增发各方参与者的目标是追求自身效用的最大化，但证券市场的价格并不仅仅由公司自身的内在价值所决定，在较大程度上还受制于各参与主体的心理和情绪变化。行为金融理论认为，非完全理性的参与者对证券市场信息错误的认知和感受将通过其行为表现出来，并反馈于市场价格中，形成互动关系。对于尚处于摸索阶段的我国定向增发市场而言，各类投资者也必然会受到包括自身情绪在内的各种心理认知的冲击，并影响到其投资决策行为，进而影响到定向增发市场上的股东财富及未来态势。非完全理性的投资者的各种心理认知偏差是否会影响定向增发投资决策行为及其长短期公告效应？投资者各种心理认知偏差之间的交互叠加作用会将定向增发市场引入哪个方向？本文将以沪深

---

* 原载于《广东财经大学学报》2016 年第 3 期第 82~92 页。作者：俞军，合肥学院管理系副教授，博士；魏朱宝，合肥学院教授；杨春清，合肥学院管理系讲师，博士。

两市已实现定向增发的 A 股上市公司为研究对象,针对我国市场环境和制度背景梳理投资者情绪、异质预期与上市公司定向增发新股宣告后的长短期股东效应之间的内在逻辑联系,以回答上述问题,进而丰富定向增发理论的研究视野。

二、文献回顾与研究假设

(一)投资者情绪与公告效应

心理学和行为科学研究表明,情绪与人类的决策和行为存在着密切的联系。游家兴(2010)[6]认为,当情绪高涨时,人们对事物的总体评价趋于积极乐观;反之,则对负面信息的反应更加显著。在行为金融理论中,投资决策被认为是投资者心理上的收益与风险计量,该行为难以避免地会受到投资者情感和心理因素的影响。Brown 和 Cliff(2005)[7]认为,在市场情绪高涨时,投资者倾向于高估自己的预测能力,表现为过度自信。Barberis 等(1998)[8]发现,投资者在进行投资决策时存在保守性偏差和代表性偏差,前者是证券投资者过分依赖历史数据,未能根据市场新信息的发展及时调整预测模型,在新信息冲击时反应缓慢、过于保守,以致股价变化表现为反应不足;后者是投资者过分依赖于市场近期数据,没有对导致这些暂时性数据的内在机理和总体特征进行深入研究,而是直接根据新的信息去推断结果,从而造成决策偏差,以致股价表现为过度反应。Daniel 等(1998)[9]将投资者分为有信息的投资者和噪音交易者。在 DHS 模型中,噪声交易者不存在判断偏差,有信息的投资者可分为自我归因偏差和过度自信两种情况,投资者因为自我归因偏差会对私有信息过度反应而对公共信息反应不足,使股票收益表现为短期的正反馈动能效应(惯性)和长期的向内在价值回归的反转效应(反转性)。Hong 和 Stein(1999)[10]将投资者划分为信息观察者和惯性交易者,前者会根据有关未来价值的私有信息进行预测,该私有信息是缓慢扩散的,导致股价反应不足;后者是根据历史价格的简单函数进行预测,但在观测到前者的动量特征后进行套利交易,致使股价表现为长期的过度反应。Chung 等(2012)[11]认为,投资者情绪不仅影响当前的股票价格,也可以用来预测未来的股票收益。当投资者普遍存在乐观情绪时,股票价格会持续走高,投资收益也会增加,但近期的股票价格高估将导致远期的价格回落,使相应的远期投资收益下降。

在我国定向增发股权再融资市场上,非公开发行股票往往伴随着大股东注入优质资产、引进境内外战略投资者、获取现金流以摆脱公司财务困境等利好消息,尤其是整体上市类的定向增发更可以减少非公允关联交易、优化资源配置,以促进产业链一体化并带来管理协同效应,从而向市场释放出积极正面的信号。由于我国证券市场的弱势有效甚至于无效，信息得不到及时有效的传递，加上投资者群体"不合格"比例相当高，且易犯表征性启发式偏差，对于定向增发题材股的宣告信息易过度反应，从而导致增发公司的股价高估和股东投资收益的增加。但是，经过一段时期后市场情绪逐渐趋于冷静，投资者会逐步消化公司经营成果、财务状况和现金流的真实信息，重新理性地调整预期，公司股票价格也会逐步回落，使投资者因定向增发题材获取到的远期投资收益逐渐下降。在定向增发整体上市事件中，如果公司较长时期内未能实现招股公告中的盈利预期目标，存在低质资产认购与"隧道挖掘"时，市场反应会更加消极。基于上述分析，提出以下假设：

假设1a：由于投资者情绪的渲染作用，上市公司定向增发新股宣告之初会产生正的公告效应，但在长期内为负的公告效应，通过定向增发对价支付方式实现整体上市的效应更强。

投资者情绪是反映投资者投机意愿或者预期市场人气的指标，存在乐观、悲观和高、低之分。在定向增发市场上，当投资者情绪上升时，无论是机构投资者还是个人投资者，受增发题材的影响，其行为或认知偏差将进一步加剧，使得投资者的非理性表现得更加强烈，对定向增发事件表现出乐观甚至狂热的心态，而对其负面效应形成部分抵消甚至视而不见；当投资者情绪下降时，易表现出悲观的心态，对定向增发题材股的过度反应将有所弱化。因此，在不同的情绪状态下，投资者会对定向增发新股的公告信息产生不同的反应模式。在市场情绪高涨的情况下，投资者高估增发公司的股票价格，推动股价持续上涨，股东获得较高的超额收益；而在市场情绪低落的情况下，投资者过度反应程度有所下降，会低估增发公司的股票价格。随着时间的不断推移，投资者会逐渐吸收新的信息，并对前期定向增发新股公告信息的反应模式进行纠偏，导致前期过度反应的股票价格有一个显著的长期的反向修正过程，且前期过度反应程度越高，其后期调整的过程越漫长、越深刻。从定向增发整体上市角度来考察，在市场情绪高涨情况下，投资者在短期内反应更强烈而长期内反转幅度更大，即短期内收益更高而长期内损失更大。基于上述分析，提出以下假设：

假设1b：在短期内投资者情绪低落情况下的定向增发公告效应低于投资者情绪高涨情况下的公告效应，在长期内则相反。

（二）投资者异质预期与公告效应

当证券市场上投资者掌握的信息存在差异，或者相互之间对未来证券的价格预期相左时，投资者就容易产生异质预期现象。Ziegler（2000）[12]认为，理性经济人由于先验预期的不同或者对相同信息的不同解释而产生异质预期。异质预期的存在是否会对股票价格波动产生影响呢？Miller（1977）[13]认为，新股长期价格收益与发行之初投资者预期收益之间的离散程度和理性调整速度成反比关系，发行之初投资者预期偏差越大，后期对预期的调整速度越慢，长期价格偏离均衡水平就越远，从而导致市场弱势程度越严重。Xu（2012）[14]认为，在其他条件不变的情况下，投资者预期分歧程度大的新股价格在短期内越被高估，长期持有收益越低。在我国证券市场上，由于大股东、机构投资者与中小股东在增发信息来源渠道、专业知识、数据研判、投资经验和政策分析等方面存在明显的差异，以及信息披露不充分性和其传递机制有待进一步完善等，各方投资者对增发公司的未来经营业绩和内在价值的预期判断必然存在一定的偏差。各方投资者意见分歧程度越大，增发公司股票价格被高估的程度可能越严重。但随着时间的推移和各类信息逐渐被充分披露与吸收，各方投资者意见将逐渐趋于一致，定向增发市场上股票价格会更加真实地反映公司的内在价值。因而前期增发题材的公司股票价格被高估的，其未来的投资收益会下降，股东的长期投资收益偏离均衡水平就越远。基于上述分析，提出假设2：

假设2：当异质预期偏差程度较大时，上市公司定向增发新股宣告后投资者在短期内产生正向的累计超额收益和在长期内产生负的长期购买持有超额收益。

（三）投资者情绪与异质预期交互作用下的公告效应

投资者情绪与异质预期皆归属于行为金融理论的研究范畴。前者侧重于考察不同偏好、情感等情绪因素对行为主体判断和决策的影响，后者是各方投资者存在的异质性预期偏差对股票资产价格产生的影响。然而，现有文献往往把两者割裂开来加以研究，仅考虑其中的一个影响因素，这种单一视角的分析常常导致研究的顾此失彼，难以准确地测量这两者皆属于投资者心理偏差因素对企业融资行为及其市场反应的影响。在我国定向增发新股的二级市场上，两者是紧密联系、相互依存的。不同类型的投资者往往会受到不同程度的差异化情绪的推动，使他们对定向增发这一题材的认知和预期偏差进一步分化，情绪与预期偏差之间的交互叠加作用将导致定向增发市场上长短期公告效应表现出更加明显的差异。定向增发市场上的长短期公告效应不仅有投资者情绪、异质预期单个因素产生的超额收益，还包括两者之间交互叠加作用而产生的超额持有收益。基于上述分析，提出假设3：

假设3：当投资者情绪与异质预期两者交互叠加作用时长短期公告效应变化更强烈。

三、研究设计

(一) 样本选择和数据来源

本文选取 2006 年 6 月—2014 年 12 月在沪深两市已实现定向增发再融资的 A 股上市公司为研究样本，剔除财务数据缺失和停牌时间超过一个月导致市场交易数据缺失的公司、银行和保险等资本市场服务类公司、ST 和 *ST 公司、事件窗口期内发生其他重大事件（公开增发、配股、发行可转换债券）的公司，共得到 1 765 个观测样本。定向增发原始数据来自 WIND 数据库，其他数据来源于色诺芬数据库（CCER）、国泰安数据库（CSMAR）等。

(二) 模型设计和主要研究变量的界定

为了检验投资者情绪、异质预期以及两者交互叠加作用对定向增发新股宣告后的长短期公告效应的影响及其作用路径，建立下列回归方程组：

$$CAR/BHAR = \beta_0 + \beta_1 ICSI + \Sigma\beta_i CV_i + \varepsilon \quad (1)$$

$$CAR/BHAR = \beta_0 + \beta_1 HB + \Sigma\beta_i CV_i + \varepsilon \quad (2)$$

$$CAR/BHAR = \beta_0 + \beta_1 ICSI + \beta_2 HB + \beta_3 ICSI*HB + \Sigma\beta_i CV_i + \varepsilon \quad (3)$$

1. 被解释变量 CAR 和 BHAR

本文通过累计超额收益率（CAR）和平均购买持有超额收益（BHAR）来衡量定向增发新股公告后的短期和中长期公告效应。Brav 和 Gompers（2000）[15]认为，BHAR 指标分别测量样本组和参照组在相同的时段内包含复利在内的全部投资收益，并在观测期末进行平行对比，这样可以避免高频数据的过度波动，保证检验结果的有效性。其计算公式如下：

$$BHAR_{i,\tau} = \prod_{t=1}^{\tau}(1+R_{i,t}) - \prod_{t=1}^{\tau}(1+R_{bmk,t}) \quad (4)$$

$$BHAR_{\tau} = \frac{1}{N}\sum_{i=1}^{N} BHAR_{i,\tau} \quad (5)$$

其中，$R_{i,t}$ 为样本公司在第 t 月定向增发新股后该股的月收益率，$R_{bmk,t}$ 为配比公司在第 t 月流通市值加权平均市场收益率。在遴选配比公司样本时，首先选择属于中国证监会同一行业和同一交易所上市的样本公司；其次选择与样本公司增发当年总资产规模相近的公司为参照；最后选择与样本公司增发 t－1 年末的账面市值比（BM）相近的公司为配比公司。T 为考察的时间区间，N 为样本公司数量。

2. 解释变量 ICSI 和 HB

（1）投资者情绪综合指数（Investor Composite Sentiment Index，ICSI）

根据 Baker 和 Stein（2004）、伍燕然和韩立岩（2007）、Alimov 和 Mikkelson

(2012)[16-18]的文献,可以梳理出封闭式基金折价率、分析师推荐买入评价数量、行业相对账面/市值比、市场换手率、开放式基金净赎回、月度新开户数、消费者信心指数、IPO发行量及首日收益、央视看盘、基金持仓比例等间接的投资者情绪衡量指标。单一的投资者情绪指标只能反映某类投资者某种心理变化的某个方面,往往导致度量结果不够科学。为了更加准确、全面地度量投资者情绪,并考虑国内证券市场的现状和数据可获得性,本文在借鉴 Baker 和 Wurgler(2006)[19]所构建的指数方法的基础上,选取样本期内 79 个月的上市首日收益率($IPOR$)、上市首日换手率($IPOT$)、消费者信心指数(CCI)和封闭式基金折价率($DCEF$)四个代理变量,通过主成分分析方法构建市场上投资者情绪综合指数月度指标。假设在样本研究期间同一个月份投资者情绪是一样的。由于我国 IPO 市场在时间窗口期内存在部分月份停发新股的现象,当该月份没有 IPO 相关数据时,将 $IPOR$、$IPOT$ 等指标的前三个月相应数据平均值作为该月的估计值,以保证变量在时间上的一致性。

为了消除量纲的影响,先对 $IPOR$、$IPOT$、CCI、$DCEF$ 变量进行标准化处理,使各变量均值为 0,标准差为 1。然后对变量进行主成分分析,选取特征值大于 1 的主成分,标为 Z_1、Z_2、Z_3,并以方差贡献率作为权重,将其与所对应的主成分得分相乘后加总,计算出的汇总数值就是投资者情绪综合指数,由此来定义不同的投资者情绪状态。根据 Cooper 等(2004)[20]的研究方法,如果 ICSI 值 >0,定义投资者情绪处于高涨阶段,记为 $ICSI_{up}$;如果 ICSI 值 ≤0,定义投资者情绪处于低落阶段,记为 $ICSI_{down}$。投资者情绪综合指数计算公式如下:

$$ICSI_t = 0.382Z_1 + 0.319Z_2 + 0.157Z_3 \tag{6}$$

其中,$ICSI_t$ 为证券市场上第 t 月的投资者情绪综合指数,Z_i 为第 i 个的主成分,与其相乘的数值为各自的方差贡献率。

(2)异质预期(Heterogeneous Belief,HB)

在异质预期实证研究中,选取适当的代理指标非常关键。Dittmar 和 Thakor(2007)、Tsyrennikov(2012)[21-22]使用了证券分析师预测偏差程度、退出比率、调整换手率、Fama-French 超额收益波动率、买卖价差等作为异质预期的代理变量,其中证券分析师预测偏差程度是较为经典的代理指标。因为受制于自身客观存在的行为偏差,证券分析师在市场中几乎无法做到表达无偏差的观点,而这种行为偏差很可能与证券价格的波动具有一致同步性。证券分析师在对长短期的市场反应预测中也会表现得过度悲观抑或过度乐观,对证券利空信息的反应不足以及对利好信息的过度反应等,这说明采用证券分析师预测偏差程度作为异质预期代理指标具有一定的合理性。本文借鉴 Dittmar 和 Thakor(2007)、邓路和廖明情（2013）[21,23]的研究方法，将异质预期替代变量 HB 定义为证券分析师预测偏差与每股账面价值之比。计算方法如下：

$$HB = \frac{\sqrt{\frac{1}{K}\sum_{k=1}^{n}(frest_k - \overline{frest})^2}}{BPS} \tag{7}$$

其中，$frest_k$ 表示第 k 个证券分析师预测的样本公司在定向增发新股前一年度的每股收益值，$\overline{frest}$ 表示所有证券分析师预测的样本公司在定向增发新股前一年度的每股收益平均值，BPS 表示样本公司每股资产账面价值，K 表示预测样本公司的证券分析师人数。

3. 控制变量

CV 为一系列控制变量的简称。主要包括：Identity 为认购对象，虚拟变量，大股东参与认购时 Identity =1，否则为 0；Bsize 为大股东认购比例，大股东认购股份数量与同次定向增发股份总数量之比，当 Bsize =1 时意味着定向增发认购对象仅为大股东，当 Bsize =0 时意味着认购对象仅为境内外机构投资者，当 0 < Bsize < 1 时意味着认购对象包含大股东和机构投资者等混合投资；Payment 为认购方式，虚拟变量，大股东以非现金资产方式参与认购时 Payment =1，否则为 0；Lev 为财务杠杆，资产负债率，定向增发新股前一年末上市公司总负债/总资产；Lnasset 为增发公司资产规模，取定向增发融资前一年末公司总资产的自然对数；ROA 为盈利能力，总资产报酬率，定向增发新股前一年末公司净利润/平均总资产；ΣIndustry 为行业虚拟变量，按照中国证监会行业标准（2012版）分类。

四、实证检验结果与分析

（一）描述性统计与单变量分析

从表1可以看出，上市公司在定向增发新股宣告之后 CAR［0，1］、CAR［0，5］、CAR［0，10］、$BHAR_1$、$BHAR_2$、$BHAR_3$、$BHAR_4$、$BHAR_5$ 的均值分别为 0.027、0.045、0.063、0.003、−0.078、−0.147、−0.205、−0.337，短期内增发宣告后的累计超额收益率均为正值，投资者可以获得正的公告效应；第 2 年至第 5 年定向增发宣告后的购买持有超额收益均为负值，投资者在中长期内只能接受负的公告效应。进一步计算分析，定向增发新股宣告之后累计平均超额收益率 CAAR［0，1］、CAAR［0，5］、CAAR［0，10］的均值分别为 0.014、0.008、0.003，结合中长期 BHAR 均值可以发现，定向增发新股宣告后的个股平均超额收益值呈现出由正转负、逐渐下降、不断反向调整的态势。从定向增发新股的运作模式来看，在增发宣告之初，整体上市样本组的累计超额收益率明显高于非整体上市样本组，而在中长期内前者的购买持有超额收益却明显低于后者。当增发股份全部被大股东及其关联方认购时，无论是否为整体上市，其市场反应都更为强烈，短期收益更高，而中长期财富损失更严重。这说明市场情绪对通过定向增发对价支付方式实现整体上市事件和大股东全部认购增发股份行为有着更强烈的反应，从而初步支持假设1a。

表1 定向增发新股超额收益的描述性统计

持有期	全样本	整体上市			非整体上市		
		$Bsize = 0$	$0 < Bsize < 1$	$Bsize = 1$	$Bsize = 0$	$0 < Bsize < 1$	$Bsize = 1$
N	1 765	46	56	158	431	700	375
$CAR[0, 1]$	0.027	0.029	0.031	0.035	0.022	0.027	0.029
$CAR[0, 5]$	0.045	0.043	0.047	0.058	0.043	0.042	0.046
$CAR[0, 10]$	0.063	0.060	0.065	0.074	0.059	0.062	0.065
$BHAR_1$	0.003	-0.017	-0.015	-0.026	0.018	0.005	-0.003
$BHAR_2$	-0.078	-0.069	-0.095	-0.118	-0.047	-0.080	-0.092
$BHAR_3$	-0.147	-0.135	-0.197	-0.244	-0.116	-0.138	-0.151
$BHAR_4$	-0.205	-0.217	-0.261	-0.369	-0.191	-0.163	-0.224
$BHAR_5$	-0.337	-0.339	-0.394	-0.402	-0.312	-0.318	-0.366

注：$CAR[0, t]$、$BHAR_n$为定向增发宣告后第t交易日累计超额收益率和第n年购买持有超额收益。下表同。

为了进一步分析不同投资者心理特征条件下样本公司的长短期公告效应的分布特点，表2将样本分为整体上市与非整体上市、投资者情绪高与低、异质预期大与小等组别，分别对其进行差异检验，结论如下：（1）从投资者情绪高与低组别对比来看，无论是整体上市组还是非整体上市组，在短期内投资者情绪较高的样本组累计超额收益率为正，且都大于对应的投资者情绪较低的样本组，两者均值差异至少在5%水平下显著。进一步观察可知，整体上市样本组的均值差异显著高于非整体上市组，这说明在市场情绪高涨时，尤其在增发公司引入大股东优质资产、减少非公允关联交易的整体上市事件中，投资者在短期内反应十分积极，投资者情绪高涨的整体上市样本组可以获得更高的正向公告效应。在长期内投资者情绪较低的样本组购买持有超额收益基本上为负值，且逐年下降，但是数值都大于对应的投资者情绪较高的样本组，从第2年到第5年收益反转调整的过程中均值差异在整体上市组内表现得更为明显，说明投资者在定向增发新股宣告之后中长期内只得到负的公告效应，但投资者情绪低落的样本公司公告效应相对要低一些，初步支持了假设1_b。（2）从异质预期大与小组别对比来看，无论是整体上市组还是非整体上市组，短期内异质预期差异大的样本组累计超额收益率均值都大于异质预期差异小的样本组,且两者均值差异至少在5%水平下显著,说明在短期内定向增发新股宣告之后异质预期差异大的样本公司相对可以获得更高的正向公告效应。在长期内异质预期差异小的样本公司购买持有超额收益虽然在逐年下降,但是其数值都大于对应的异质预期差异大的样本组,且两者均值差异至少在10%水平下显著,说明在中长期内定向增发新股宣告之后投资者只得到负的公告效应,且异质预期差异小的样本公司公告效应要小一些,初步支持了假设2。

(二) 多元回归分析

表3至表5是在控制其他因素的影响后,分别根据模型(1)至模型(3),就投资者情绪、异质预期及其交互叠加作用对定向增发新股的长短期公告效应($CAR/BHAR$)有何影响进行的多元回归分析。

1. 从表3全样本检验结果来看,整体上市组与非整体上市组的 CAR 与 $ICSI$、HB 之间的回归系数为0.038、0.021和0.022、0.019,且至少在10%水平下显著正相关,说明投资者情绪越乐观、异质预期差异程度越大,在短期内上市公司定向增发新股宣告后 CAR 值就越高,投资者可以获得更高的累计超额收益。从定向增发模式来考察,整体上市事件宣告之初备受市场关注和追捧,投资者情绪对该题材反应更加狂热,推动增发公司股价不断被高估。两组别的 $BHAR_5$ 与 $ICSI$、HB 之间的回归系数分别为 -0.272、-0.116 和 -0.194、-0.087,且至少在5%水平下显著负相关,意味着在长期内投资者情绪越乐观以及异质预期差异程度越大,上市公司定向增发新股宣告后 $BHAR_5$ 值就越低,投资者可能只得到负的购买持有超额收益。相对于非整体上市组而言,长期内整体上市组相关回归系数值更小,或许是公司未能实现其业绩增厚预期目标、注入资产质量存疑,以及通过定向增发对价支付方式实现整体上市,进一步强化了"一股独大"问题,市场反应更加消极所致,这与罗忠洲等(2010)[24]的研究结论一致。

2. 从表4和表5来看,在投资者情绪低、异质预期差异小的样本组里,整体上市组与非整体上市组的 CAR 与 $ICSI$、HB 之间的回归系数为0.023、0.008和0.016、0.010,小于对应的投资者情绪高、异质预期差异大样本组的回归系数0.043、0.035和0.017、0.021,说明后者样本组比前者在短期内会引起定向增发二级市场股票价格更大的反应,投资者可以获得相对更高的正向超额收益。在投资者情绪低、异质预期差异小的样本组里,两组别的 $BHAR_5$ 与 $ICSI$、HB 之间的回归系数为 -0.145、-0.162 和 -0.101、-0.138,大于对应的投资者情绪高、异质预期差异大的样本组的回归系数 -0.382、-0.215 和 -0.277、-0.203,表明后者在长期内购买持有定向增发股份损失了更多的股东财富。总体

表 2 不同样本组之间超额收益的差异检验

	变量	短期公告效应			中长期公告效应				
		$CAR[0,1]$	$CAR[0,5]$	$CAR[0,10]$	$BHAR_1$	$BHAR_2$	$BHAR_3$	$BHAR_4$	$BHAR_5$
整体上市	$ICSI_{up}$	0.037	0.058	0.072	-0.028	-0.114	-0.235	-0.349	-0.433
	$ICSI_{down}$	0.023	0.036	0.054	-0.013	-0.053	-0.148	-0.200	-0.326
	均值差异性T检验	0.014***	0.022**	0.018**	-0.015**	-0.061**	-0.087***	-0.149***	-0.107***
		(0.000)	(0.035)	(0.036)	(0.022)	(0.015)	(0.008)	(0.000)	(0.009)
	$HB_{大}$	0.030	0.050	0.068	-0.029	-0.121	-0.230	-0.377	-0.395
	$HB_{小}$	0.023	0.034	0.057	-0.023	-0.076	-0.111	-0.242	-0.322
	均值差异性T检验	0.007***	0.016**	0.011***	-0.006***	-0.045**	-0.119**	-0.135***	-0.073***
		(0.003)	(0.018)	(0.009)	(0.000)	(0.023)	(0.048)	(0.001)	(0.000)
非整体上市	$ICSI_{up}$	0.033	0.055	0.068	-0.007	-0.099	-0.168	-0.245	-0.382
	$ICSI_{down}$	0.023	0.040	0.061	0.014	-0.046	-0.101	-0.182	-0.304
	均值差异性T检验	0.010***	0.015**	0.007**	-0.021	-0.053**	-0.067**	-0.063***	-0.078***
		(0.000)	(0.018)	(0.035)	(0.129)	(0.022)	(0.017)	(0.005)	(0.000)
	$HB_{大}$	0.031	0.051	0.064	-0.002	-0.103	-0.173	-0.229	-0.386
	$HB_{小}$	0.027	0.036	0.056	0.018	-0.038	-0.091	-0.183	-0.297
	均值差异性T检验	0.004**	0.015**	0.008**	-0.020*	-0.065*	-0.082***	-0.046***	-0.089***
		(0.026)	(0.020)	(0.033)	(0.081)	(0.075)	(0.007)	(0.006)	(0.000)

注：***、**、* 分别表示在 1%、5% 和 10% 水平下统计显著（双尾检验），括号中的数值为 P 值。

表 3 全样本下投资者情绪、异质预期与定向增发公告效应的回归检验结果

变量	短期公告效应 $CAR[0,1]$						长期公告效应 $BHAR_5$					
	整体上市			非整体上市			整体上市			非整体上市		
ICSI	0.038*** (3.627)		0.034*** (3.259)	0.021*** (3.460)		0.019*** (3.077)	-0.272*** (-4.716)		-0.299*** (-4.368)	-0.116** (-1.939)		-0.201*** (-3.393)
HB		0.022** (2.186)	0.025*** (3.193)		0.019* (1.656)	0.022 (1.074)		-0.194*** (-3.748)	-0.241*** (-4.050)		-0.087** (-2.001)	-0.109** (-2.358)
ICSI*HB			0.047*** (4.503)			0.025** (2.218)			-0.369*** (-5.726)			-0.154*** (-3.676)
Identity	0.047*** (4.472)	0.058** (1.911)	0.021*** (3.104)	0.015** (2.089)	0.038** (2.045)	0.026** (2.091)	-0.230** (-2.022)	-0.138** (-2.315)	-0.212*** (-3.609)	-0.089*** (-4.182)	-0.095** (-2.004)	-0.173** (-2.258)
Bsize	0.036*** (4.638)	0.044*** (4.766)	0.030** (2.007)	0.029** (2.411)	0.017** (2.155)	0.024* (1.658)	-0.303*** (-2.445)	-0.038*** (-4.810)	-0.056*** (-4.314)	-0.029* (-1.828)	-0.042* (-1.994)	
Lev	-0.025 (-0.447)	-0.033 (-1.324)	-0.136 (-0.734)	-0.064 (-0.782)	-0.028 (-0.644)	-0.057 (-0.801)	0.214 (0.106)	0.331 (0.617)	0.225 (0.731)	0.259 (0.810)	0.158 (0.426)	0.176 (0.692)
Lnasset	-0.074*** (-4.150)	-0.055*** (-3.763)	-0.089*** (-3.359)	-0.081*** (-4.876)	-0.089*** (-5.011)	-0.027** (-2.195)	-0.144*** (-6.305)	-0.036*** (-3.452)	-0.069*** (-4.205)	-0.072*** (-4.668)	-0.040*** (-3.616)	-0.058*** (-3.516)
ROA	0.028* (1.950)	0.015* (1.879)	0.041** (2.058)	0.062 (1.055)	0.028 (0.994)	0.024 (1.319)	0.012** (1.927)	0.029* (1.628)	0.023* (1.770)	0.130 (1.021)	0.049 (0.847)	0.069 (0.814)
Industry	控制	控制	控制	控制	控制	控制	控制	控制	控制	控制	控制	控制
F	6.115***	4.493***	6.663***	7.714***	7.017***	3.604***	5.292***	5.468***	4.293***	7.081***	6.540***	3.305***
$Adj-R^2$	0.339	0.245	0.357	0.258	0.194	0.287	0.263	0.309	0.348	0.374	0.386	0.314
$D-W$	2.313	2.024	2.486	1.953	2.306	2.996	2.045	2.592	1.560	2.181	2.345	2.627

注：***、**、* 分别表示在1%、5%和10%水平下统计显著（双尾检验），括号中的数值为t值，下同。

表 4　投资者情绪低、异质预期差异小与定向增发公告效应的回归检验结果

	短期公告效应 CAR [0, 1]						长期公告效应 $BHAR_5$					
	整体上市			非整体上市			整体上市			非整体上市		
变量												
ICSI	0.023**	0.026***		0.008**	0.011**			-0.084**		-0.162**	-0.140**	
	(2.106)	(3.279)		(2.311)	(1.913)			(-2.128)		(-2.094)	(-2.223)	
HB	0.016**		0.020**	0.010*		0.006**	-0.101*		-0.136*	-0.138*		-0.143
	(2.215)		(2.231)	(1.722)		(2.005)	(-1.282)		(-1.802)	(-1.720)		(-1.012)
ICSI*HB			0.031***			0.015**			-0.188***			-0.185**
			(3.681)			(2.338)			(-2.279)			(-2.207)
Identity	0.056***	0.015***	0.122**	0.125*	0.173*	0.165*	-0.094***	-0.213***	-0.101***	-0.127***	-0.040***	-0.185***
	(4.825)	(3.926)	(2.091)	(1.651)	(1.802)	(1.731)	(-3.955)	(-4.570)	(-4.800)	(-4.485)	(-3.624)	(-2.207)
Bsize	0.042***	0.018***	0.041***	0.027	0.022**	0.019**	-0.049*	-0.062***	-0.033**	-0.076***	-0.181***	
	(4.414)	(3.129)	(3.449)	(0.257)	(2.123)	(1.709)	(-1.820)	(-4.602)	(-2.211)	(-4.533)	(-5.386)	
Lev	-0.041	-0.066	-0.057	-0.048	-0.023	-0.076	0.042	0.079	0.064	0.056	0.039	
	(-0.478)	(-0.824)	(-0.765)	(-0.526)	(-0.910)	(-1.350)	(0.288)	(0.616)	(0.256)	(0.088)	(0.611)	
Lnasset	-0.065***	-0.104***	-0.034***	-0.031**	-0.022**	-0.076**	-0.124***	-0.128***	-0.083***	-0.080***	-0.089***	
	(-3.990)	(-6.728)	(-3.506)	(-2.204)	(-2.116)	(-2.238)	(-6.555)	(-5.039)	(-4.216)	(-3.221)	(-4.775)	
ROA	0.013**	0.015*	0.006*	0.008*	0.006	0.011*	0.016*	0.017***	0.019*	0.025*	0.023*	
	(2.016)	(1.947)	(1.608)	(1.846)	(0.888)	(1.513)	(1.664)	(3.129)	(1.748)	(1.700)	(1.691)	
Industry	控制	控制	控制	控制	控制	控制	控制	控制	控制	控制	控制	控制
F	3.339***	7.082***	3.479***	3.325***	4.019***	3.982***	2.515***	5.538***	3.218***	3.493***	2.088***	
$Adj-R^2$	0.348	0.361	0.301	0.374	0.345	0.281	0.330	0.292	0.373	0.365	0.208	
$D-W$	2.108	1.752	2.146	2.217	2.096	2.316	2.088	2.436	1.908	2.515	2.537	

表 5　投资者情绪高、异质预期差异大与定向增发公告效应的回归检验结果

变量	短期公告效应 CAR [0, 1]				长期公告效应 $BHAR_5$			
	整体上市		非整体上市		整体上市		非整体上市	
ICSI	0.043*** (4.186)		0.035*** (3.810)	0.039*** (3.304)	-0.382*** (-3.655)	-0.215*** (-4.520)		-0.246*** (-3.539)
HB	0.017*** (2.775)	0.021*** (3.296)		0.014*** (3.008)		-0.236*** (-3.553)	-0.203*** (-2.965)	-0.167* (-1.948)
ICSI * HB		0.058*** (4.845)		0.042*** (4.369)		-0.461*** (-5.802)		-0.311*** (-4.235)
Identity	0.052*** (3.915)	0.109*** (3.288)	0.117*** (3.712)	0.053* (1.649)	-0.236** (-2.121)	-.0196*** (-3.255)	-0.174*** (-3.805)	-0.059*** (-3.662)	-0.178*** (-4.620)
Bsize	0.036*** (3.438)	0.028*** (3.733)	0.090*** (4.882)	0.113*** (4.508)	0.086*** (4.023)	-0.063** (-2.322)	-0.165*** (-4.328)	-0.041*** (-3.637)	-0.120*** (-4.911)	-0.025* (-1.760)	-0.049*** (-3.843)
Lev	-0.025 (-0.448)	-0.065 (-0.547)	-0.076 (-0.281)	-0.071 (-1.254)	-0.132 (-1.148)	0.047* (1.855)	0.259 (1.003)	0.868 (0.932)	0.071 (0.257)	0.048 (0.292)	0.083 (0.640)
Lnasset	-0.075*** (-4.212)	-0.042*** (-3.156)	-0.065*** (-4.011)	-0.019** (-2.466)	-0.073*** (-4.285)	-0.102*** (-5.862)	-0.089*** (-5.045)	-0.105*** (-6.216)	-0.064*** (-4.212)	-0.053*** (-3.700)	-0.069*** (-5.589)
ROA	0.029** (2.173)	0.047* (1.685)	0.011* (1.699)	0.020 (1.038)	0.016* (1.809)	0.047* (1.588)	0.029* (1.804)	0.041** (2.117)	0.034* (1.730)	0.028 (0.915)	0.046 (1.025)
Industry	控制		控制		控制		控制	
F	3.565***	4.188***	3.908***	3.633***	4.150***	4.542***	3.797***	5.066***	4.293***	3.089***	3.113***	4.518***
Adj - R^2	0.264	0.379	0.297	0.301	0.364	0.383	0.247	0.336	0.345	0.268	0.390	0.378
D - W	2.113	2.658	2.284	2.344	2.505	2.429	2.008	2.597	2.191	2.252	2.189	2.045

而言，投资者情绪高、异质预期差异大的整体上市样本组内短期 CAR 值更大而长期 $BHAR_5$ 值更小，说明在定向增发事件宣告时市场情绪过度乐观，各类投资者意见分歧程度较大，增发公司股票价格偏离均衡水平可能会越大。随着时间的推移以及各类信息逐渐被充分披露与吸收，原先被高估的增发股票价格反向调整程度越深远，其长期购买持有超额收益越下滑，股东的财富表现得越差。这进一步验证了假设 1 和假设 2。

3. 从表 3 至表 5 可以发现，整体上市组与非整体上市组的 CAR 与 $ICSI*HB$ 二项交互变量之间的回归系数分别为 0.047、0.031、0.058 和 0.025、0.015、0.042，无论是整体上市组还是非整体上市组，其值皆大于对应的单个因素 $ICSI$、HB 变化对 CAR 的影响幅度，且至少在 5% 水平下显著正相关。说明在投资者情绪与异质预期两种心理因素交互叠加的作用下，短期内累计超额收益率 CAR 为更大的正值，即定向增发新股宣告后投资者在短期内就可以获得更大的正向公告效应。整体上市组中引入的交乘项回归系数分别大于非整体上市组的对应数据，说明投资者在市场情绪和异质预期共同作用下，对通过定向增发对价支付方式反向收购集团资产以实现整体上市的资产重组事件反应更为强烈。两组别 $BHAR_5$ 与 $ICSI*HB$ 二项交互变量之间的回归系数分别为 -0.369、-0.188、-0.461 和 -0.154、-0.185、-0.311，也皆大于对应的单个因素 $ICSI$、HB 变化对 $BHAR_5$ 的影响幅度，且至少在 5% 水平下显著负相关，说明投资者情绪与异质预期交互叠加作用越大，长期购买持有超额收益 $BHAR_5$ 为更小的负值，即定向增发新股宣告后投资者将在长期内损失更多的财富。整体上市组中引入的交乘项回归系数分别小于非整体上市组的对应数据，同样说明证券市场对定向增发整体上市事件的反向调整更为深刻。总体而言，在投资者情绪与异质预期这两者皆属于投资者认知偏差和心理偏差因素的共同作用下，上市公司定向增发新股宣告后投资者在短期内获得了更高的正向财富且在长期内购买持有超额收益损失更多。进一步验证了假设 3。

4. 从表 3 至表 5 可知，在短期内，两个组别的 $Identity$、$Bsize$ 回归系数为正，说明资本市场对大股东及其关联方参与认购及认购股份比例具有正向反应。这是因为大股东及其关联方属于增发公司的内部人，具有天然的信息优势，对公司的盈余质量、内在价值和再融资方式选择了解得更为真切。大股东参与认购是在向市场传递着增发公司未来良好发展前景的信息，二级市场存在乐观情绪，短期收益增加。在整体上市组中，大股东参与程度更高，市场情绪更为高涨，公告效应更加显著。在长期内，两个组别的 $Identity$、$Bsize$ 回归系数为负，但整体上市组的表现更差，这可能是在整体上市过程中大股东通过转移财产、之后高额分红派息收回股权成本等机会主义行为来掏空上市公司，从而侵害了中小投资者利益，以及未能实现增发公告中的业绩预期目标而引致市场反应消极、股东财富损失。

（三）稳健性测试

为了进一步验证检验结果的稳健性，首先用个股股票收益率替代流通市值加权平均市场收益率作为配比对象来计算长期购买持有超额收益 BHAR。统计发现，定向增发样本公司在 1 至 5 年期间的平均购买持有超额收益总体上呈现更加明显的逐年下降趋势。如果从每个月的总体样本来考察，除 2006 年 11 月、12 月和 2007 年 1 月，购买持有超额收益分别为 0.024、0.051、0.057 三个正值外，其余皆为负值。$BHAR$ 数值大于 0 的月份数仅占到总样本的 3.30%，说明在绝大多数情况下投资者购买持有的定向增发新股中长期超额收益为负值，相应地只能获得负的公告效应，购买持有的时间越长，股东财富可能损失的就越多，这也进一步证实假设 $H1_a$。其次，游家兴（2010）[6]认为封闭基金折价率指标噪音较大，将其替换为上市首日成交量（IPON）来构建投资者情绪综合指数，以检验定向增发长短期公告效应与新建的投资者情绪综合指数之间的关系时，原结论不受影响。最后，当表 3 至表 5 中因变量由原来的 CAR [0，1]、$BHAR_5$ 分别调整为 CAR [0，5]、$BHAR_3$ 时，再次检验定向增发长短期公告效应与投资者情绪综合指数、异质预期、公司特征之间的关系，多元回归结果与上文所得结论基本一致。

五、结论与建议

本文以实施定向增发新股的 A 股上市公司作为研究对象，基于投资者情绪和异质预期的视角来考察投资者心理特征对定向增发新股宣告后的长短期公告效应的重要影响，即通过构建投资者情绪综合指数、证券分析师预测偏差程度作为情绪与异质预期的代理变量，采用事件法实证检验了投资者情绪高低和异质预期差异大小与不同时间窗口期的定向增发新股公告效应之间的关系。研究发现：（1）由于投资者情绪的渲染作用，上市公司定向增发新股宣告后普遍能产生正向的短期公告效应和负向的中长期公告效应；在短期内投资者情绪低落情况下的定向增发公告效应低于投资者情绪高涨情况下的公告效应；在中长期内投资者情绪低落情况下的定向增发公告效应高于投资者情绪高涨情况下的公告效应。（2）投资者异质预期偏差程度越大，在短期内上市公司宣告定向增发新股再融资时越有可能产生正的公告效应，在中长期内可能产生负的公告效应。（3）当投资者情绪越高、异质预期差异越大时，在两者交互叠加作用下，上市公司定向增发新股宣告后投资者在短期内获得了更高的正向财富收益，而在中长期股东财富可能损失得更多。(4) 通过定向增发对价支付方式反向收购集团资产，以实现整体上市的资产重组事件在长短期内公告效应更强。

本文为投资者情绪和异质预期因素影响定向增发市场上的公告效应提供了直接证据，进一步丰富了上市公司定向增发新股理论的研究视野。作为新兴的证券市场，中国的证券市场并不成熟和稳定，其表征之一就是股票价格易受投资者情绪的影响，股东财富波动剧烈。通过合理研判证券市场情绪高低和异质预期差异程度的影响，投资者可以增进其对定向增发市场风险和投资时机选择的认识。根据研究结论，在市场情绪高涨和投资者异质预期差异大时，中小投资者可以采取短期内持有策略，以获得超额收益。中小投资者应避免在市场情绪高涨时的长期持有策略，以防止股东财富的持续损失。这一策略对于整体上市类的定向增发新股更为适用。其次，《上市公司非公开发行股票实施细则》第9条规定，非公开发行公司的控股股东、实际控制人及一致行动人、董事会拟引入的境内外战略投资者以及通过认购本次非公开发行股份而取得公司实际控制权的投资者等认购的股份，自发行结束后36个月内不允许转让和流通。对于控股股东及其关联方而言，选择在市场情绪低落和投资者异质预期差异较小时认购，并长期锁定定向增发股份，对于其股东财富的增值更加有利。最后，监管层正确把握证券市场参与主体的心理和行为特性，有助于完善"流动性限制"等定向增发市场的监管政策，从而规范非公开发行市场资源的合理配置与健康发展。

参考文献

[1] SMITH R L, HERTZEL M G. Market discounts and share-holders gains for placing equity privately [J]. Journal of Finance, 1993, 48 (2): 459-485.

[2] BARCLAY M J, HOLDERNESS C G, SHEEHAN D P. Private placements and managerial entrenchment [J]. Journal of Corporate Finance, 2007, 13 (4): 61-484.

[3] CHAKRABORTY I, GANTCHEV N. Does shareholder coordination matter? evidence from private placements [J]. Journal of Financial Economics, 2013: 108: 213-239.

[4] 章卫东. 定向增发新股、整体上市与股票价格短期市场表现的实证研究 [J]. 会计研究, 2007 (12): 63-69.

[5] 张鸣, 郭思永. 大股东控制下的定向增发和财富转移——来自中国上市公司的经验证据 [J]. 会计研究, 2009 (5): 78-86.

[6] 游家兴. 投资者情绪、异质性与市场非理性反应 [J]. 经济管理, 2010 (4): 138-147.

［7］BROWN G W, CLIFF M T. Investor sentiment and asset valuation［J］. Journal of Business, 2005, 78（2）: 405-440.

［8］BARBERIS N, SHLEIFER A, VISHNY R. A model of investor sentiment［J］. Journal of Financial Economics, 1998, 49: 307-343.

［9］DANIEL K, HIRSHLEIFER D, SUBRAHMANYAM A. Investor psychology and security market under and overreactions［J］. Journal of Finance, 1998, 53（6）: 1839-1885.

［10］HONG H, STEIN J C. A unified theory of underreaction, momentum trading and overreaction in asset markets［J］. Journal of Finance, 1999, 54（6）: 2143-2184.

［11］CHUNG S L, HUNG C H, YEH C Y. When does investor sentiment predict stock returns?［J］. Journal of Empirical Finance, 2012, 19（2）: 217-240.

［12］ZIEGLER A. Optimal portfolio choice under heterogeneous beliefs［J］. European Finance Review, 2000, 4（1）: 1-19.

［13］MILLER E M. Risk, uncertainty and divergence of opinion［J］. Journal of Finance, 1977, 32（4）: 1151-1168.

［14］XU J G. Impact of heterogeneous confidences on investment style［J］. Journal of Behavioral Finance, 2012, 13（3）: 174-198.

［15］BRAV A, GOMPERS G C. Is the abnormal return following equity issuances anomalous?［J］. Journal of Financial Economics, 2000, 56（7）: 209-249.

［16］BAKER M, STEIN J C. Market liquidity as a sentiment indicator［J］. Journal of Financial Markets, 2004, 7（3）: 271-299.

［17］伍燕然, 韩立岩. 不完全理性、投资者情绪与封闭式基金折价之谜［J］. 经济研究, 2007（3）: 117-129.

［18］ALIMOV A, MIKKELSON W. Does favorable investor sentiment lead to costly decisions to go public?［J］. Journal of Corporate Finance, 2012, 18（3）: 519-540.

［19］BAKER M, WURGLER J. Investor sentiment and the cross-section of stock returns［J］. Journal of Finance, 2006, 61（4）: 1645-1680.

［20］COOPER M J, GUTIERREZ R C, HAMEED A. Market states and momentum［J］. Journal of Finance, 2004, 59（30）: 1345-1365.

［21］DITTMAR A, THAKOR A. Why do firms issue equity?［J］. Journal of Finance, 2007, 62（1）: 1-54.

［22］TSYRENNIKOV V. Heterogeneous beliefs, wealth distribution, and asset markets with risk of default［J］. The American Economic Review, 2012, 10（3）: 156-160.

［23］邓路, 廖明情. 上市公司定向增发方式选择: 基于投资者异质信念视角［J］. 会计研究, 2013（7）: 56-62.

［24］罗忠洲, 屈小粲, 张蓓. 上市公司整体上市的模式、问题与对策再思考［J］. 证券市场导报, 2010（9）: 20-26.

客户集中度影响公司股利政策吗：
治理效应抑或风险效应*

一、引言

在我国资本市场不够成熟、相关法律不太完善的制度环境中，现金股利被认为是回报股东、培养投资信念的重要方式，同时也是维护资本市场稳定的重要工具。然而，我国上市公司却存在着较少分红、股利支付率较低等现象，长期存在着未解的"股利之谜"。近年来，媒体对上市公司"铁公鸡"的热议引起监管机构的关注。自2001年以来，中国证监会为保护投资者利益，改善上市公司的分红现状，前后四次推出了将公司的再融资资格与现金股利分红挂钩的半强式分红政策，但成效甚微。

与此同时，我国学者对股利政策影响因素也展开了积极研究，认为货币政策（全怡等，2016）[1]、地域因素（张玮婷和王志强，2015）[2]、市场化进程（杨兴全等，2014）[3]等都会影响股利的支付。然而，国内文献却鲜有从公司①的非财务利益相关者即主要客户的角度进行研究。客户集中②既可能给公司带来治理效应，也可能带来风险效应，这无疑会影响公司的财务状况，进而影响公司的股利分配。本文试图从产品市场关系的外部利益相关者即大客户的角度，探讨我国未解"股利之谜"的影响因素，即检验客户集中是否影响公司的股利支付？影响的机制又是什么？

---

* 原载于《广东财经大学学报》2017年第4期第70~81页。作者：焦小静，中南财经政法大学会计学院博士研究生；张鹏伟，河南科技学院经济与管理学院副教授。

① 公司指的是供应商，在本文中公司与供应商交替使用。
② 在我国指的是证监会要求披露的销售占比居前五的大客户；在美国是由 SFAS No.131 和 SEC S–K 第101条款规定的销售占比超过10%的客户。本文中客户集中、大客户与客户交替使用。

客户集中可能会对股利分配产生影响。一方面，大客户有较高的议价能力，能够降低公司的产品价格（Gosman 等，2004）[4]；同时又因为公司的专用资产在供应链外价值损失严重（Titman，1984）[5]，转换成本高，增加了公司的被"套牢风险"（Hold-up Problem）（Klein 等，1978）[6]。客户集中也加大了企业面临客户流失的风险，因为客户有可能中断采购关系而转向另一个供应商，从而给公司的经营业绩带来重大的不确定性（Maksimovic 和 Titman，1991）[7]。这些客户集中的"风险效应"（王雄元和高开娟，2017）[8]增加了外部投资者和金融机构的风险预期，当公司进行外部融资时往往被要求支付较高的风险溢价，从而加大公司的融资成本。客户风险效应还会加大管理层的风险预期，为了应对不确定性，公司会降低负债水平（Banerjee 等，2008；Kale 和 Shahrur，2007）[9-10]，出于预防动机而保留较多的现金，公司因此可能会减少现金股利。另一方面，客户与企业间紧密的经济联系以及良好的合作关系有利于二者间的信息共享与整合，客户可以获得供应商的私有信息（Schloetzer，2012）[11]，这些信息优势使其有能力监督公司的营运活动，约束管理层的机会主义行为。良好的客户关系也有助于稳定供应链，增加公司的收益并保证收益的稳定性。这些客户集中的"治理效应"能够减轻管理层的"道德风险"和"逆向选择"，减少自由现金流问题（Jensen，1986）[12]，所以，客户集中可能会替代股利支付发挥治理效应；但客户的治理效应也能提高公司的经营效率，带来稳定的现金流[4]，所以，客户集中也可能会增加公司的股利支付意愿与水平。

本文基于 2007—2015 年 A 股上市公司数据的实证研究表明，在我国资本市场不够成熟、法律不太完善的制度背景下，客户集中与公司股利支付显著负相关。进一步的分析表明，这种关系源于客户集中的治理效应。这印证了部分学者有关大客户治理效应的研究结论：即稳定客户提高了分析师的盈利预测准确性，减少了预测的分歧度与偏差，显著降低了企业的股价崩盘风险（王雄元和彭旋，2016）[13]；降低了公司的权益资本成本（陈峻等，2015）[14]，改善了公司的内部治理问题等（Chang 等，2015）[15]。

本文的贡献在于：第一，在我国市场竞争不够充分、产品市场相对垄断和关系导向的新兴市场环境下，丰富了现金股利影响因素的相关研究。现有文献主要从公司的微观层面和宏观环境进行研究，本文从主要客户的角度进行了拓展，检验了客户集中对公司股利支付的影响，有助于进一步从利益相关者角度认识影响股利支付的因素。第二，丰富了客户对我国上市公司财务决策影响的相关文献。现有文献主要从客户对资本结构、权益资本成本、投资效率、竞争优势、研发投资、商业信用、股价崩盘风险等方面进行研究，较少有学者从股利分配的视角进行分析。本文发现客户集中的"治理效应"减少了公司股利支付的意愿和水平,排除了客户集中的"风险效应"假说。

二、文献回顾与假设的提出

(一) 客户集中的相关文献回顾

第一,客户集中的"治理效应"。客户作为公司的非财务利益相关者,对企业的经营活动会产生各种影响。客户相对于企业往往规模更大(Kim 和 Henderson,2015)[16]、具有更强的谈判力,有动机也有能力对公司进行监督。首先,客户在关系中有重要的隐性权益,权益的大小不仅取决于供应商的业绩表现,还会随着管理层的逆向选择和道德风险而被"套牢",所以客户有强烈的动机监督供应商的运营和业绩[6]。其次,客户不仅依赖于供应商产品和服务的有效供给,而且客户以低成本生产高质量产品的能力也取决于供应商为满足客户需求而进行的资产投资(Clarkson,1995;Arora 和 Alam,2005)[17-18],所以客户有强烈的动机监督供应商的专用资产投资。再次,供应商—客户关系主要由隐性契约规制,而隐性契约的价值取决于客户对供应商能否履约的预期,供应商履约的可能性则主要受其财务业绩的影响[7],所以客户有动机监督供应商的日常运营以及财务的稳定性。最后,供应链的信息共享以及良好的合作关系有助于客户更多地了解供应商信息,从而能够正确评价不良的业绩究竟是管理层代理问题所致还是其他不可控因素造成的。这些信息优势能够使客户更好地监督约束管理层的机会主义行为(Kang 等,2014)[19]。总之,客户有动机也有能力监督公司的运营活动及管理者的机会主义行为,缓解代理问题,发挥利益相关者的治理效应。

经验研究也证实了这一观点。良好的关系使得供应链上存在合作与协同效率,客户集中能够降低公司的销售管理费用和存货持有量,提高资产周转率,缩短现金回收期,提高会计收益(Patatoukas,2012)[20],加速供应链上知识流的流动,提高公司的创新能力和会计盈利能力(Hsu 等,2015)[21],降低公司的反并购条款指数(G-index),特别是当供应链上的代理问题较为严重时,客户会通过董事会交叉持股来改善治理问题[15]。当大客户有较强的议价能力时,能够提高公司的会计政策稳健性,减少坏消息隐藏的可能性(Hui 等,2015)[22],促使企业发布更多的盈余预测公告(Cao 等,2013)[23],而且还会减少报表重述(Krishnan 等,2017)[24],提高分析师盈利预测的准确性,降低预测的分歧度与偏差度[13],提高收购后的长期经营业绩[19],享有较低的利率水平和较为宽松的债务条款(Cen 等,2016)[25],等等,同时客户集中也降低了企业的权益资本成本[14]。

其次，客户集中的"风险效应"。客户集中就像一把双刃剑，在给企业带来积极影响的同时也会带来消极影响。在监管层面，《公开发行证券的公司信息披露内容与格式准则》中有多项准则都规范了客户制度。例如，年度报告的内容与格式第二十七条、招股说明书第四十四条、重大资产重组申请文件第二十一条等都明确指出，"公司应当披露向前5名客户销售额占年度销售总额的比例，并鼓励公司分别披露前5名客户名称和销售额"。这也印证了我国监管者可能意识到了客户集中的风险。

在学术界，大量的文献证明客户集中确实会给企业带来一定的风险。Emerson（1962）[26]的资源依赖理论强调，企业的议价能力在于其他方对企业的依赖。具体到客户关系中，当公司对客户的依存性较高时，客户会获得较强的议价能力，公司则因此而丧失议价能力，所以客户会降低要素价格（Williamson，1985）[27]，延期支付货款，蚕食公司利润[4]，或者通过合同重新谈判攫取公司的创新租金[21]，而公司为了留住客户则会被逼放松信用条款，承担潜在的流动风险和成本，降低负债水平，以避免客户流失带来的关系破裂风险[9]。这无疑会给公司带来一定的财务和经营风险。

再次，客户可能随时终止采购关系，与企业的竞争对手建立战略联盟关系[7]，这时公司投入的专用资产价值会遭受严重损失，并且面临高昂的转换成本，严重影响到企业的经营业绩，甚至引发财务危机[4]。因此，客户集中的公司会选择持有较多的现金（Itzkowitz，2013）[28]，减少股利支付（Wang，2012）[29]，尽可能避免因大客户流失而导致的公司财务危机。

最后，财务危机的溢出效应。当客户出现财务危机时，违约概率将会加大，可能会出现延迟支付货款甚至是无力还款等现象。但基于公司在客户中的隐性权益，会向其提供暂时的流动资金助其渡过难关，特别是当公司寻找新客户的成本较高时。更为严重的是，当客户申请破产时，公司股票价格会出现异常下跌，随之也会产生较高的销售管理费用（SG&A）以及较低的利润（Kolay等，2016）[30]。

（二）股利支付影响因素文献回顾

近几年，学者们主要从以下几个方面研究股利支付的影响因素。如全怡等（2016）[1]认为，紧缩的货币政策抑制了公司的现金股利，融资约束会强化两者之间的关系，而银企关系则会弱化两者间的关系；张玮婷和王志强（2015）[2]研究发现，边远地区的公司在受到外部融资约束的情况下，倾向于减少现金股利以保持公司的财务灵活性；杨兴全等（2014）[3]认为，市场化程度越高，公司支付现金股利的倾向和水平越高,主要源于市场化进程对融资约束效应的缓解;祝继高和王春飞(2013)[31]的实证研究表明,由于金融危机增加了未来的不确定性,从而降低了企业的股利支付水平;雷光勇等(2015)[32]认为政治不确定性会导致企业股利政策稳健性的调整,并有正向的市场效应;李小荣和罗进辉(2015)[33]认为,媒体关注的治理效应显著提高了公司未来的股利支付意愿和支付水平。

然而鲜有文献研究客户集中对股利支付的影响。Clarkson(1995)[17]认为利益相关者投入了一定的专用性投资,包括实物资本、人力资本等,并承担相应的风险,能够影响到企业的财务决策。而客户作为企业主要的利益相关者,其"治理效应"和"风险效应"也应当会影响到公司的财务和经营活动。现金股利作为公司的主要财务政策,是否会受到客户集中的影响以及影响机制又是什么,正是本文要研究的问题。

(三) 客户集中度对现金股利政策的影响

Cornell 和 Shapiro(1987)[34]区分了显性契约和隐性契约,认为除股东和管理者之外的利益相关者也会对公司财务活动产生影响。例如,非投资利益相关者(客户、员工、供应商、分销商等)能够影响到公司的投资和融资决策。Holder 等(1998)[35]在上述理论的基础上,进一步验证了非投资利益相关者确实会影响公司的股利政策。大客户作为企业主要的非财务利益相关者[18]可能会对公司的现金股利政策产生影响,主要原因如下。首先,就大客户的"治理效应"而言,一方面,客户集中能够减少管理层的机会主义行为,缓解代理问题,改善公司的治理环境,优化企业的生产经营活动,带来较高的盈利能力和业绩,增加了公司支付股利的能力,基于 Porta 等(2000)[36]股利支付的"结果模型",公司可能会提高股利支付的意愿和水平。但另一方面,现金股利被认为是减少代理冲突的治理机制,而大客户也存在外部监督治理效应,客户的治理效应可能会在一定程度上代替股利支付缓解代理问题,同样基于 Porta 等股利支付的"替代模型",公司可能会降低股利支付的意愿和水平。其次,就大客户的"风险效应"而言,客户集中会增加外部投资者和金融机构的风险预期,增加公司的融资成本,因此公司可能保持较多的内部资金,进而降低股利支付意愿和水平。同时,客户的"风险效应"也会增加管理层的风险预期,加大公司陷入财务困境的概率,出于预防动机,管理层可能会保持较多的流动资金。较职工薪酬等一些刚性支出而言,股利支付具有较大的灵活性,因此公司为缓解客户带来的风险,可能会降低现金股利支付的意愿和水平。

基于以上分析,提出对立假说:

假设 1：客户集中度会减少公司的股利支付意愿和水平。
假设 2：客户集中度会增加公司的股利支付意愿和水平。

三、研究设计

（一）样本选择与数据处理

本文的样本期间为2007—2015年，这是因为我国上市公司自2007年起被要求披露客户数据。初始样本为7 227个，包括A股所有上市公司中披露了前五大客户名称的公司，在此基础上剔除金融类公司样本345个、ST及*ST公司样本903个、相关变量缺失的样本927个，最终得到5 052个样本。为消除离群值的影响，将连续变量进行1%的缩尾处理。财务数据来自CSMAR数据库，客户数据来自数据库中的财务报表附注，通过手工整理得到。

（二）主要变量定义和模型设定

由于现金股利支付率不可能小于0，并且许多公司不发放现金股利，所以现金股利支付率在0处截断，这是典型的审查数据（Censored Data）。如果使用OLS回归可能无法得到一致的估计，如果将股利支付比率为0的样本删除，则会造成样本的大量损失。本文参考邓建平和曾勇（2005）[37]、Chay和SUH（2009）[38]等文献的做法，采用Logit和Tobit模型来分析客户集中度对股利支付的影响，分别构建模型（1）和模型（2）以检验客户集中度对公司股利支付意愿和支付水平的影响。

$$Logit(DIV\_DUM) = \alpha_1 + \alpha_2 Customer + \sum controls + \sum industry + \sum year + \varepsilon \tag{1}$$

$$Tobit(DIV) = \beta_1 + \beta_2 Customer + \sum controls + \sum industry + \sum year + \varepsilon \tag{2}$$

模型（1）中因变量为表示股利支付意愿的二值变量 DIV_DUM，如果企业当年发放股利取值为1，否则为0；模型（2）的因变量为股利支付率 DIV，用"现金股利/税前利润"来衡量，如果公司没有支付股利取值为0，且将小于0的支付比率剔除。

用 Customer 来衡量客户集中度。首先，借鉴 Banerjee 等（2008）[9] 和 Wang（2012）[29] 的研究，将前五大客户的销售收入和占公司每年销售收入总额的比例作为第一个衡量指标，即 TOP5，比例越大表示客户越集中。其次，借鉴 Patatoukas 等（2012）[20] 的研究，将前五大客户的赫芬达尔指数作为第二个指标 CC，CC越大表明客户越集中。这种衡量方法的优点在于既考虑了客户的数量又考虑了每个客户对公司的相对重要性。

另外,模型还控制了影响公司股利支付的其他因素。参照 Chay 和 SUH (2009)[38]的研究控制了以下变量:公司规模 LNSIZE、投资机会 MB、盈利能力 ROA、股票收益波动率 VOLRET、公司年龄 AGE、公司财务杠杆 LEV;同时控制了内部治理环境的持股比例 LH_10 和非流通股占比 NTRATE。由于董事长与总经理是否同时兼任等公司治理变量也会影响公司的股利政策,因此控制了 DUM_DUAL。具体的变量定义及说明见表1。

表1 变量定义及说明

变量	说明	计量方法
DIV_DUM	是否发放股利	发放取值1,否则取0
DIV	每股税前现金股利	现金股利/税前利润
TOP5	前五客户的销售比例合计	前五客户的销售比例之和
CC	前五客户的赫芬达尔指数	$\sum(X_i/X)^2$,其中 X_i 表示对前五客户的销售收入,X 表示公司总的销售收入
LNSIZE	公司规模	公司总资产的对数
ROA	盈利能力	总资产回报率
LEV	财务杠杆	负债总额/资产总额
GROWTH	销售收入增长率	(本年度销售收入-上年度销售收入)/上年销售收入
AGE	公司年龄	ln(处理年度-公司 IPO 年度)
MB	市账比	资产市值/资产账面价值
SOE	产权性质	国有企业取值1,否则取0
VOLRET	股票收益波动性	前12个月股票收益的标准差
LH_10	前十大股东持股比例	前十大股东持股数量/总股数
NTRATE	非流通股占比	非流通股/总股数
DUM_DUAL	二职合一	总经理董事长同一人取1,否则取0

(三)描述性统计

表2是主要变量的描述性统计。由表中数据可知,在样本期间:(1)我国上市公司中平均有69.7%的公司发放了现金股利,发放的股利大约占公司税前利润的9.8%,说明支付股利的上市公司占比超过2/3,可能与我国近十几年的分红管制有关。(2)TOP5的均值为32.18%,最大值为97.77%,最小值为1.17%;CC 的均值为0.061,最大值为0.715,最小值几乎为0,说明样本企业的客户集中度整体上并不高,但是公司之间的差距比较大。Panel B 列示了主要变量的相关系数,可以初步判断 TOP5 和 CC 与股利支付意愿显著负相关,且在

1% 的水平上显著，与股利支付水平也是显著负相关，其中 TOP5 与股利支付水平在 1% 的水平上显著，CC 与股利支付水平在 5% 的水平上显著负向，方差膨胀因子为 1.38。

表 2 描述性统计结果及相关系数分析

Panel A：描述性统计

变量	N	MEAN	SD	P50	MAX	MIN
DIV_DUM	5052	0.697	0.460	1	1	0
DIV	5052	0.098	0.135	0.050	0.800	0
TOP5	5052	32.180	22.660	25.680	97.770	1.170
CC	5052	0.061	0.118	0.017	0.715	0
LNSIZE	5052	21.850	1.197	21.700	25.730	19.470
ROA	5052	0.048	0.047	0.045	0.202	-0.145
GROWTH	5052	0.191	0.458	0.117	3.005	-0.561
LEV	5052	0.442	0.214	0.447	0.888	0.045
LH_10	5052	57.120	15.820	58.450	95.280	21.680
SOE	5052	0.468	0.499	0	1	0
NTRATE	5052	0.265	0.272	0.187	0.848	0
AGE	5052	2.038	0.823	2.303	3.135	0
MB	5052	2.071	1.853	1.521	11.440	0.202
VOLRET	5052	0.137	0.062	0.121	0.463	0.055
DUM_DUAL	5052	0.213	0.409	0	1	0

Panel B：主要变量的 Pearson 相关系数

变量	DIV_DUM	DIV	TOP5	CC
DIV_DUM	1			
DIV	0.482***	1		
TOP5	-0.069***	-0.054***	1	
CC	-0.056***	-0.031**	0.817***	1

注：*、**、*** 分别表示在 10%、5%、1% 的水平上显著。

四、实证结果

（一）主要回归结果

为了缓解异方差和序列相关问题，模型标准误采用公司聚类的稳健标准误，同时控制了行业和年度效应。由表 3 第（1）列和第（2）列可知，客户集中度的两个指标 CC 和 TOP5 与股利支付意愿显著负相关，回归系数分别都在 1% 的水平上显著，此结果表明在控制了其他因素的情况下，客户集中度降低了企业支付股利的意愿。第（3）列和第（4）列检验了客户集中度对股利支付水平的影响。CC 和 TOP5 的回归系数显著为负,且在 1% 的水平上显著,同样也表明在控制了其他因素的情况下,客户集中度与股利支付水平显著负相关,即客户集中度越高,股利支付水平越低。

根据以上分析可知,表 3 支持了假说 1,客户集中度降低了公司支付股利的意愿和水平,从而排除了假说 2。其他控制变量的系数与符号也几乎与已有文献一致,公司的资产规模、盈利能力与股利支付意愿和水平显著正相关,公司的负债和成长性与股利支付意愿和水平显著负相关。因为此类公司需要有较多的现金作为发展保障,所以降低了股利支付。

表 3 客户集中度与股利支付的回归

	DIV_DUM	DIV_DUM	DIV	DIV
TOP5	-0.009*** (-3.22)		-0.001*** (-5.54)	
CC		-1.802*** (-3.13)		-0.109*** (-5.69)
VOLRET	-0.689 (-0.86)	-0.773 (-0.96)	-0.108** (-2.42)	-0.112** (-2.51)
LNSIZE	0.679*** (8.40)	0.701*** (8.70)	0.047*** (18.41)	0.048*** (18.86)
ROA	26.036*** (13.56)	26.330*** (13.87)	2.016*** (33.27)	2.031*** (33.52)
LEV	-4.210*** (-11.43)	-4.217*** (-11.50)	-0.239*** (-16.65)	-0.238*** (-16.60)
GROWTH	-0.263*** (-2.79)	-0.273*** (-2.91)	-0.015*** (-2.92)	-0.015*** (-3.01)
LH_10	0.009** (2.19)	0.010** (2.26)	0.001*** (7.54)	0.001*** (7.61)
SOE	0.234* (1.81)	0.214* (1.66)	0.003 (0.57)	0.002 (0.35)
NTRATE	-1.160*** (-4.19)	-1.156*** (-4.19)	-0.016 (-1.48)	-0.015 (-1.36)
AGE	-1.096*** (-9.77)	-1.073*** (-9.56)	-0.045*** (-11.49)	-0.043*** (-11.08)
MB	-0.172*** (-4.16)	-0.172*** (-4.14)	-0.009*** (-4.73)	-0.009*** (-4.81)
DUM_DUAL	0.098	0.093	0.007	0.007
	(0.81)	(0.77)	(1.33)	(1.32)
CONS	-9.777***	-10.507***	-0.896***	-0.934***
	(-5.79)	(-6.28)	(-15.46)	(-16.25)
N	5 052	5 052	5 052	5 052
chi2	663.04	665.85	2 951.35	2 953.21
Prob > chi2	0.000 0	0.000 0	0.000 0	0.000 0

注:*、**、*** 分别表示在 10%、5%、1% 的水平上显著,括号内值为 t 统计值。表 4 至表 7 同。

(二) 稳健性检验

模型可能存在遗漏变量导致内生性问题以及自选择问题，客户集中度可能是上市公司选择的结果，即上市公司的某些特性可能导致其选择客户集中。本文主要通过 PSM 和 Heckman 两阶段法控制其内生性。

1. 匹配倾向得分法

模型可能存在遗漏变量的内生性，而该遗漏变量可能同时与股利支付和客户集中度相关。具体而言，如果模型中的控制变量没有很好地捕捉到集中客户和分散客户的差异，那么客户集中的衡量指标将会出现非线性效应，所以本文采用倾向得分匹配法来控制遗漏变量的内生性问题。我们以企业当年的 TOP5 是否大于样本中位数为标准来划分处理组和控制组（采用 CC 变量中位数划分结果不变），采用 Logit 回归计算倾向得分，以股票收益波动率 VOLRET、资产规模 LNSIZE、财务杠杆 LEV、销售收入增长率 GROWTH、产权性质 SOE、公司年龄 AGE、市账比 MB、是否较高的自由现金流 HIGHCF、是否较多的投资机会 HIGHQ、行业赫芬达尔指数 HHI 为匹配变量，基于企业当年的数据进行倾向得分匹配（PSM）分析。模型采用最常用的"最近邻匹配"（nearest neighbor matching）方法对处理组和控制组进行匹配。结果显示，除 LNSIZE、SOE 和 AGE 外，其他所有变量匹配后在处理组和控制组之间没有显著差异，各变量标准偏差的绝对值都控制在5%以内，且组间均值差异都不显著，基本上满足 PSM 的平衡假设（balance test）。PSM 匹配的共同支撑假设（common support）见图1 (a) 和图1 (b)，可以看出，在匹配前处理组的 PS 值分布重心高于控制组；而在匹配后控制组的 PS 值的分布重心明显右移，分布形态与处理组非常接近。因此我们认为 PSM 的共同支撑假设得到满足。

表4列示了 PSM 的平均处理效应（ATT）。匹配后的结果变量 DIV_DUM 和 DIV 的 ATT 仍然在1%和5%的水平上显著，表明在排除了公司特征的因素影响后，客户集中度与股利支付的负向相关关系仍然显著。

采用 PSM 匹配后的样本多元回归结果（treat 和 control）显示，TOP5 和 CC 两个指标都显著为负，而且都在1%的水平上显著，在控制了样本遗漏变量产生的内生性问题后，结果稳健地支持客户集中与股利支付负相关的假说[①]。

---

① 因篇幅所限，表格省略备索。

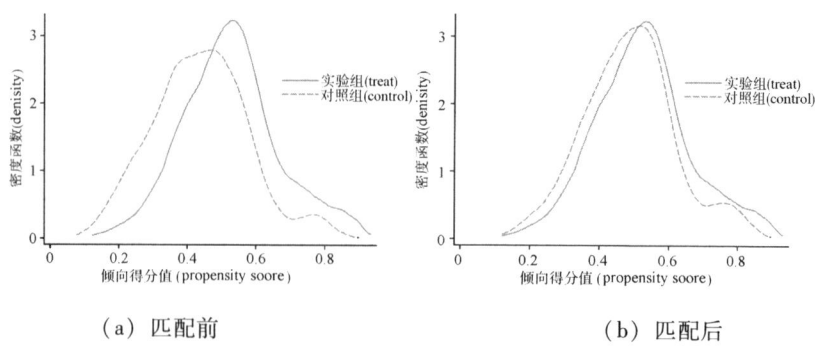

（a）匹配前　　　　　　　　　　　（b）匹配后

图1　匹配前与匹配后的核密度函数分布对比

表4　PSM的平均处理效应（ATT）

变量	样本	处理组	控制组	差异	标准误	T检验
DIV_DUM	Unmatched	0.673	0.719	-0.047	0.013	-3.62***
	ATT	0.673	0.732	-0.060	0.019	-3.10***
DIV	Unmatched	0.091	0.105	-0.014	0.004	-3.70***
	ATT	0.091	0.103	-0.012	0.006	-2.11**

2. 自选择问题

具有某类特征的上市公司可能拥有较高的客户集中度，而具有该类特征的公司本身也有较低的股利支付意愿和水平。为了解决这种可能的自选择问题，本文采用Heckman两阶段的自选择模型进行检验。在第一阶段，将变量TOP5和CC按样本中位数进行划分，大于样本中位数取1，否则取0，并将MdTOP5和MdCC作为被解释变量。借鉴Dhaliwal等（2016）[39]的做法，将TOP5和CC行业平均客户集中度的滞后一期作为外生变量，即 $lnTOP5$ 和 $lnCC$。滞后一期的行业平均客户集中度与公司的客户集中度相关，因为同行业公司之间的生产经营活动和产品特性具有类似性，同时又与公司的股利支付不相关，所以符合外生变量的要求。在第一阶段得到预测值的基础上，计算出逆米尔斯比率（Inverse Mills Ratio），并将其带入第二阶段，得到的回归结果见表5。从第一阶段的回归结果中可以发现，TOP5和CC的二值变量与滞后一期的行业均值的外生变量显著正相关，且股票收益波动性较高、盈利能力较低、资产规模较小、销售增长较快、市账比较高、国有控股的公司都有较高的客户集中度。在第二阶段控制了逆米尔斯比率系数后，TOP5和CC指标的系数仍然显著为负并在1%的水平上显著，表明在控制了自选择问题后，结论仍然稳健地支持客户集中与股利支付负相关的假说。

表 5　Heckman 两阶段回归

变量	MdTOP5	DIV	MdCC	DIV
TOP5		-0.001*** (-5.79)		
CC				-0.124*** (-5.96)
InTOP5	0.055*** (14.83)			
InCC			9.222*** (8.43)	
MILLS1		-0.014* (-1.86)		
MILLS2				-0.021* (-1.90)
CONTROL	控制	控制	控制	控制
年度/行业	控制	控制	控制	控制
N	5 052	5 052	5 052	5 052
chi2	359.75	2952.14	197.14	2 954.35
Prob > chi2	0.000 0	0.000 0	0.000 0	0.000 0

五、传导路径分析

前文研究已经表明，客户集中与股利支付的意愿和水平存在显著负相关关系，但是并没有区分这种负相关关系的影响机制是什么？是客户的治理效应还是风险效应？

（一）治理效应的检验

治理效应认为客户集中能够发挥治理效应，监督公司的有效运行。因此大客户的治理效应会在一定程度上替代股利支付缓解代理问题。如果客户集中确实有治理效应，可以预期当公司的自由现金流问题比较严重时，客户的治理效应对股利的替代作用较大。本文采用自由现金流和投资机会的组合来衡量代理成本，较高的自由现金流和较低的投资机会可能预示着较严重的代理成本问题，因为管理层可能会通过自由支配现金流来满足自身利益，从而损害股东利益。相反，较低的自由现金流和较高的投资机会组合可能预示着较低的代理成本，因为这类公司有较多的投资机会和较少的现金流，降低了管理层自由支配现金流的可能性。如果客户集中确实有治理效应，则在代理成本较高的组别，客户集中度与股利支付的负相关关系更加显著。企业自由现金流采用"企业的净利润+利息费用+非现金支出-营运资本追加-资本性支出"来衡量；投资机会采用托宾 Q 衡量。将自由现金流与托宾 Q 按样本中位数进行划分，大于样本中位数的取值为 1，代表较高的自由现金流和较高的投资机会；低于中位数的样本取值为 0，代表较低的自由现金流和较低的投资机会。回归结果见表 6。

表6 客户集中TOP5与股利支付

变量	DIV_DUM 高代理成本组	DIV_DUM 低代理成本组	DIV 高代理成本组	DIV 低代理成本组
TOP5	-0.016*** (-3.51)	-0.003 (-0.66)	-0.001*** (-3.36)	-0.001 (-0.52)
VOLRET	-3.393* (-1.84)	-0.725 (-0.45)	-0.255** (-2.49)	-0.146* (-1.90)
LNSIZE	0.399*** (3.67)	0.889*** (5.83)	0.034*** (7.06)	0.055*** (8.83)
ROA	39.663*** (9.79)	20.864*** (7.39)	2.765*** (19.68)	1.569*** (14.24)
LEV	-4.603*** (-6.54)	-3.925*** (-6.01)	-0.205*** (-6.78)	-0.218*** (-7.44)
GROWTH	-0.351* (-1.79)	-0.315* (-1.94)	-0.007 (-0.72)	-0.020** (-2.32)
LH_10	0.005 (0.78)	0.015* (1.67)	0.001*** (4.43)	0.001** (2.58)
SOE	0.333 (1.64)	0.329 (1.21)	-0.015 (-1.58)	0.024** (2.28)
NTRATE	-0.481 (-1.05)	-1.909*** (-3.45)	-0.011 (-0.53)	-0.058** (-2.52)
AGE	-0.534*** (-2.83)	-1.675*** (-9.20)	-0.015* (-1.90)	-0.073*** (-9.94)
MB	-0.396 (-1.49)	-0.145** (-1.98)	0.001 (0.05)	-0.005 (-1.44)
DUM_DUAL	0.264 (1.13)	0.140 (0.65)	0.015 (1.32)	0.012 (1.32)
CONS	-4.654* (-1.87)	-13.154*** (-3.95)	-0.734*** (-6.25)	-0.975*** (-6.99)
年度/行业	控制	控制	控制	控制
N	1 360	1 131	1 372	1 131
chi2	209.81	283.60	841.12	770.73
Prob>chi2	0.000 0	0.000 0	0.000 0	0.000 0

表6检验了客户集中的治理效应。第（1）列和第（3）列分别表示较高的自由现金流与较低的投资机会的样本组合，即高代理成本组别；第（2）列和第（4）列分别表示较低的自由现金流与较高的投资机会的样本组合，即低代理成本组别。表6列示了指标TOP5与股利支付的回归结果，在检验支付意愿的第（1）列和第（2）列中，第（1）列呈现出显著的负相关关系，且在1%的水平上显著，第（2）列中虽然为负数但不显著；第（3）列和第（4）列中结果类似，表明在代理成本较严重的组别中，客户集中度TOP5更能显著降低股利支付的意愿和水平。指标CC与股利支付的回归结果与TOP5类似，所以研究结论稳健地支持了客户的治理效应。

总之，表6的结果表明，在代理问题比较严重的组别，客户集中的治理效应比较明显，公司降低股利支付的意愿与水平更加显著。稳健地支持了客户集中的治理效应，即客户监督能够降低公司的代理成本问题，进而降低公司支付股利的意愿和水平。

（二）风险效应的检验

客户集中的风险效应认为，客户集中会增加公司的财务和经营风险，为了应对这种风险，公司会保留更多的流动资产，减少股利支付。如果客户集中确实带来了风险效应，则可以合理预期：当公司的财务风险较高时，公司降低股利支付的意愿和水平更加显著。以中位数划分 R&D 和财务杠杆，R&D 高且财务杠杆高时代表与客户相关的较高风险组，相反则较低。表 7 列示了指标 TOP5 与股利支付的回归结果，在风险较高组，公司没有显著降低股利支付意愿和水平，而在风险较低组，却显著降低了股利支付的意愿与水平，与风险效应预测相反；指标 CC 与股利支付的回归结果与 TOP5 类似。所以结论不予支持客户集中的风险效应。

表 7　客户集中 TOP5 与股利支付

变量	DIV_DUM	DIV_DUM	DIV	DIV
	高风险组	低风险组	高风险组	低风险组
TOP5	-0.002（-0.64）	-0.010***（-2.75）	0.001（-1.36）	-0.001***（-5.13）
VOLRET	1.421（1.07）	-2.215**（-2.14）	0.021（0.35）	-0.235***（-3.61）
LNSIZE	0.786***（6.73）	0.639***（6.08）	0.056***（13.33）	0.044***（12.93）
ROA	27.728***（11.49）	26.542***（8.66）	1.847***（22.55）	2.264***（24.42）
GROWTH	-0.333*（-1.93）	-0.229**（-2.00）	-0.008（-0.98）	-0.018***（-2.71）
LH_10	0.007（1.01）	0.012**（2.14）	0.001***（3.81）	0.002***（6.81）
SOE	0.397**（2.00）	0.062（0.36）	0.015**（1.98）	-0.008（-1.10）
NTRATE	-1.063**（-2.46）	-1.224***（-3.48）	-0.001（-0.04）	-0.027*（-1.91）
AGE	-1.418***（-8.70）	-0.849***（-5.65）	-0.057***（-9.85）	-0.033***（-6.17）
MB	-0.168***（-3.19）	-0.270***（-2.81）	-0.010***（-4.24）	-0.008**（-2.36）
DUM_DUAL	0.152（0.93）	0.006（0.04）	0.009（1.39）	0.002（0.30）
CONS	-11.567***（-4.68）	-9.395***（-4.25）	-1.046***（-11.07）	-0.901***（-11.38）
年度/行业	控制	控制	控制	控制
N	1 347	1 156	1 345	1 156
chi2	478.40	325.29	1 582.69	1 463.73
Prob > chi2	0.000 0	0.000 0	0.000 0	0.000 0

总之，表 6 和表 7 的实证结果支持了客户集中的治理效应而不是风险效应。具体而言，在较高的代理成本组，客户的治理效应对股利支付的替代效应更加显著；而相比较高风险组，较低风险组公司的股利支付意愿和水平更低，与风险效应预测相反。所以，客户集中度与股利支付负相关关系的传递路径是客户的治理效应。

六、研究结论

本文研究了客户集中度与股利支付之间的关系及其传导路径。客户集中可能会通过两种路径影响公司支付股利的意愿和水平。首先，客户集中的风险效应认为，大客户会加大公司的财务和运营风险，公司为了应对风险，有动机保持较多的流动性资产，可能降低股利支付。其次，客户集中的治理效应认为，客户集中能够减少管理层的机会主义行为，缓解代理问题，改善公司的治理环境，优化企业生产经营活动，带来较高的盈利能力和业绩。但另一方面，客户集中的治理效应也可能代替股利支付的治理机制。基于 Porta 等（2000）[36]的预测，公司可能提高股利支付也可能降低股利支付。研究结果表明，客户集中与股利支付存在显著的负相关关系，在采用 PSM 和 Heckman 控制了相关的内生性问题后，结论不变；进一步通过路径分析发现，这种负相关关系的传导路径是客户集中的治理效应，而不是风险效应。

本文的研究价值在于：一是投资者应该注意到客户集中包含的信息价值，在评估公司财务政策时，应考虑客户信息对公司的影响；二是正确认识客户集中的两种效应，虽然在股利支付决策中，大客户的监督治理效应优于风险效应，但并不代表在其他财务决策中也一定居于主导地位，必须同时注意到大客户存在的双重效应，尽量在监督效应和风险效应之间进行权衡，以寻求客户正向效应的最大化。未来的研究可以进一步考虑客户集中发挥治理效应的具体形式，例如客户集中对管理层薪酬—业绩敏感性、投资效率等方面的影响，还可以进一步考虑客户特征、关系特征等调节因素的影响。

参考文献

[1] 全怡，梁上坤，付宇翔. 货币政策、融资约束与现金股利 [J]. 金融研究，2016（11）：63-79.

[2] 张玮婷，王志强. 地域因素如何影响公司股利政策："替代模型"还是"结果模型"？ [J]. 经济研究，2015（5）：76-88.

[3] 杨兴全，张丽平，陈旭东. 市场化进程与现金股利政策：治理效应抑或缓解融资约束？ [J]. 经济与管理研究，2014（5）：76-84.

[4] GOSMAN M, KELLY T, OLSSON P, et al. The profitability and pricing of major customers [J]. Review of Accounting Studies, 2004, 9 (1): 117-139.

[5] TITMAN S. The effect of capital structure on a firm's liquidation decision [J]. Journal of Financial Economics, 1984, 13 (1): 137-151.

[6] KLEIN B, R CRAWFORD, ALCHIAN A. Vertical integration, appropriable rents, and the competitive contracting process [J]. Journal of Law and Economics, 1978, 21 (2): 297-326.

[7] MAKSIMOVIC V, TITMAN S. Financial policy and reputation for product quality [J].

Review of Financial Studies, 1991, 4（1）：75-200.

［8］王雄元, 高开娟. 客户集中度与公司债二级市场信用利差［J］. 金融研究, 2017（1）：130-144.

［9］BANERJEE S, DASGUPTA S, KIM Y. Buyer-supplier relationships and the stakeholder theory of capital structure［J］. Journal of Finance, 2008, 63（5）：2507-2552.

［10］KALE J R, SHAHRUR H. Corporate capital structure and the characteristics of suppliers and customers［J］. Journal of Financial Economics, 2007, 83（2）：321-365.

［11］SCHLOETZER J D. Process integration and information sharing in supply chains［J］. The Accounting Review, 2012, 87：1005-1023.

［12］JENSEN M C. Agency costs of free cash flow, corporate finance, and takeovers［J］. The American Economic Review, 1986, 76（2）：323-329.

［13］王雄元, 彭旋. 稳定客户提高了分析师对企业盈余预测的准确性吗？［J］. 金融研究, 2016（5）：156-172.

［14］陈峻, 王雄元, 彭旋. 环境不确定性、客户集中度与权益资本成本［J］. 会计研究, 2015（11）：76-83.

［15］CHANG H, CHEN J, KHIMICH N. Implications of customer-supplier relationships on corporate governance.［R/OL］.（2015-08-06）［2017-03-05］. https：//papers.ssrn.com/sol3/papers.cfm? abstract_ id = 2640674.

［16］KIM Y H, HENDERSON D. Financial benefits and risks of dependency in triadic supply chain relationships［J］. Journal of Operations Management, 2015, 36：115-129.

［17］CLARKSON M A. Stakeholder framework for analyzing and evaluating corporations［J］. Academy of Management Review, 1995, 20（1）：92-117.

［18］ARORA A, ALAM P. CEO compensation and stakeholders' claims［J］. Contemporary Accounting Research, 2005, 22（3）：519-547.

［19］KANG J K, LIU W L, YI S, et al. Monitoring role of customer firms in suppliers and its effect on supplier value：evidence from block acquisitions of suppliers by customer firms［J］. Journal of Financial Intermediation, 2014, 24（4）：537-563.

［20］PATATOUKAS P. Customer-base concentration：implications for firm performance and capital markets［J］. The Accounting Review, 2012, 87（2）：363-392.

［21］HSU P H, HUI H, LEE H H. Supply chain knowledge flow, innovation, and profitability［R/OL］.（2015-09-08）［2017-03-15］. https：//papers.ssrn.com/sol3/papers.cfm? abstract_ id = 2663888.

［22］HUI K W, KLASA S, YEUNG P E. Corporate suppliers and customers and accounting conservatism［J］. Journal of Accounting and Economics, 2012, 53（1）：115-135.

［23］CAO J, HSIEH S, KOHLBECK M. Do major customers influence voluntary corporate disclosure?［R/OL］.（2013-09-01）［2017-03-15］. https：//papers.ssrn.com/sol3/papers. cfm? abstract_ id=2318651.

[24] KRISHNAN G V, LEE H S, PATATOUKAS P N. Customer-base concentration: implications for audit pricing and quality [R/OL]. (2017-03-03) [2017-03-15]. https://papers. ssrn. com/sol3/papers. cfm? abstract_ id=2440009.

[25] CEN L, DASGUPTA S, ELKAMHI R, et al. Reputation and loan contract terms: the role of principal customers [J]. Review of Finance, 2016, 20 (2): 501-533.

[26] EMERSON R M. Power-dependence relations [J]. American Sociological Review, 1962, 27 (1): 31-41.

[27] WILLIAMSON O E. The economic institutions of capitalism [M]. New York: The Free Press, 1985.

[28] ITZKOWITZ J. Customers and cash: how relationships affect suppliers' cash holdings [J]. Journal of Corporate Finance, 2013, 19: 159-180.

[29] WANG J. Do firms' relationships with principal customers/suppliers affect shareholders' income? [J]. Journal of Corporate Finance, 2012, 18 (4): 860-878.

[30] KOLAY M, LEMMON M, TASHJIAN E. Spreading the misery? sources of bankruptcy spillover in the supply chain [J]. Journal of Financial & Quantitative Analysis, 2016, 51 (6): 1955-1990.

[31] 祝继高, 王春飞. 金融危机对公司现金股利政策的影响研究——基于股权结构的视角 [J]. 会计研究, 2013 (2): 38-44.

[32] 雷光勇, 王文忠, 刘茉. 政治不确定性、股利政策调整与市场效应 [J]. 会计研究, 2015 (4): 33-39.

[33] 李小荣, 罗进辉. 媒体关注与公司现金股利支付 [J]. 经济理论与经济管理, 2015 (9): 68-85.

[34] CORNELL B, SHAPIRO A C. Corporate stakeholders and corporate finance [J]. Financial Management, 1987, 16 (1): 5-14.

[35] HOLDER M E, LANGREHR F W, HEXTER J L. Dividend policy determinants: an investigation of the influences of stakeholder theory [J]. Financial Management, 1998, 27 (3): 73-82.

[36] PORTA R L, LOPEZ-DE-SILANES F, SHLEIFER A, et al. Agency problems and dividend policies around the world [J]. The Journal of Finance, 2000, 55 (1): 1-33.

[37] 邓建平, 曾勇. 上市公司家族控制与股利决策研究 [J]. 管理世界, 2005 (7): 139-147.

[38] CHAY J B, SUH J. Payout policy and cash-flow uncertainty [J]. Journal of Financial Economics, 2009, 93 (1): 88-107.

[39] DHALIWAL D, JUDD J S, SERFLING M, et al. Customer concentration risk and the cost of equity capital [J]. Journal of Accounting and Economics, 2016, 61 (1): 23-48.

第四部分 04

股权激励与高管薪酬

股权激励提升企业技术创新的
路径与效果研究*

一、问题的提出

公司制企业所有权和经营权高度分离，股东和管理层利益目标冲突、经济人的逐利本性以及信息不对称的客观存在导致了严重的委托代理问题。现代企业解决代理问题的基本途径即监督与激励。虽然致力于约束经理人的逆向选择、道德风险行为的公司治理在不断完善，但监督的实际效果并不令人满意。公司治理转而寻求激励，且逐步从薪酬激励转向股权激励。实证研究表明，我国上市公司的高管高薪并未能有效降低公司的代理成本，这是由于高管在其薪酬制定中存在明显的自利行为，从而降低或者消除了薪酬的激励作用（吴育辉和吴世农，2010）[1]。相对于薪酬激励，股权激励将管理人员的报酬与公司长期收益的不确定性联系起来，目标瞄准管理人员的竞争意识和创造能力，旨在克服管理层只注重短期行为的缺陷，激励效果可能更好。实证结果也表明，股权激励促进了企业的经营管理水平，提升了公司的市场价值（王华和黄之骏，2006；夏纪军和张晏，2008；游春，2010）[2-4]。但对于股权激励是如何提高公司业绩与市场价值的，现有文献并没有进行深入分析。

从企业竞争理论的角度来看，企业之间的竞争归根到底在于创新，创新是联结股权激励与公司绩效的桥梁。股权激励能否成为激发企业技术创新的内在动力，如何促使企业技术创新，结果如何？相关文献并未得到一致的结论。如 Wu 和 Tu（2007）[5]、刘运国和刘雯（2007）[6]、黄园和陈昆玉（2012）[7]等研究发现，高管持股与企业技术创新呈显著正相关关系；赵洪江等（2008）[8]的实

---

* 原载于《广东财经大学学报》2015年第2期第36~45页。作者：赵国宇，广东财经大学会计学院副教授，博士。

证研究结果表明，高管持股不仅没有促进技术创新，反而降低了研发投入；Balkin 等（2000）[9]、冯根福和温军（2008）[10]的研究得出高管持股与企业技术创新不存在显著相关关系的结论。导致结论不一致的原因可能在于：第一，选样时间可能不合适。我国的企业在 2006 年前实施的股权激励并不规范，既缺乏政策支持和指引，也缺乏股票行权的成熟市场条件，股权激励效果的随机性很大。第二，选样对象不准确。现有文献没有严格区分高管持股与高管股权激励，以高管持股作为股权激励的指标进行量化，混淆了两者的界限，结果自然令人怀疑。第三，没有区分激励对象。股权激励的对象既有董事会（成员）也有企业管理层（成员），两者在公司中的地位和作用存在较大差异，此外，核心技术员工的激励效果没有被纳入，不加区分地研究激励效果容易造成结论混同。第四，没有区分不同股权激励模式对企业技术创新的影响，股票期权、限制性股票的激励效果可能有较大差异。

中国证监会在 2005 年 12 月 31 日颁布了《上市公司股票期权激励管理办法（试行）》（以下简称《办法》），为股权激励提供了政策指引。该法令的颁布使 2006 年成为上市公司股权激励元年，进而激发了巨大的收益想象空间，也为研究股权激励提供了契机。本文以 2006 年实施股权激励计划的上市公司为研究对象，分析股权激励实施 5 年后对企业技术创新的影响效果。本文的贡献在于：选样对象针对性更强；区分不同激励方式、不同激励对象研究股权激励效果；研究股权激励如何通过促进企业技术创新进而影响公司业绩，从而揭示了股权激励的作用路径。

二、理论分析与研究假设

（一）薪酬激励与技术创新

自公司制企业盛行以来，采用给予高管更高薪酬以减轻股东与经理之间的委托代理问题的做法得到普遍运用，将薪酬激励与公司业绩挂钩有利于促使经理的行为与股东利益目标保持一致。杜胜利和翟艳玲（2005）[11]以及方军雄（2009）[12]的研究表明，经理的货币薪酬与企业绩效之间存在显著的正相关关系。虽然薪酬激励能够促使管理层认真决策、努力经营，但经理薪酬制度的安排是由董事会决定的，而薪酬激励本身是一种制度安排，如何激励属于具体的契约安排问题。由于经理在一定程度上容易成为企业的实际控制人，往往也能够反过来对董事会施加影响，制定有利于经理而不是股东的激励契约，从而削弱薪酬激励的效果。更重要的是，薪酬激励一般与年度会计收益挂钩，主要表现为促进了公司的会计业绩，但长期效果并不明显。由于技术创新能力的培养需要长期的投入与培育，一朝一夕难以奏效，薪酬激励的短期性特点决定其很难对企业的技术创新能力起到实质性的推动作用。因此，提出如下假设：

假设 1：上市公司高管薪酬激励不能提高企业的技术创新能力。

（二）股权激励与技术创新

从中国改革发展取得的成果与现状来看，尽管经济规模总量发生了巨大变化，但增长模式仍然是"旧型工业化道路"（吴敬琏，2008）[13]。大部分企业之间的竞争水平和竞争层次较低，企业经营过程中的机会主义色彩浓厚，即使缺乏核心技术也能发展壮大。中国企业普遍缺乏国际竞争力，从表面上看是产品市场的竞争问题，但归根到底在于企业缺乏技术创新的内在能力。早在"十一五"之初，中央就明确提出"增强自主创新能力，加快建设创新型国家"的战略目标，明确指出坚持把科技进步和创新作为加快转变经济发展方式的重要支撑，为此要求各行业、各部门出台相应的激励制度。《上市公司股票期权激励管理办法（试行）》正是在这种背景下出台的，此后不久，许多上市公司积极进行股改，提出了类似西方发达国家的 CEO 股权激励计划，包括可以在二级市场上流通的业绩股票和股票期权等。2006 年，沪、深两市有 41 家上市公司公布股权激励计划草案，截至 2013 年底，A 股市场有 153 家公司公布了股权激励方案。市场对股权激励总体上持积极态度，上市公司股权激励计划发展迅速。经验证据也表明，上市公司的股权激励对其业绩促进发挥了一定效果（曲亮和任国良，2010）[14]。

技术创新能力的培养是企业长远战略发展的一个重要方面，技术创新除了需要依靠核心技术人员的积极投入之外，还需要资金投入和相关制度安排的推进。因此，为培养企业的技术创新能力，核心技术员工和公司高管均是股权激励的重要对象。吕长江等（2011）研究认为，上市公司的股权激励受到制度背景、公司治理和公司特征三个方面的影响[15]。从 2006 年股权激励元年开始，经过几年的政策引导和企业的积极响应，股权激励发展迅速，已成为我国企业高管和核心技术员工的重要内在动力。由此，提出如下假设：

假设 2：实施股权激励促进了企业的技术创新能力。

（三）股权激励对象与技术创新

企业技术创新离不开核心技术员工的投入与付出。Acs 等（2003）[16]从精神激励体系和物质激励体系两方面进行分析，认为企业内部建立技术创新激励体系是企业技术创新得以有效开展并取得成功的关键。只有通过有效的激励体系充分调动员工的主动性和创造性，企业的创新能力才能得以持续。《上市公司股票期权激励管理办法（试行）》出台后，核心技术员工成为股权激励的对象，极大地促进了技术员工创新能力的发挥。

中国企业普遍缺乏国际竞争力的根本原因是缺乏技术创新和管理创新的内在能力。技术创新仅仅依靠技术人员是不够的，还与管理层的创新意识、重视程度、战略决策紧密相关。Chi-Kun Ho（2005）[17]的研究发现，跨国公司符合公司治理原则的总分越高，其企业竞争力就越强，净资产收益率与公司治理之间存在显著的正相关关系。与产品市场竞争力相比，要素市场竞争力与企业运营效率竞争力是企业竞争力更为重要的两个方面（李钢，2007）[18]。在股权激励作用下，公司管理层更有动力制定创新战略，实施相应行动，包括对核心技术员工进行有效激励、增加更多的研发投入等，从而推动和加快了技术创新。

现代公司制企业中，董事会处于公司治理的核心（Fama和Jensen，1983）[19]。根据代理理论，降低代理成本的需要必然要求公司董事会承担代表股东监督经理人的重要职责。Jensen和Meckling（1976）[20]的"利益趋同假说"认为，董事会成员持股有利于激励其监控管理者，促进其经营绩效。为建立有效的监督机制，董事必须再次成为股东（Bhagat和Black，1999）[21]。正是对权益的所有权创造了有效的代理，董事拥有较多股权的公司价值较高。根本原因在于股权激励解决了董事会与公司利益一致性问题，将董事会和管理层进行利益捆绑，更易形成管理创新团队，从而共同促进企业技术创新能力的形成。基于上述分析，提出如下假设：

假设3：对核心技术员工实施股权激励促进了企业技术创新能力；

假设4：对管理层实施股权激励促进了企业技术创新能力；

假设5：对董事会实施股权激励促进了企业技术创新能力。

（四）股权激励模式与技术创新

我国上市公司股权激励实施的基本形式主要有限制性股票和股票期权。前者要求激励对象只有在工作年限或业绩目标符合股权激励计划规定条件时才可以出售股票并从中获益；股票期权则是授予激励对象在未来一定期限内以预先确定的价格和条件购买本公司一定数量股票的权利。由于限制性股票是基于业绩的股权激励模式，因此其对高管的激励性更强。谢德仁和陈运森（2010）[22]的研究表明，业绩型经理人股权激励计划能够增加股东财富，且行权业绩条件要求越高，越有助于股东财富增长。黄虹等（2014）[23]基于昆明制药股权激励方案分析了限制性股票的激励效果，认为公司实施限制性股票激励是对公司管理层业绩和未来发展前景的肯定，通过这种激励方式也向市场传递了积极信号，影响市场投资者的决策进而反作用于管理者，强化了激励效果。相反，Chen等（2009）[24]基于在中国境外注册、在香港上市的红筹公司的研究则发现，股权激励计划草案的公布并没有带来显著为正的市场反应,中央政府控股的公司其市场反应甚至为负,说明股权激励无助于股东财富的增加。原因在于限制性股票权利和义务对应,具有一定的惩罚性,禁售期和解锁期等相关规定内在要求高管层与公司业绩紧密联系,能够为技术创新提供更大动力。因此,提出如下假设:

假设6:上市公司实施限制性股票有利于促进技术创新,股票期权对技术创新没有显著促进效果。

(五) 股权激励与技术创新路径

企业技术创新有赖于核心技术人员创新能力的激发,张优智和党兴华(2014)[25]研究发现研发投入与技术创新关系密切。罗明新等(2013)[26]在研究研发投资作为政治关联与技术创新的中介时,发现较低的研发投资强度是阻碍创新绩效提升的关键因素。这说明研发投入是实现企业技术创新的重要途径。研发投入对企业来说是一项长期的战略,主要取决于企业高管决策。Jensen和Meckling (1976)[20]认为,经营者与所有者之间的利益越一致,经营者越有动力为企业长期价值最大化而努力工作,从而可以提高其对研究开发的支持力度。从人力资本产权理论来看,股权激励的实现途径是通过股权使企业经营者拥有一定的产权,从而将股东利益、公司利益和经营者个人利益紧密地结合起来,使经营者从企业可持续发展的角度重视公司的技术创新。所以说,股权激励是影响企业研发投入的重要因素。在股权激励机制作用下,经营者能够像股东一样有强烈的动机从公司的长远利益出发,必然加大研发投入进行创新以实现个人利益最大化。经过上述分析,提出如下假设:

假设7:股权激励与企业研发投入正相关。

三、样本选择与研究模型

(一) 样本选择与数据来源

《上市公司股票期权激励管理办法(试行)》的出台为股权激励创造了有利条件,从根本上解决了股票来源和流通两个重要问题。在2006年公布股权激励计划草案的41家公司中,有38家完全按照《办法》设计激励方案,另外3家则采用第三方股权激励,即激励股票来源于股改前的非流通股股东。在研究股权激励对促进技术创新的效果时,本文以2006年沪深证券市场实施股权激励计划的41家上市公司为选样对象,并按1:3的比例选择配对样本。关于配对样本的选取比例,按1:1配比样本可能会因对股权激励公司过度抽样而导致强化股权激励效果(Platt,2002)[27],而按总体分布比例配比又可能导致弱化股权激励效果（Ohlson，1980）[28]，因此，我们按照1:3配对标准并严格参照以下标准选取控制样本：（1）配对样本在2006—2011年间没有实施股权激励计划，也不存在高管持股；（2）控制样本严格限定在相同行业内选取；（3）规模相同的上市公司在公司业绩、管理行为等方面更具可比性，本文在选取控制样本时保证配对样本与股权激励样本的资产规模相近（赵国宇和王善平，2009）[29]；（4）ST类和PT类公司不作为配对样本；（5）剔除研究样本中的极端值。由此得到123个配对样本。由于股权激励效果的显现较为滞后，中国股权激励有效期一般为5年，因此选取2011—2013年的相关数据进行分析。

在研究股权激励对研发投入的影响时，选样对象同上，时间为2007—2011年。这样做主要是考虑到在股权激励的初期和股权激励末期管理层对研发投入的不同态度，在股权激励的有效期结束时管理层研发投入的动力可能发生变化。

样本公司的公司治理数据和财务数据来自香港理工大学与国泰安信息技术有限公司联合开发的中国上市公司治理结构研究数据库和中国股票上市公司财务数据库，其中部分与万得资讯系统进行核对。用来衡量企业技术创新能力的专利数来源于国家知识产权网专利数据库和CNIPR（中外专利数据库服务平台）。

（二）研究模型和变量选择

1. 构建如下实证模型以检验股权激励对企业创新的促进作用：

$$Patent_i = \beta_0 + \beta_1 MHold_i + \beta_2 SHold_i + \beta_3 BHold_i + \beta_4 RStock_i + \beta_5 Option_i + \beta_6 Mode_i + \beta_7 Salary_i + \beta_8 Size_i + \beta_9 Debt_i + \beta_{10} Grow_i + \varepsilon \quad (1)$$

模型中各变量的含义和选择依据如下：

因变量 $Patent_i$ 反映企业技术创新能力，用企业当年获得的专利授权数衡量。参照黄园和陈昆玉（2012）[7]的做法，专利数等于公司发明专利、实用新型和外观设计三种专利数之和。

$MHold_i$ 为实施股权激励的公司管理层的持股比例，由股权激励计划管理层持股数除以公司总股数得到。

$SHold_i$ 为公司核心技术员工的持股比例，由股权激励计划核心技术员工持股数除以公司总股数得到。

$BHold_i$ 用来衡量董事会的持股情况，用董事会持股数量占公司总股份的比例表示。董事会持股能够激励董事有更大动力监督公司的管理者，董事会持股也有利于其做出更积极的决策。

$RStock_i$、$Option_i$ 用来衡量股权激励模式。$RStock_i$ 表示限制性股票，当股权激励方式为限制性股票时，$RStock_i$ 取值为1，否则为0；$Option_i$ 表示股票期权，当股权激励方式为股票期权时，$Option_i$ 取值为 1，否则为 0。

$Mode_i$ 用来检验不同激励模式对技术创新的影响。由于激励对象有管理层、核心技术员工和董事会成员，激励方式有限制性股票和股票期权两种方式，通过组合，$Mode_i$ 有 6 种取值：$MHold * RStock$、$SHold * Option$、$SHold * RStock$、$BHold * Option$、$BHold * RStock$。其中，$MHold_i$ 为公司管理层的持股比例，$SHold_i$ 为公司核心技术员工的持股比例，$BHold$ 为公司董事会的持股比例。

$Salary_i$ 用来研究薪酬激励对公司技术创新的促进效果。$MSalary_i$ 以公司前三名经理薪酬之和的自然对数表示。

$Size_i$ 用来控制公司规模对市场价值的影响，以上市公司总资产的自然对数表示。$Debt_i$ 为资产负债率，由公司总负债除以总资产得到。$Grow_i$ 表示主营业务增长率，等于本年增加的主营业务收入与上年主营业务收入之比。

2. 检验股权激励对企业研发投入影响的实证模型如下：

$$RDFee_i = \beta_0 + \beta_1 MHold_i + \beta_2 Salary_i + \beta_3 ROA_i + \beta_4 ASlack_i + \\ \beta_5 NASlack_i + \beta_6 Size_i + \beta_7 Debt_i + \beta_8 Grow_i + \varepsilon \quad (2)$$

模型中各变量的含义和选择依据如下：

因变量 $RDFee_i$ 用以衡量公司的研发投入水平。目前对于研发支出的衡量指标主要有研发投入/总资产、研发投入/营业收入、研发投入/企业市场价值三种，由于我国企业的市场价值难以准确计量，收入容易被盈余操纵，因此本文选择第一种指标。

$MHold_i$、$Salary_i$ 分别用来衡量公司管理层持股、薪酬激励对公司技术创新的促进效果，含义同上。

ROA_i 为总资产收益率，等于公司净利润与总资产的比值。

$ASlack_i$ 和 $NASlack_i$ 用来衡量企业富余资源程度。Bromiley（1991）[30]和 Greve（2003）[31]用管理费用/销售收入衡量具有吸引力的富余资源，用流动资产/负债衡量不具有吸引力的富余资源。管理费用/销售收入用 $ASlack_i$ 表示，流动资产/负债用 $NASlack_i$ 表示。

$Size_i$ 用来控制公司规模对企业研发投入的影响，以上市公司总资产的自然对数表示。由于大公司能够利用规模经济的优势分摊研发费用，因而比小规模公司研发投入能力更强，因此加以控制。

$Debt_i$ 为资产负债率，由公司总负债除以总资产得到。通常情况下，如果企业的负债压力越大，越倾向于减少研发投入，以减少财务压力和财务风险。

$Grow_i$ 表示主营业务增长率，等于本年增加的主营业务收入与上年主营业务收入之比。一般而言，高成长性的公司由于市场前景较好，研发投入动力较大，由于业绩增长而更加具备研发投入的物质基础。

四、实证分析

（一）描述性统计

表1的统计结果表明，实施股权激励的上市公司平均申报专利数为20.17个，没有实施股权激励的公司只有11.57个，实施股权激励的上市公司其研发支出水平明显高于没有实施股权激励的公司。公布股权激励的上市公司其管理层持股平均为3.5%，核心技术员工平均为2.2%。在股权激励方式中，股权激励方式为限制性股票的公司占27.1%，实施股票期权的公司占72.9%；两类公司的董事会持股比例分别为2.9%和3.5%。

表1 描述性统计结果

变量	股权激励样本				非股权激励样本			
	平均值	标准差	最小值	最大值	平均值	标准差	最小值	最大值
Patent	20.171	108.2	3	5 360	11.572	91.523	0	2046
RDFee	0.019	0.049	0	0.026	0.001	0.003	0	0.015
MHold	0.035	0.025	0.002	0.112	0	0	0	0
SHold	0.022	0.019	0	0.058	0	0	0	0
BHold	0.029	0.077	0	0.345	0.035	0.122	0	0.676
RStock	0.271	0.451	0	1	0	0	0	0
Option	0.729	0.446	0	1	0	0	0	0
Salary	14.78	0.857	13.347	17.047	14.372	0.695	12.567	15.812
Size	23.25	1.434	20.987	26.443	22.745	1.254	20.935	25.917
Debt	0.228	0.701	0.029	0.792	0.734	2.586	0.123	0.946
Grow	0.532	0.172	0.029	0.789	0.524	0.224	0.112	0.976
ROA	0.076	0.067	0.006	0.313	0.051	0.053	-0.053	0.171
ASlack	0.071	0.047	0	0.287	0.087	0.076	0	0.335
NASlack	1.782	3.524	0	23.566	1.667	1.781	0	9.068

表2是基于2006年实施股权激励计划的41家上市公司样本和41家配对样本在2007—2011年间研发投入的统计分析数据。从中可看出，股权激励上市公司和非股权激励上市公司的研发支出都呈明显上升趋势，但前者增长速度更快。两者对比，无论是以研发支出的绝对数还是以研发支出占总资产的比重进行衡量，股权激励上市公司的研发支出均显著高于非股权激励上市公司。

表 2　2006—2011 年研发投入统计情况　　　　　　　　　　万元,%

年份	股权激励样本公司		非股权激励样本公司	
	研发投入	研发投入/资产	研发投入	研发投入/资产
2007	810.126 8	0.077 6	60.882 3	0.002 7
2008	1 541.044	0.069 6	101.088	0.009 9
2009	2 405.356	0.087 5	229.144	0.016 1
2010	4 259.677	0.142 6	497.257	0.028 9
2011	5 699.454	0.158 7	701.238	0.032 9

（二）变量的 Pearson 相关分析

模型 1 中自变量 Pearson 相关分析结果见表 3。自变量 $MHold$ 和 $SHold$ 相关系数为 0.609，但在回归分析时，两者并不同时出现在回归方程中，因此不会引起共线性问题。其他变量间相关系数没有超过 0.6。因此，检验模型中的自变量之间不存在严重的共线性问题。限于篇幅，模型 2 的自变量相关系数没有列出，也不存在共线性问题。

表 3　变量的 Pearson 相关分析结果

变量	MHold	SHold	Salary	BHold	Size	Debt	Grow
$MHold$	1	0.609***	0.087	0.147	-0.019	-0.068	-0.159
$SHold$		1	0.068	0.045	-0.012	0.035	-0.078
$Salary$			1	-0.069	0.532***	0.059	-0.031
$BHold$				1	-0.138	-0.267**	-0.058
$Size$					1	0.467***	0.079
$Debt$						1	0.292***
$Grow$							1

注：*、**、*** 分别表示在 10%、5%、1% 水平上统计显著。下表同。

（三）多元回归分析

模型 1 用来检验股权激励对企业创新的促进作用，多元回归分析结果见表 4。回归结果 1 至 3 表明，企业获得的专利数 $Patent$ 与管理层持股比例 $MHold$、核心技术员工持股比例 $SHold$、董事会持股比例 $MHold$ 均在 1% 水平上显著相关。这说明管理层、核心技术人员和董事会持股均有利于提高企业的技术创新能力，假设 2 至假设 5 得证。回归结果 4 至 6 反映的是股权激励方式的有效性，$Patent$ 与 $MHold * RStock$、$MHold * Option$、$SHold * Option$、$BHold * RStock$、$BHold * Option$ 在 1% 水平显著正相关，但与 $SHold * RStock$ 不显著相关。表明无论采用限制性股票还是股票期权，管理层持股、董事会持股都能促进企业技术创新，但对于核心技术员工只有采取股权激励方式才是有效的,假设6部分得证。关于薪酬激励,回归结果1、4、5、6表明管理层薪酬激励对于促进技术创新反而不利,假设1得证,回归结果2、3不存在显著相关性。此外,企业获得的专利数还与企业规模 Size 显著正相关。

表4 模型1多元回归分析结果

变量	Patent					
	1	2	3	4	5	6
截距	91.212	46.235	86.343	-21.561	-31.273	-68.644
	(0.531)	(0.335)	(0.392)	(-0.158)	(-0.236)	(-0.527)
MHold	3 235.678***			4 623.173***	4 366.253***	4 539.35
	(10.136)			(10.249)	(10.981)	(10.691)
SHold		2 657.311***		1 157.43***	1 464.34***	1 275.86
		(4.546)		(2.662)	(2.978)	(2.889)
BHold			285.894**	86.338*	93.461*	115.307
			(2.51)	(1.878)	(1.865)	(1.932)
RStock				97.824***	97.361***	127.19
				(3.129)	(3.241)	(4.77)
Option				125.43***	122.712***	121.07
				(6.126)	(6.262)	(6.151)
MHold*RStock				3 684.21***		
				(4.083)		
MHold*Option				4 623.17***		
				(10.249)		
SHold*RStock					1 005.211	
					(1.017)	
SHold*Option					1 013.289***	
					(5.697)	
BHold*RStock						2 078.67***
						(4.017)
BHold*Option						93.174***
						(6.354)
Salary	-25.654*	-19.356	-7.685	-17.374*	-16.875*	-17.709*
	(-1.867)	(-1.095)	(-0.428)	(-1.753)	(-1.71)	(-1.768)
Size	11.587***	11.247***	2.017***	13.351*	13.401*	15.712**
	(6.466)	(2.877)	(2.755)	(1.869)	(1.888)	(2.189)
Debt	38.769	24.472	68.239	0.658	2.843	-5.302
	(0.698)	(0.532)	(0.871)	(0.015)	(0.068)	(-0.121)

续表

变量	Patent					
	1	2	3	4	5	6
Grow	-3.229 (-0.817)	-6.778 (-1.175)	-9.272 (-1.549)	-3.196 (-1.002)	-3.152 (-0.989)	-2.765 (-0.852)
R square	0.621	0.436	0.326	0.769	0.772	0.877
Adj-R^2	0.587	0.278	0.106	0.737	0.737	0.769
F 值	18.466***	6.498***	2.782***	23.665***	5.296***	21.213***

说明：括号中的数字为显著性检验的 t 值，用于检验共线性的方差膨胀因子，每个模型的 VIF 值都小于3，限于篇幅未列出。

模型 2 用来检验股权激励对企业研发投入的影响，多元回归分析结果见表 5。结果表明，企业研发投入 RDFee 与管理层持股比例 MHold 在 10% 水平上显著相关，实施股权激励的公司研发投入较多，假设 7 得证；研发投入 RDFee 与管理层的薪酬水平不相关，说明薪酬激励不能促进研发投入决策；另外，RDFee 还与 ASlack、NASlack 显著相关，表明企业富余资源程度越高，研发投入越高。

表5 模型2多元回归分析结果

变量	RDFee				
	2007	2008	2009	2010	2011
截距	-0.002 (-0.737)	-0.000 24 (-0.063)	-0.006 1 (-1.561)	-0.011 (-1.559)	-0.001 1 (-1.36)
MHold	0.000 18* (1.852)	0.000 015* (1.912)	0.001* (1.865)	0.003 7* (1.908)	0.008 1* (1.947)
Salary	-0.000 3 (-1.447)	-0.000 5 (-1.763)	-0.000 2 (-0.699)	-0.000 4 (-0.709)	-0.000 3 (-0.433)
ROA	0.001 9* (1.812)	-0.000 48* (1.862)	-0.001 4* (1.903)	0.0079* (1.818)	0.005* (1.823)
ASlack	0.003 1** (2.656)	0.005 5** (2.674)	0.007 3** (2.122)	0.006 5** (2.619)	0.007 8** (2.709)
NASlack	0.000 43*** (4.324)	0.000 55*** (7.069)	0.000 9*** (9.653)	0.001 12*** (6.476)	0.001 1*** (5.686)
Size	0.000 61 (1.139)	0.001 2 (1.503)	0.002 7 (1.546)	0.004 (1.566)	0.000 21 (1.64)
Debt	-0.000 24* (1.976)	-0.000 29* (1.691)	0.000 3 (1.593)	0.000 5 (1.428)	-0.005 6* (1.731)

续表

变量	RDFee				
	2007	2008	2009	2010	2011
Grow	0.000 21 (0.363)	0.000 19 (0.405)	-0.000 2 (-1.444)	0.000 22 (0.031)	-0.000 2 (-1.016)
R square	0.276	0.454	0.625	0.456	0.402
Adj-R^2	0.192	0.395	0.584	0.396	0.337
F 值	3.281***	6.938***	15.23***	7.65***	6.144***

(四) 稳健性检验

为检验研究结论对有关因素的敏感性，我们还进行了如下稳健性检验：(1) 关于配对样本选取比例，虽然有研究认为1∶3比较恰当，但也有很多文献认为选取1∶1对比效果更好。本文以1∶1选取配对样本重新进行检验，研究结论不变。(2) 对连续变量在1%和99%分位数之外的样本极端观测值进行Winsorize处理，检验发现，统计结果没有改变研究结论。限于篇幅，这些分析结果没有在此报告。

五、研究结论与启示

本文选取2006年实施股权激励方案的上市公司为研究样本，分析《上市公司股票期权激励管理办法（试行）》实施5年后对企业技术创新的激励效果。结论如下：第一，与未实施股权激励的上市公司相比，实施股权激励的上市公司其技术创新能力更强；第二，管理层、核心技术员工和董事会持股提高了企业技术创新能力，均是有效激励对象；第三，无论是采用限制性股票还是股票期权，管理层、董事会持股都能促进企业技术创新，但对于核心技术员工采取股票期权方式更为有效；第四，管理层薪酬激励不能提升企业技术创新能力，其作用甚至是负面的；第五，实施股权激励的上市公司其研发投入水平更高，增加研发投入可能是管理层促进企业创新的重要路径。

基于以上研究结论，从宏观层面来看，股权激励政策提升了企业的技术创新能力，是实现"增强自主创新能力，加快建设创新型国家"的战略目标的重要途径，是转变经济发展模式的根本出路，因此值得大力推广；相反，薪酬激励效果不佳，从目前公众对高管过高薪酬的强烈反应来看，应该适当降低薪酬水平，也有利于促进社会公平；股权激励对象、激励模式、作用路径也是上市公司实施股权激励必须考虑的重要问题，该结论提供了参考方向，但要注意和企业的具体情况相结合，有针对性地进行安排。

本研究的局限性主要体现在：（1）限制性股票和股票期权对于高管而言都是有效的激励方式，但哪种方式更为有效则要结合企业特点进一步进行研究；（2）总体而言，股权激励是有效的，但不同行业可能存在巨大差异，本文没有进行比较；（3）尽管在股权实施的前5年，股权激励促使管理层增加研发投入，说明股权激励期限是有效的，但股权激励的有效期限应该多长较为合理，需要进一步研究。

参考文献

[1] 吴育辉，吴世农. 高管薪酬：激励还是自利？——来自中国上市公司的证据 [J]. 会计研究，2010（11）：40-48.

[2] 王华，黄之骏. 经营者股权激励、董事会组成与企业价值——基于内生性视角的经验分析 [J]. 管理世界，2006（9）：101-116.

[3] 夏纪军，张晏. 控制权与激励的冲突——兼对股权激励有效性的实证分析 [J]. 经济研究，2008（3）：87-98.

[4] 游春. 股权激励、董事会、TMT团队与经营绩效——基于中国上市公司的实证分析 [J]. 管理评论，2010（9）：3-13.

[5] WU J, TU R. CEO stock option pay and R&D spending: a behavioral agency explanation [J]. Journal of Business Research, 2007, 60: 482-492.

[6] 刘运国，刘雯. 我国上市公司的高管任期与R&D支出 [J]. 管理世界，2007（1）：121-124.

[7] 黄园，陈昆玉. 高管层股权激励对企业技术创新的影响研究——基于深沪A股上市公司的面板分析 [J]. 科技管理研究，2012（12）：179-182.

[8] 赵洪江，陈学华，夏晖. 公司自主创新投入与治理结构特征实证研究 [J]. 中国软科学，2008（7）：145-149.

[9] BALKIN D B. Is CEO pay in high-technology firms related to innovation? [J]. Academy of Management Journal, 2000, 43（6）: 1118-1129.

[10] 冯根福，温军. 中国上市公司治理与企业技术创新关系的实证分析 [J]. 中国工业经济，2008（7）：91-101.

[11] 杜胜利，翟艳玲. 总经理年度报酬决定因素的实证分析——以我国上市公司为例 [J]. 管理世界，2005（8）：114-120.

[12] 方军雄. 我国上市公司高管的薪酬存在粘性吗？[J]. 经济研究，2009（3）：110-124.

[13] 吴敬琏. 中国增长模式抉择 [M]. 上海：远东出版社，2008.

[14] 曲亮，任国良. 高管薪酬激励、股权激励与企业价值相关性的实证检验 [J]. 当代经济科学，2010（5）：73-80.

[15] 吕长江, 严明珠, 郑慧莲, 等. 为什么上市公司选择股权激励计划? [J]. 会计研究, 2011 (1): 34-36.

[16] ACS Z J, ANSELIN L, VARGA A. Patents and innovation counts as measures of regional production of new knowledge [J]. Research Policy, 2003, 31 (7): 1069-1085.

[17] CHI-KUN HO. Corporate governance and corporate competitiveness: an international analysis [R]. Blackwell Blishing Ltd., 2005.

[18] 李钢. 企业竞争力研究的新视角: 企业在产品市场与要素市场的竞争 [J]. 中国工业经济, 2007 (1): 61-67.

[19] FAMA E F, M C JENSEN. Separation of ownership and control [J]. Journal of Law and Economics, 1983, 26: 301-325.

[20] JENSEN MICHAEL, WILLIAM H MECKLING. Theory of the firm: managerial behavior, agency costs and ownership structure [J]. Journal of Financial Economics, 1976, 10: 305-360.

[21] BHAGAT S, B BLAEK. The uncertain relationship between board composition and firm performance [J]. The Business Lawyer, 1999, 54: 921-963.

[22] 谢德仁, 陈运森. 业绩型股权激励、行权业绩条件与股东财富增长 [J]. 金融研究, 2010 (12): 99-114.

[23] 黄虹, 张鸣, 柳琳. "回购+动态考核" 限制性股票激励契约模式研究——基于昆明制药股权激励方案的讨论 [J]. 会计研究, 2014 (2): 27-33.

[24] CHEN Z H, Y Y GUAN, B KE. Do managerial stock options increase shareholder value in countries with weak investor protections: evidence from China [R]. Pennsylvania State University, 2009.

[25] 张优智, 党兴华. 研发投入与技术创新关联性的动态分析——基于协整检验和状态空间模型的研究 [J]. 科技管理研究, 2014 (8): 8-13.

[26] 罗明新, 马钦海, 胡彦斌. 政治关联与企业技术创新绩效——研发投资的中介作用研究 [J]. 科学学研究, 2013 (6): 938-947.

[27] PLATT H D, PLATT M B. Predicting corporate financial distress: reflections on choice-based sample bias [J]. Journal of Economics and Finance, 2002, 26 (2): 184-199.

[28] OHLSON J. Financial ratios and the probabilistic prediction of bankruptcy [J]. Journal of Accounting Research, 1980, 18 (1): 109-131.

[29] 赵国宇, 王善平. 审计合谋的特征变量、预警模型及其效果研究 [J]. 会计研究, 2009 (6): 73-80.

[30] BROMILEY P. Testing a causal model of corporate risk-taking and performance [J]. Academy of Management Journal, 1991, 34: 37-59.

[31] GREVE H R. A behavioral theory of R&D expenditures and innovation: evidence form shipbuilding [J]. AcadManage, 2003, 46: 685-702.

机构投资者持股、高管超额薪酬与公司治理[*]

一、引言

在资本市场上，相较于个人投资者而言，机构投资者往往拥有更雄厚的投资实力、更专业的分析能力以及更灵敏的信息获取能力，其投资行为和投资动向常常被认为是资本市场的"风向标"。正因如此，机构投资者在与上市公司内部的管理层、大股东、中小股东等之间进行的制衡博弈中能够占据一定的优势。

近年来，关于机构投资者这股"第三方力量"在上市公司中的治理作用吸引了理论界、实务界以及学术界众多学者的广泛讨论，相关研究形成了三种彼此对立的观点。其中，监督者假说认为，机构投资者参与公司治理能够发挥有效的监督作用，通过约束管理层的自利行为以降低公司代理成本，进而提升公司的长期绩效来获取更高的投资回报（Hartzell 和 Starks，2003；Almazan 等，2005；Ning 等，2015；孙光国等，2015；夏宁和杨硕，2018）[1-5]。合谋者假说认为，机构投资者是一类兼具投资性与投机性的逐利型市场主体，为了与公司管理层保持良好的商业关系，他们存在与管理层结成联盟（合谋）的激励，进而与管理层共同谋取私利（Woidtke，2002；Chao，2006；付勇和谭松涛，2008；潘越等，2011）[6-9]。旁观者假说认为，机构投资者本身的投票权有限，他们不会积极参与到具体的公司治理实践中，并且当公司出现经营问题时，他们通常会选择用脚投票并采取事不关己的态度，从而维护自身利益（Grinstein 和 Michaely，2005）[10]。

上述关于机构投资者公司治理效应的研究表明，机构投资者作为资本市场

---

[*] 原载于《广东财经大学学报》2019年第2期第46~59页。作者：陈晓珊，广东财经大学会计学院讲师，博士；刘洪铎，广东外语外贸大学经济贸易学院讲师，博士。

的重要参与者,其在公司治理中究竟扮演监督者、合谋者还是旁观者的角色,主要取决于其与公司内部高管之间的利益关系(潘越等,2011)[9]。现代公司制度确立之后,公司所有权与经营权相分离,高管作为公司经营的主要决策者,其行为会直接影响到公司的经营状况和长期绩效,并且这种经营权使得高管对于自身的薪酬设计有着实质性的影响,高管极容易利用自身所掌握的权力进行寻租,进而获得超过正常所得的收入(Bebchuk 和 Fried,2003;权小锋等,2010)[11-12]。与既有文献从制度因素、内部治理、政府补助、董事会文化等角度探讨高管超额薪酬的影响因素不同,本文关注的是:上市公司的外部机构投资者作为公司独立性较强的股东,从整体层面看,其是否会积极参与公司治理,约束高管攫取超额薪酬的自利行为?更细致而言,从个体层面看,不同类型的个体机构投资者由于其投资理念、持股偏好、持股比例、资金规模等方面不尽相同,这些差异是否会导致个体机构投资者在公司治理中扮演不同的角色?对上述问题的回答有助于厘清机构投资者的公司治理机制,明确个体机构投资者的公司治理职能,为上市公司进一步完善公司治理框架提供经验启示。

本文的研究贡献体现在以下几个方面:第一,从整体角度系统检验了上市公司外部机构投资者的持股深度和持股广度对高管超额薪酬的影响,发现二者均会明显约束高管获得超额薪酬的行为,但是持股广度所产生的抑制效应相对更大,这不仅拓展了机构投资者"公司治理效应"和高管超额薪酬影响因素等领域的研究,更为上市公司吸引多元化和多层次的机构投资者提供了实证支持。第二,尝试从机构投资者的个体异质性角度探讨机构投资者在公司治理中所扮演的角色,弥补了已有研究局限于将公司外部的全部机构投资者作为一个整体进行分析的不足。第三,本文的研究结论揭示了我国个体机构投资者在公司治理中发挥着不同的作用,这对于证监会等监管当局进一步培育和发展机构投资者、规范机构投资者的行为以及上市公司深入优化机构投资者的结构和规模等,均有着丰富的政策启示。

二、理论分析与研究假设

(一)机构投资者持股与高管超额薪酬

目前绝大部分相关文献是将机构投资者作为一个整体的无差异对象进行分析,并且相关研究集中于从高管变更、股利政策、盈余管理、股价崩盘风险等角度探讨机构投资者的公司治理效应(薄仙慧和吴联生,2009;韩勇等,2013;许年行等,2013;王谨乐和史永东,2018)[13-16]。随着研究的深入,有学者发现机构投资者参与公司治理的决策与公司内部高管的利益关系息息相关,并且越来越多的机构投资者将干预高管薪酬的制定过程作为其参与公司治理的渠道（Klan 等，2005；Brandes 等，2008；Shin 和 Seo，2011）[17-19]，对此，部分文献也围绕机构投资者的持股深度与高管薪酬水平或薪酬契约有效性等之间的关系展开研究。譬如，Hartzell 和 Starks（2003）[1]、Klan 等（2005）[17]、Min 和 Ozkan（2008）[20]等学者研究发现，机构投资者持股比例越高，高管薪酬水平越低，表明机构投资者通过干预高管的薪酬设计能够有效约束高管的行为，从而节省了公司的代理成本。Almazan 等（2005）[2]指出，机构投资者作为相对独立的外部监督者，其持股比例的高低对高管行为有着显著的影响，持股比例越大对高管薪酬的约束作用越强。Ning 等（2015）[3]的研究也证实，机构投资者的持股比例与高管薪酬之间存在负相关关系。国内学者张敏和姜付秀（2010）[21]、伊志宏等（2011）[22]分别从企业产权性质和制度环境的角度出发研究机构投资者与高管薪酬激励之间的关系，前者发现机构投资者仅在民营企业中发挥有效的治理作用，后者发现机构投资者能否发挥积极的公司治理效应受到制度环境的影响。

近年来，随着证监会"超常规发展机构投资者"战略的实施，我国机构投资者呈现出多元化和多层次的发展趋势（刘颖斐和倪源媛，2015）[23]，但是学界关于机构投资者持股广度的研究尚不多见，这也使得本文的研究能够成为该领域的有益补充。理论上，机构投资者的公司治理效应与个人投资者存在很大区别。首先，机构投资者拥有的股票规模与个人投资者相比要大得多，即他们拥有更加集中的投票权，这会促使其更有动力运用自身掌握的专业投资或监管技能去发挥积极的公司治理作用，从而降低代理成本（高汉，2010）[24]。其次，机构投资者作为专业的投资主体，其所具备的专业能力、投资理念、资源优势等都有助于优化上市公司的内部治理框架，改善公司经营状况，从而提升公司经营效率。实践上，随着资本市场的快速发展，我国机构投资者经历了从无到有，从单一到多元化的发展过程，并逐渐形成了目前包含券商、保险公司、信托公司、财务公司、证券投资基金、QFII 等多种类型投资主体共存的局面，随着上述机构投资者持股比例的日益提升，从某种程度上它们也会更加积极地参与公司治理，并运用所拥有的投票权对高管的行权过程进行有效监督，通过提升公司的经营效率从而获得投资回报。

本文认为，一方面，机构投资者持股比例越高，越有助于削弱高管的控制权，进而约束高管利用权力寻租董事会的行为，降低高管获得超额薪酬的概率和水平；另一方面，机构投资者持有公司的股份越多，其在公司的话语权越大，进而可以通过干预高管薪酬的制定过程，有效避免公司向高管发放过多的薪酬。

因此，预期上市公司机构投资者的持股深度与高管超额薪酬显著负相关。此外，共同持有同一家上市公司股票的机构投资者类型越多，其所形成的外部监督力量越大，越有助于强化对高管自利行为的监管，预期机构投资者的持股广度同样与高管超额薪酬呈现负相关关系。基于上述分析，本文提出以下假设：

假设1a：总体上，我国上市公司机构投资者的持股深度与高管超额薪酬呈负相关关系；

假设1b：总体上，我国上市公司机构投资者的持股广度与高管超额薪酬呈负相关关系。

（二）异质个体机构投资者持股与高管超额薪酬

不同类型的机构投资者在投资理念、持股偏好、持股比例、资金规模等方面不尽相同，这些差异会对机构投资者是否选择参与公司治理产生显著影响。Brickley等（1988）[25]首次在研究中引入机构投资者的异质性概念，并考察异质机构投资者的公司治理效应是否存在显著差异。自此，相关研究开始依据不同的分类方法讨论机构投资者异质性的经济后果，包括划分为压力抵抗型和压力敏感型机构投资者（彭利达，2016）[26]、潜在积极机构投资者和潜在消极机构投资者[2]、投资主导型和业务主导型机构投资者（韩亮亮，2016）[27]、独立和非独立机构投资者[23]，等等。

然而，尽管上述文献考虑了机构投资者的异质性，但随着资本市场上机构投资者类型越来越多样化、多元化，上述分类方法并未能完全体现机构投资者的个体异质性。譬如，同属压力抵抗型的机构投资者，证券投资基金与QFII的投资规模和投资理念存在很大差异。因此，有必要进一步细化机构投资者的分类，按照其最基本的组织结构的异质性考察包括券商、保险公司、信托公司、财务公司等在内的个体机构投资者的公司治理效应。譬如，伍伟和刘惠好（2008）[28]指出，保险公司、社保基金等机构投资者的投资期限相对较长，此类投资者更加关注持股公司的长期发展，也更加重视公司治理情况，可以通过高管薪酬制定的途径参与公司治理。施东晖（2001）[29]探讨了证券投资基金的交易行为和市场影响，发现证券投资基金存在明显的"羊群行为"，加剧了股价波动。熊家财等（2014）[30]基于股价信息含量视角研究异质机构投资者的公司治理效应，发现证券投资基金的交易行为会明显降低股价信息含量；相反地，保险基金、社保基金、QFII等机构投资者持股则有助于优化公司信息环境，进而提高股价信息含量。

从作者掌握的文献来看，目前并未发现有学者针对异质个体机构投资者对高管超额薪酬的影响进行研究，少数几篇文献主要讨论机构投资者持股与高管薪酬或薪酬-业绩敏感性之间的关系。譬如，Maxey 和 Ten Wolde（1998）[31]指出，高管薪酬是共同基金经理在作出投资决策时的主要考量因素。毛磊等（2011）[32]实证检验了机构投资者整体和个体持股水平对高管薪酬的影响，发现机构投资者整体持股比例显著提高了高管薪酬及其薪酬-业绩敏感性，但个体机构投资者中只有证券投资基金能对高管薪酬产生影响，没有证据表明券商、QFII、社保基金、保险公司、信托公司等机构投资者能够影响到高管的薪酬情况。韩亮亮（2016）[27]基于产权性质差异视角实证研究了机构投资者持股对银行高管的货币薪酬的影响，发现社保基金和QFII等投资主导型机构投资者持股会显著降低非中央直管银行的高管薪酬，保险公司、信托公司、证券投资基金、券商、财务公司等业务主导型机构投资者持股则发挥了相反的作用。

基于上述文献回顾我们发现，目前学术界在机构投资者监督角色这一问题上尚未形成共识，并且在个体机构投资者如何影响高管超额薪酬方面也未能进行更进一步的研究。本文认为，从个体机构投资者的投资风格角度来看，证券投资基金的交易行为存在明显的短视倾向，更加注重短期利益，因此有更大的概率与高管合谋，并有可能对高管攫取私利的行为视而不见，甚至结成联盟共同谋取利益，从而在公司治理中扮演合谋者的角色。券商、保险公司、社保基金、信托公司等机构投资者更加注重公司的长期价值，对企业的长远发展也较为关注，更倾向于以长视目光对公司的治理发挥作用。合理的猜想是，此类机构投资者者持有公司股份后有较为强烈的动机参与公司治理，积极监督高管的行为，对不称职的高管提出警告，对不合理的决策提出异议，抑制高管获得不恰当的薪酬，从而在公司治理中扮演有效的监督者角色。QFII、财务公司、银行等机构投资者属于小规模的投资者，其持股总额相较于其他机构而言较小，使得此类机构投资者在公司中的话语权相对有限，因此对高管行为也未能发挥有效的监督，因而他们!在公司治理中更有可能扮演"旁观者"角色。

从个体机构投资者的持股规模和稳定性角度来看，只有当机构投资者持股规模较大，并且不容易在市场转让，需要长期持股时，机构投资者才有足够的动机关注公司治理，并通过实施积极的监督获取相应的利益。但与此同时，如果持股比例太大亦有可能导致投资者在公司治理方面话语权过大，不仅会干扰高管的治理决策，还有可能干预高管薪酬契约的制定，不可避免地会与高管产生一定的利益冲突，因此，理性的高管会竭力寻租机构投资者并形成策略联盟，共同谋取"合谋"利益，从而导致更高的代理成本。相反地，如果机构投资者持股规模较小，并且容易在市场上转让股权，则不太愿意参与公司治理。

具体而言，证券投资基金是我国资本市场上最大的个体机构投资者，现已成为上市公司壮大资本、筹集资金的重要来源。近年来，此类机构投资者的持股规模持续增大，在公司中也形成了较大的话语权，可以在股东大会、董事会、监事会中对高管的任命及其薪酬政策行使表决权，此时，理性的高管出于自身利益的考虑会积极进行寻租，在监督成本明显高于监督收益的情况下，证券投资基金会会选择与高管形成联盟，放任高管攫取超额薪酬，试图谋取更高的利益，由此在公司治理中扮演合谋者角色。券商、保险公司、社保基金、信托公司等机构投资者的持股规模较为合理，稳定性相对较强，并且投资的目标主要是资本增值，他们期望通过资本增值和分红来获利，因此更愿意参与公司治理；与此同时，此类投资者有较高的监督和信息获取能力，所以能更好地抑制高管获得超额薪酬的自利行为，在公司治理中发挥监督者角色的可能性更大。QFII、财务公司、银行等"短暂型"机构投资者的持股规模相当小，并且持股时间短，持股稳定性较弱，所以他们不会特别关注公司的治理状况，更不会积极主动地参与公司治理，从而对高管获取超额薪酬的自利行为采取"袖手旁观"的态度，扮演旁观者角色。

基于上述分析，本文提出以下假设：

假设2a：证券投资基金持股比例与高管超额薪酬呈正相关关系，其在公司治理中主要扮演"合谋者"的角色；

假设2b：券商、保险公司、社保基金、信托公司等机构投资者的持股比例与高管超额薪酬呈负相关关系，这些类型的机构投资者在公司治理中主要扮演"监督者"的角色；

假设2c：QFII、财务公司、银行等机构投资者的持股比例与高管超额薪酬不存在明显的相关性，这些类型的机构投资者在公司治理中主要体现为"旁观者"角色。

三、研究设计

（一）样本选择与数据来源

本文选取2010—2017年我国沪深两市A股上市公司为研究样本，并进行如下筛选：（1）剔除金融、证券、货币服务类公司；（2）剔除主要财务数据和公司治理数据缺失的样本；（3）剔除样本期内被ST、PT的公司，最终得到的研究样本包括17 219个观测值。文中使用的上市公司高管绝对薪酬数据、财务数据、公司治理数据等均来自CSMAR国泰安金融研究中心数据库，机构投资者数据来自CCER数据库，高管超额薪酬数据由作者通过模型估计进行整理。为了避免极端值的影响，对所有连续型变量在上下1%的水平进行了Winsorize处理。

(二) 变量选取

1. 被解释变量

本文采用两种方法刻画高管超额薪酬：一是测算高管获得超额薪酬的水平，二是构建高管是否获得超额薪酬的虚拟变量。针对高管超额薪酬水平的衡量，主要借鉴 Core 等 (2008)[33]的做法构建以下模型进行回归估计，得到预期的高管正常薪酬水平 (pay_expected)，最后将实际的高管薪酬水平 (pay) 减去模型估算得到的预期的正常薪酬水平即为高管超额薪酬 (overpay)。模型设定如下：

$$pay_{i,t} = \beta_0 + \beta_1 size_{i,t} + \beta_2 roe_{i,t} + \beta_3 roe_{i,t-1} + \beta_4 IA_{i,t} + \beta_5 lev_{i,t} + \sum year_t + \sum industry_i + \varepsilon_{i,t} \quad (1)$$

$$overpay_{i,t} = pay_{i,t} - pay\_expected_{i,t} \quad (2)$$

其中，变量 pay 表示高管绝对薪酬，选择上市公司年报中披露的"薪酬最高前三名高管的薪酬总额"取其自然对数进行衡量；变量 size、roe、IA、lev 分别代表企业规模、企业业绩、无形资产比、财务杠杆；变量 year、industry 分别为年份和行业哑变量，当对应某一年度、某一行业时，year、industry 分别取值为 1，否则取值为 0。

基于上述对高管超额薪酬水平的估计，我们构建高管是否获得超额薪酬的虚拟变量 (overpay_dum) 为被解释变量，当高管超额薪酬水平 (overpay) 大于零时，哑变量 overpay_dum 取值为 1，小于零时则取值为 0。

2. 解释变量

本文对异质机构投资者的划分，主要依据机构投资者总体持股的深度和广度以及个体投资者的持股比例等。具体而言，机构投资者的持股深度为剔除非金融类上市公司持股之外的所有机构投资者对公司的持股比例之和，包括证券投资基金、QFII、券商、保险公司、社保基金、信托公司、财务公司、银行等。机构投资者的持股广度主要以公司外部机构投资者的类型所涉及的数量进行算术加总加以刻画，个体机构投资者的持股比例直接以其持有的本公司股份比例进行衡量。

3. 控制变量

本文综合借鉴 Core 等 (2008)[33]、罗宏等 (2014)[34]等主流文献的做法，选取以下指标为控制变量：(1) 独立董事激励。独立董事激励以独立董事津贴表示。当公司向独立董事提供更多的报酬津贴时，可以有效激励独立董事的公司治理功能，约束高管自利行为，预期独立董事激励会降低高管超额薪酬。

(2) 高管在职消费。高管在职消费具有"效率观"和"代理观"的双重属性,既有代理成本的一面,亦有隐性激励的一面,但无论如何,高管在职消费都会变相提升高管的待遇。(3) 高管货币薪酬激励。货币薪酬越高,高管超额薪酬随之提高,预期两者之间呈现正相关关系。(4) 董事会规模。学者们普遍认为,董事会规模越大,董事间的沟通难度会相应增加,进而增大高管的寻租空间,预期董事会规模正向影响高管的超额薪酬。(5) 高层人员的职业生涯关注。高层人员年龄越大,越有可能催生59岁现象,其职业生涯过程伴随着其年龄的逐渐增大进而促进高管攫取超额薪酬。(6) 高层规模。高层规模越大,监督力度越大,高管获取私利的可能性越小。(7) 高管持股比例。高管持股比例越多表明高管权力越大,越有可能利用权力获得超额薪酬。(8) 公司业绩。公司盈利能力越强,意味着公司的代理效率越高,即代理成本越小。此外,还同时控制了时间效应和行业效应。主要变量的定义如表1所示。

表1 变量定义

变量层级	变量符号	变量名称	变量定义
被解释变量	overpay	高管超额薪酬水平	根据模型(1)和(2)估计所得
	overpay_dum	高管是否获得超额薪酬	虚拟变量,当超额薪酬水平大于0时取值1,否则取值0
解释变量	inst_hold	机构投资者持股深度	证券投资基金、社保基金、QFII、券商、保险公司、信托公司、财务公司、银行等机构投资者持股比例之和
	inst_number	机构投资者持股广度	持股机构类型的数量之和
	inst_fund	证券投资基金持股	证券投资基金持股比例
	inst_qfii	QFII合格境外投资者持股	QFII持股比例
	inst_broker	券商持股	券商持股比例
	inst_insurance	保险公司持股	保险公司持股比例
	inst_security	社保基金持股	社保基金持股比例
	inst_entrust	信托公司持股	信托公司持股比例
	inst_finance	财务公司持股	财务公司持股比例
	inst_bank	银行持股	银行持股比例

续表

变量层级	变量符号	变量名称	变量定义
控制变量	lnallowance	独立董事激励	独立董事津贴
	perks	高管在职消费	管理费用/营业收入
	lnsalary	高管货币薪酬激励	金额最高前三名高管的薪酬总额的自然对数
	director	董事会规模	董事会人数
	age_average	高层人员的职业生涯关注	董事、监事和高管的平均年龄
	num_total	高层规模	董事、监事和高管的总人数
	share_manage	高管持股比例	高管持有本公司的股份比例
	roe	公司业绩	净利润/营业收入
	year	年度效应	虚拟变量，对应某一年份取值1，否则取值0
	industry	行业效应	虚拟变量，对应某一行业取值1，否则取值0

（三）计量模型构建

为了考察我国异质机构投资者与高管超额薪酬之间的关系，构建以下模型进行实证检验：

$$overpay_{i,t} = \alpha_0 + \alpha_1 inst_{i,t} + \Gamma Control_{i,t} + \sum year_t + \sum industry_i + \varepsilon_{i,t} \quad (3)$$

$$overpay\_dum_{i,t} = \beta_0 + \beta_1 inst_{i,t} + \Gamma Control_{i,t} + \sum year_t + \sum industry_i + \varepsilon_{i,t} \quad (4)$$

模型（3）（4）中的被解释变量分别为高管超额薪酬水平和高管是否获得超额薪酬的虚拟变量。当被解释变量为 $overpay$ 时，采用固定效应估计；当被解释变量为 $overpay\_dum$ 时，采用 logit 估计。$inst$ 为一组解释变量，代表机构投资者的异质性，指代机构投资者持股深度、持股广度以及个体机构投资者的持股比例；$Control$ 是一组控制变量，避免遗漏变量引起内生性和回归结果偏误。

（四）统计分析

1. 描述性分析

表2报告了模型主要变量的描述性统计信息。数据显示，2010—2017年间，我国约有61%的上市公司高管获得超额薪酬，超额薪酬的平均水平约为0.001，最小值为-1.516，最大值为1.534，表明部分公司存在实际薪酬低于正常水平的现象。上市公司间机构投资者持股深度（$inst\_hold$）差距较大，标准差达到

4.522，平均持股 4.83%，最小值为 0，最大值为 34.39%。机构投资者持股类型（inst_number）平均为 2 种，最多为 7 种，即部分公司存在 7 种类型的外部机构投资者。个体机构投资者中，证券投资基金（inst_fund）平均持股比例最大，为 2.12%，并且存在部分公司持股比例达到 15.84% 的情况；QFII（inst_qfii）持股比例较少，平均值为 0.106%；券商（inst_broker）、保险公司（inst_insurance）、社保基金（inst_security）等机构投资者的持股比例较为接近，平均持股比例分别为 0.589%、0.420%、0.437%；信托公司（inst_entrust）平均持股比例为 1.003%，标准差达到 2.290；财务公司（inst_finance）和银行（inst_bank）等机构投资者平均持股比例较低，分别为 0.030%、0.033%。

表 2 变量描述性统计信息（N = 17219）

变量	均值	标准差	最小值	最大值
overpay	0.001	0.602	-1.516	1.534
overpay_dum	0.609	0.488	0	1
inst_hold	4.83	4.522	0	34.39
inst_number	2.121	1.028	0	7
inst_fund	2.212	3.140	0	15.84
inst_qfii	0.106	0.599	0	12.08
inst_broker	0.589	1.193	0	7.880
inst_insurance	0.420	1.292	0	14.54
inst_security	0.437	0.967	0	6.210
inst_entrust	1.003	2.290	0	16.56
inst_finance	0.030	0.275	0	7.410
inst_bank	0.033	0.510	0	17.92
lnallowance	10.93	0.476	9.616	12.21
perks	0.101	0.080	0.010	0.489
lnsalary	14.19	0.716	12.25	16.13
director	5.430	1.986	0	16
age_average	45.55	10.35	0	61
num_total	16.84	5.622	0	53
share_manage	4.161	11.26	0	376.6
roe	0.090	0.134	-0.495	0.554

2. 相关性分析

表3报告了主要变量的Pearson相关性检验结果①。可以看出，异质机构投资者持股比例与高管超额薪酬之间均存在显著的相关关系。其中，机构投资者持股深度与持股广度均与高管超额薪酬显著负相关，表明机构投资者持股比例的提高及持股机构类型的多样化更有助于降低高管超额薪酬水平。证券投资基金持股比例与QFII持股比例均与高管超额薪酬呈现显著的正相关关系，而券商、保险公司、社保基金、信托公司、财务公司、银行等机构投资者持股均与高管超额薪酬呈显著的负相关关系。控制变量中除了高层人员的职业生涯关注变量以外，其他均与高管超额薪酬呈显著正相关关系。上述信息只能初步判定变量间可能存在的相关性，具体还有待大样本数据的实证检验。从相关系数的大小来看，各变量与被解释变量之间的相关系数都明显小于0.5。进一步地，VIF和1/VIF检验结果显示，VIF值均界于1~3之间，明显小于10的经验法则。此外，1/VIF值均明显大于0.1，充分表明本文的变量间不存在严重的多重共线性。

表3 变量相关性检验

变量	overpay	overpay_dum	VIF	1/VIF
overpay	1			
overpay_dum	0.785 9***	1		
inst_hold	-0.073 2***	-0.004 8***	1.25	0.800
inst_number	-0.051 5***	-0.010 2***	1.29	0.773
inst_fund	0.086 0***	0.062 7***	1.16	0.864
inst_qfii	0.097 0***	0.046 3***	1.05	0.955
inst_broker	-0.005 6***	-0.039 5***	1.05	0.956
inst_insurance	-0.061 7***	-0.020 0***	1.04	0.960
inst_security	-0.090 8***	-0.019 3***	1.08	0.926
inst_entrust	-0.057 4***	-0.080 3***	1.08	0.924
inst_finance	-0.033 3***	-0.032 8***	1.02	0.981
inst_bank	-0.034 4***	-0.015 6***	1.02	0.985
lnallowance	0.266 1***	0.113 1***	1.19	0.842
perks	0.037 6***	0.043 2***	1.02	0.976
lnsalary	0.475 0***	0.409 8***	1.25	0.803
director	0.025 7***	0.006 1***	2.42	0.413
age_average	-0.001 9***	-0.007 3***	2.03	0.493

① 限于篇幅，未报告解释变量与控制变量相互间的相关性结果。

续表

	overpay	overpay_dum	VIF	1/VIF
num_total	0.042 1***	0.010 7***	2.94	0.339
share_manage	0.006 8***	0.039 0***	1.04	0.962
roe	0.045 0***	0.050 8***	1.04	0.962

注：***代表在1%的统计水平上显著。

四、实证分析

（一）机构投资者持股与高管超额薪酬：持股深度与持股广度

为了考察机构投资者持股深度与持股广度对上市公司高管超额薪酬的影响，本文按照模型（3）（4）进行回归分析，结果见表4。由表4可知，机构投资者持股深度和持股广度的回归系数均在1%的统计水平显著为负，表明外部机构投资者持股比例的提升和持股机构类型的多样化都有助于约束高管的自利行为，降低高管获得超额薪酬的概率和水平，验证了假设1a和假设1b。从回归系数的大小看，持股机构类型的多样化对高管超额薪酬的抑制效应相对较大，表明上市公司应该更多地追求外部机构投资者持股的广度。

此外，各控制变量的回归结果均符合理论预期，说明提升独立董事激励能够降低高管超额薪酬；增加高管在职消费、货币薪酬激励、持股比例以及扩大董事会规模等则会促进高管获得超额薪酬；高层人员的职业生涯越到后期越有可能放任高管的自利行为；扩大高层规模和提升企业盈利能力有助于约束高管行为，进而降低高管获得超额薪酬的概率和水平。

表4 机构投资者持股与高管超额薪酬：持股深度与持股广度

变量	机构投资者持股深度		机构投资者持股广度	
	（1）因变量：overpay	（2）因变量：overpay_dum	（3）因变量：overpay	（4）因变量：overpay_dum
inst_hold	-0.003*** (0.001)	-0.063*** (0.006)		
inst_number			-0.037*** (0.002)	-0.291*** (0.025)
lnallowance	-0.079*** (0.006)	-0.405*** (0.065)	-0.076*** (0.006)	-0.377*** (0.064)
perks	0.719*** (0.044)	4.093*** (0.448)	0.674*** (0.042)	3.822*** (0.440)
lnsalary	0.880*** (0.005)	3.520*** (0.091)	0.886*** (0.005)	3.561*** (0.091)
director	0.012*** (0.002)	0.087*** (0.021)	0.011*** (0.002)	0.081*** (0.021)
age_average	0.001*** (0.000)	0.005 (0.004)	0.001*** (0.000)	0.005 (0.004)
num_total	-0.013*** (0.001)	-0.078*** (0.009)	-0.012*** (0.001)	-0.073*** (0.009)
share_manage	0.001*** (0.000)	0.014*** (0.003)	0.001*** (0.000)	0.013*** (0.003)
roe	-0.428*** (0.023)	-1.221*** (0.234)	-0.414*** (0.022)	-1.148*** (0.231)

续表

变量	机构投资者持股深度		机构投资者持股广度	
	（1）	（2）	（3）	（4）
	因变量：overpay	因变量：overpay_dum	因变量：overpay	因变量：overpay_dum
year	是	是	是	是
industry	是	是	是	是
N	17 219	17 219	17 219	17 219
$R^2/Pseudo\ R^2$	0.923	0.376	0.927	0.348

注：***、**、* 分别表示在1%、5%、10%的统计水平上显著；回归中按公司代码进行了 cluster 处理，小括号内为 cluster 聚类稳健标准误。下表同。

（二）机构投资者持股与高管超额薪酬：个体异质性

下面基于机构投资者的个体异质性，按照模型（3）和（4）实证考察个体机构投资者持股比例对高管超额薪酬的影响①，结果见表5。表5的全样本和分样本回归结果显示，证券投资基金持股比例变量（inst_fund）与高管超额薪酬显著正相关；QFII 持股比例（inst_qfii）、财务公司持股比例（inst_finance）、银行持股比例（inst_bank）等变量与高管超额薪酬之间均呈负相关关系，但不具备统计上的显著性，表明这三类机构投资者所发挥的作用不明显；券商持股比例（inst_broker）、保险公司持股比例（inst_insurance）、社保基金持股比例（inst_security）、信托公司持股比例（inst_entrust）等变量均在1%的统计水平上与高管超额薪酬水平呈现显著的负相关关系。

上述结论表明，证券投资基金会加剧公司的代理问题，在公司治理中主要扮演"合谋者"的角色，验证了假设2a；券商、保险公司、社保基金、信托公司等外部机构投资者持有公司股份能够较好地发挥约束高管自利行为的作用，在公司治理中主要扮演"监督者"的角色，验证了假设2b；QFII、财务公司、银行等机构投资者对高管超额薪酬没有显著影响，在公司治理中主要扮演"旁观者"的角色，验证了假设2c。

（三）稳健性检验

前文研究为异质机构投资者持股与高管超额薪酬之间的关系提供了经验证据，但是不可避免地需要考虑两者间可能存在的内生性问题，即要厘清究竟是机构投资者持股发挥了公司治理作用，降低了高管超额薪酬？还是高管获得超额薪酬，使得更多的机构投资者认为公司有利可图而增持公司的股份？对此，

---

① 因篇幅限制，未报告模型（4）的估计结果，备索。

我们运用工具变量法进行稳健性检验。

表5 机构投资者持股与高管超额薪酬：个体异质性

因变量：overpay	(1) 全样本	(2) 证券投资基金	(3) QFII	(4) 券商	(5) 保险公司	(6) 社保基金	(7) 信托公司	(8) 财务公司	(9) 银行
inst_fund	0.002*** (0.001)	0.003*** (0.001)							
inst_qfii	−0.004 (0.007)		−0.002 (0.007)						
inst_broker	−0.016*** (0.002)			−0.017*** (0.002)					
inst_insurance	−0.009*** (0.001)				−0.010*** (0.001)				
inst_security	−0.007*** (0.002)					−0.006*** (0.002)			
inst_entrust	−0.002** (0.001)						−0.003*** (0.001)		
inst_finance	−0.006 (0.008)							−0.010 (0.008)	
inst_bank	−0.001 (0.006)								−0.001 (0.006)
控制变量	是	是	是	是	是	是	是	是	是
year	是	是	是	是	是	是	是	是	是
industry	是	是	是	是	是	是	是	是	是
N	17 219	17 219	17 219	17 219	17 219	17 219	17 219	17 219	17 219
R^2	0.925	0.923	0.923	0.924	0.924	0.923	0.923	0.923	0.923

本文关于异质机构投资者持股变量的工具变量主要选取其滞后一阶项和行业平均项，对应模型（3）采用2SLS估计，对应模型（4）采用IV-Probit估计。表6报告了机构投资者持股深度与持股广度在控制内生性之后的估计结果。可以看到，回归（1）（2）关于机构投资者持股深度与高管超额薪酬水平的工具变量估计结果显示，在第一阶段回归中，机构投资者持股比例的两个工具变量（$l.inst\_hold$、$inst\_hold\_ind$）均与解释变量（$inst\_hold$）高度正相关，并且均通过工具变量不可识别检验和弱工具变量检验，表明工具变量的有效性；在第二阶段回归中，机构投资者持股深度变量（$inst\_hold$）与高管超额薪酬水平显著负相关，表明在控制内生性之后，基础结论依然成立；回归（3）的IV-

Probit 估计结果同样证实机构投资者持股深度会显著降低高管获得超额薪酬的概率。同理，表6中回归（4）至（6）的结果表明，上市公司外部机构投资者持股广度在控制内生性之后依然有助于降低高管超额薪酬。

表6　控制内生性回归结果：持股深度与持股广度

变量	2SLS 估计		IV-Probit 估计	2SLS 估计		IV-Probit 估计
	（1）第一阶段	（2）第二阶段	（3）	（4）第一阶段	（5）第二阶段	（6）
IV：$l.inst\_hold$	0.565*** (0.011)					
IV：$inst\_hold\_ind$	0.722*** (0.040)					
$inst\_hold$		−0.004*** (0.001)	−0.025*** (0.008)			
IV：$l.inst\_number$				0.331*** (0.009)		
IV：$inst\_number\_ind$				0.926*** (0.041)		
$inst\_number$					−0.082*** (0.005)	−0.484*** (0.055)
不可识别检验	592.744***			687.59***		
弱工具变量检验	3 538.687***			1 047.55***		
F 统计量	1 655.57***			986.87***		
Wald test			3.28*			33.91***
控制变量	是	是	是	是	是	是
year	是	是	是	是	是	是
industry	是	是	是	是	是	是
N	17 219	17 219	17 219	17 219	17 219	17 219
R^2 / Pseudo R^2	0.923	0.923	0.381	0.921	0.921	0.378

注：弱工具变量检验报告的是 Cragg-Donald Wald F statistic。下表同。

表7报告了个体机构投资者控制内生性的2SLS估计结果①。对比表5和表7可以发现，在控制内生性问题之后，相关结论并未发生明显变化，证券投资基金持股比例的回归系数仍然显著为正，券商、保险公司、社保基金、信托公司等机构投资者持股比例的回归系数均显著为负，QFII、财务公司、银行等机构投资者持股比例的回归系数为负，但不具备统计上的显著性。上述结论表明，

---

① 因篇幅限制，未报告2SLS第一阶段的回归结果以及IV-Probit的估计结果。

表7 控制内生性回归结果：个体异质性

变量	(1) 证券投资基金	(2) QFII	(3) 券商	(4) 保险公司	(5) 社保基金	(6) 信托公司	(7) 财务公司	(8) 银行
inst_fund	0.029*** (0.002)							
inst_qfii		-0.004 (0.010)						
inst_broker			-0.025*** (0.004)					
inst_insurance				-0.015*** (0.002)				
inst_security					-0.013*** (0.004)			
inst_entrust						-0.003* (0.002)		
inst_finance							-0.019 (0.015)	
inst_bank								-0.004 (0.008)
不可识别检验	432.564***	18.521***	241.232***	83.812***	326.336***	129.783***	25.887***	8.780**
弱工具变量检验	4 345.457***	5 161.111***	1 476.709***	4 653.798***	2 762.121***	2 285.752***	4 517.321***	1.0e+04***
F统计量	1 911.29***	1 687.53***	1 789.73***	1 675.01***	1 693.19***	1 694.45***	1 686.64***	1 681.64***
控制变量	是	是	是	是	是	是	是	是
year	是	是	是	是	是	是	是	是
industry	是	是	是	是	是	是	是	是
N	17 219	17 219	17 219	17 219	17 219	17 219	17 219	17 219
R^2	0.798	0.923	0.924	0.923	0.923	0.923	0.923	0.923

基础分析中关于个体机构投资者持股与高管超额薪酬之间关系的研究结论具有一定的稳健性。

最后，为了进一步保证研究结果的可靠性，避免因高管超额薪酬测算带来的偏差，本文利用薪酬最高前三名董事薪酬的自然对数替换高管绝对薪酬，并利用模型（1）（2）重新计算超额薪酬，再重复模型（3）（4）的回归分析，结果与表4和表5类似，表明本文结论不受高管超额薪酬变量定义的影响。

五、结论、启示与展望

本文从高管获得超额薪酬入手探讨机构投资者的公司治理效应。首先，从机构投资者持股的整体角度出发，分析上市公司外部机构投资者总体持股深度与持股广度对高管超额薪酬可能产生的影响；其次，从机构投资者个体异质性角度，结合个体机构投资者在公司治理中是扮演"监督者""合谋者"抑或"旁观者"等角色进行了理论分析；最后利用我国2010—2017年A股上市公司的微观数据进行实证检验。结果发现：（1）整体层面上，我国上市公司外部机构投资者持股的深度和广度都有助于抑制公司内部高管获得超额薪酬的概率及降低高管超额薪酬水平，并且持股广度对高管超额薪酬的抑制效应相对较大；（2）个体层面上，证券投资基金持股比例与高管超额薪酬正相关，券商、保险公司、社保基金、信托公司等机构投资者持股比例与高管超额薪酬负相关，未有证据表明QFII、财务公司、银行等机构投资者持股与高管超额薪酬存在明显的相关性。本文的研究结果表明，券商、保险公司、社保基金、信托公司等外部机构投资者在降低上市公司代理成本方面主要充当"监督者"角色，证券投资基金更多体现为"合谋者"角色，而QFII、财务公司、银行等机构投资者所发挥的监督作用相对有限，在公司治理中主要持"旁观者"的态度。

本文的研究结论具有一定的理论意义和实践启示。从理论上看，不仅丰富了机构投资者公司治理作用机制的相关文献，也拓展了高管超额薪酬影响因素的相关研究，研究结论有助于我们更加准确地理解和把握机构投资者在公司治理中所扮演的角色。政策启示则主要体现在以下方面：首先，在保证机构投资者持股规模的情况下，上市公司要更加重视持股机构类型的多样化、多元化和结构的多层次；其次，上市公司要充分考虑机构投资者的个体异质性，重点发挥券商、保险公司、信托公司等充当"监督者"角色的机构投资者的公司治理作用，与此同时更要强化对证券投资基金等此类扮演"合谋者"角色的机构投资者的监管力度，以及引导QFII、财务公司、银行等持"旁观者"态度的机构投资者积极参与公司治理；最后，监管当局在培育和发展机构投资者的同时，要侧重于引导和规范这些投资者的投资理念与投资行为，并通过立法等手段强化对机构投资者的保护，进而营造良好的市场环境。

未来的研究至少可以从三个方面展开：一是研究异质机构投资者对高管隐性激励的影响，如在职消费、职业晋升、职业关注等等。二是可以考虑更多的机构投资者异质性特征，包括依据商业关系划分为压力抵抗型和压力敏感型机构投资者、投资主导型和业务主导型投资者，依据持股时间划分为短期和长期机构投资者，依据独立性划分为独立性和非独立性机构投资者等，从而使研究内容更加丰富。三是可以考虑将研究样本扩大至金融类公司或者非上市公司，在提升研究样本全面性的基础上进一步提高研究结果的可靠性和普适性。

参考文献

[1] HARTZELL J C, STARKS L T. Institutional investors and executive compensation [J]. Journal of Finance, 2003, 58 (6): 2351-2374.

[2] ALMAZAN A, HARTZELL J C, STARKS L T. Active institutional shareholders and cost of monitoring: evidence from executive compensation [J]. Financial Management, 2005, 34 (4): 5-34.

[3] NING Y, HU X, XAVIER G. An empirical analysis of the impact of large changes in institutional ownership on CEO compensation risk [J]. Journal of Economics and Finance, 2015, 39 (1): 23-47.

[4] 孙光国, 刘爽, 赵健宇. 大股东控制、机构投资者持股与盈余管理 [J]. 南开管理评论, 2015 (5): 75-84.

[5] 夏宁, 杨硕. 异质性机构投资者持股水平与审计收费 [J]. 审计研究, 2018 (2): 72-79.

[6] WOIDTKE T. Agent watching agents: evidence from pension fund ownership and firm value [J]. Journal of Financial Economics, 2002, 63 (1): 99-131.

[7] CHAO X. Institutional shareholder activism in China: law and practice [J]. International Company and Commercial Law Review, 2006, 17 (9): 251-262.

[8] 付勇, 谭松涛. 股权分置改革中的机构合谋与内幕交易 [J]. 金融研究, 2008 (3): 88-102.

[9] 潘越, 戴亦一, 魏诗琪. 机构投资者与上市公司"合谋"了吗：基于高管非自愿变更与继任选择事件的分析 [J]. 南开管理评论, 2011 (2): 69-81.

[10] GRINSTEIN Y, MICHAELY R. Institutional holdings and payout policy [J]. Journal of Finance, 2005, 60 (3): 1389-1426.

[11] BEBCHUK L A, FRIED J M. Executive compensation as an agency problem [J]. Journal of Economic Perspectives, 2003, 17 (3): 71-92.

[12] 权小锋,吴世农,文芳.管理层权力、私有收益与薪酬操纵[J].经济研究,2010(11):73-87.

[13] 薄仙慧,吴联生.国有控股与机构投资者的治理效应:盈余管理视角[J].经济研究,2009(2):81-91.

[14] 韩勇,干胜道,张伊.机构投资者异质性的上市公司股利政策研究[J].统计研究,2013(5):71-75.

[15] 许年行,于上尧,伊志宏.机构投资者羊群行为与股价崩盘风险[J].管理世界,2013(7):31-42.

[16] 王谨乐,史永东.机构投资者、高管变更与股价波动[J].管理科学学报,2018(7):113-126.

[17] KLAN R, DHARWADKAR R, BRANDES P. Institutional ownership and CEO compensation: a longitudinal examination [J]. Journal of Business Research, 2005, 58(8): 1078-1088.

[18] BRANDES P, GERNOVA M, HALL S. Navigating shareholder influence: compensation plans and the shareholder approval process [J]. Academy of Management Perspectives, 2008, 22(1): 41-57.

[19] SHIN J Y, SEO J. Less pay and more sensitivity? institutional investor heterogeneity and CEO pay [J]. Journal of Management, 2011, 37(6): 1719-1746.

[20] MIN D, OZKAN A. Institutional investors and director pay: an empirical study of UK companies [J]. Journal of Multinational Financial Management, 2008, 18(1): 16-29.

[21] 张敏,姜付秀.机构投资者、企业产权与薪酬契约[J].世界经济,2010(8):43-58.

[22] 伊志宏,李艳丽,高伟.市场化进程、机构投资者与薪酬契约[J].经济理论与经济管理,2011(10):75-84.

[23] 刘颖斐,倪源媛.异质机构投资者对企业绩效的影响——基于独立性和稳定性交叉视角下的检验[J].现代财经(天津财经大学学报),2015(8):57-69.

[24] 高汉.投资者积极行动主义:能否改善小股东"理性冷漠"[J].河南社会科学,2010(1):108-111.

[25] BRICKLEY J, LEASE R, SMITH C. Ownership structure and voting on antitakeover amendments [J]. Journal of Financial Economics, 1988, 20(1): 267-291.

[26] 彭利达.大股东与上市公司现金分红:异质机构投资者的调节作用[J].金融经济学研究,2016(3):98-106.

[27] 韩亮亮.异质机构投资者、实际控制人性质与银行高管货币薪酬[J].商业经济与管理,2016(10):69-87.

[28] 伍伟,刘惠好.机构投资者股权对银行公司治理与绩效的影响[J].金融论坛,2008(10):23-28.

[29] 施东晖. 证券投资基金的交易行为及其市场影响 [J]. 世界经济, 2001 (10): 26-31.

[30] 熊家财, 苏冬蔚, 刘少波. 制度环境、异质机构投资者与股价信息含量 [J]. 江西财经大学学报, 2014 (7): 48-58.

[31] MAXEY D, TEN WOLDE R. CEO pay may be crucial as funds shop [N]. Wall Street Journal, 1998-5-26 (C25).

[32] 毛磊, 王宗军, 王玲玲. 机构投资者与高管薪酬——中国上市公司研究 [J]. 管理科学, 2011 (5): 99-110.

[33] CORE J, GUAY W, LARCKER D. The power of the pen and executive compensation [J]. Journal of Financial Economics, 2008, 88 (1): 1-25.

[34] 罗宏, 黄敏, 周大伟, 等. 政府补助、超额薪酬与薪酬辩护 [J]. 会计研究, 2014 (1): 42-48.

美貌溢价效应存在吗[*]
——来自高管超额薪酬的经验证据

一、引言

美貌经济学认为容貌会影响劳动者的收入水平，容貌姣好者与其长相平平的同事相比更容易得到高工资、额外津贴以及特殊待遇（Hamermesh，2011）[1]。自 Quinn（1978）[2] 研究发现容貌姣好者在被录用机会和初始工资方面具有明显优势之后，早期的研究成果（Hamermesht 和 Biddle，1994；Roszell 等，1989；Harper，2000）[3-5] 相继证实容貌对薪酬存在的影响及其作用机制，提出了所谓的"美貌溢价效应"。国内学者如胡援成等（2017）[6] 利用我国上市公司样本进行的实证研究得出同样的结论。由于美貌经济学构建起容貌与薪酬之间的直接关联，那么美貌溢价效应是否有助于解释高管人员薪酬过高的现象呢？

当前，超额薪酬的本质及其存在合理性依然是公司治理领域关注的热点问题。超额薪酬又被称为异常性薪酬，是经理人获取薪酬的实际水平与由经济影响因素决定的预期正常薪酬之间的差值（权小锋等，2010；杨青等，2018）[7-8]。它不是由公司绩效直接决定且具有不确定性特点的薪酬，而是与最优薪酬契约存在差异，是高管付出较少或不需付出努力就能获得的薪酬（罗宏等，2014）[9]。有关超额薪酬的主流观点认为，管理层利用其掌握的权力（即管理层权力）实现对己有利的薪酬安排，并获取更高的货币薪酬和私有收益（权小锋等，2010；Bebchuk 等，2002；吕长江和赵宇恒，2008）[7,10-11]。由此，超额薪酬对公司治理的直接负面后果就是导致较低的薪酬业绩敏感性（Bebchuk

---

[*] 原载于《广东财经大学学报》2019 年第 2 期第 31~45 页。作者：邵剑兵，辽宁大学商学院教授，博士生导师；范存建，辽宁大学商学院研究生。

等，2002）[10]，进而削弱高管薪酬激励机制的有效性。尽管有学者认为超额薪酬的存在具有合理性，如 Core 等（1999）[12]、Chalmers 等（2006）[13]都发现，当超额薪酬与企业业绩呈显著正相关关系时，超额薪酬是对高管人力资本、付出努力和承担风险的补偿。但截止到目前，对超额薪酬合理性的解释仍然存在明显的不足。本文试图利用美貌经济学来解释超额薪酬存在的合理性，检验高管超额薪酬是否存在美貌溢价效应，从而为超额薪酬提供一个全新的理论视角。此外，考虑到容貌是先天因素且无法改变，其在人际关系中更加敏感，因而存在于董事长与总经理之间的容貌垂直对差异很可能对超额薪酬的美貌溢价效应产生影响。与以往利用相似相吸理论来解释垂直对的作用机制不同，本文在构造高管容貌垂直对时，引入了社会比较理论来验证容貌垂直对对高管超额薪酬美貌溢价效应的调节作用。

本文的创新之处及贡献可能在于：一是丰富了美貌经济学的内容，将针对个体薪酬的美貌溢价现象拓展到高管超额薪酬，为高管超额薪酬的合理性提供了一个全新的诠释视角；二是提出了高管容貌垂直对的构念，并引入社会比较理论和高管异质性理论，从传统的年龄、性别、教育、任期垂直对等延伸到容貌垂直对，为公司治理框架下董事长与总经理之间的差异提供了有趣的研究变量。

二、文献分析与假设的提出

（一）高管超额薪酬存在美貌溢价效应吗

最优契约理论认为，薪酬是解决高管激励不足和代理问题的钥匙（Core 等，2008）[14]，按照这个逻辑，较高的薪酬与更好的业绩相匹配，自然也要求高管具有较高的才能。由此推断，高管超额薪酬是组织对高管才能和努力的回报，也是高管人力资本溢价的直接反映（Dow 和 Raposo，2010；罗建兵和邓德胜，2015；刘西友和韩金红，2012）[15-17]。尽管近年来高管薪酬的确呈现出过高的倾向，但总体仍然是由市场力量决定的，公司治理并没有出现根本性问题，因而高管过高的薪酬是其业绩的合理回报（刘西友和韩金红，2012）[17]。当然，从战略人力资源管理视角出发，过高的薪酬也可以被看作是组织吸引和留住人才的一种手段，是高素质管理人员未来人力资本的补偿（陆智强和李红玉，2012）[18]。尽管最优契约理论为高管超额薪酬提供了有益的理论解释，但其不足之处也日益凸显，即难以解释在同样存在超额薪酬的情况下，为何有些高管会面临巨大的薪酬辩护压力（谢德仁等，2012；沈小燕和王跃堂，2015）[19-20]，或者说这些高管过高的薪酬与其人力资本价值并不匹配。

随着行为代理理论的兴起,心理因素对公司治理问题的解释力逐步增强,容貌对薪酬的影响受到日益广泛的关注。美貌经济学认为,容貌会影响劳动者的收入水平,容貌姣好者更容易获得高工资和特殊待遇,这就形成了薪酬的美貌溢价效应(Hamermesh 和 Biddle,1994;Roszell 等,1989;Harper,2000)[3-5]。现有文献对美貌溢价效应的内在作用机理主要从三个方面进行了解释:第一,容貌姣好的员工更具自信心,而自信心可以增加其收入(Persico 等,2004;Mobius 和 Rosenblat,2006)[21-22]。顾天竹和纪月清(2017)[23]的研究发现,容貌较好者自信心较强,有利于社会资本的形成和积累。第二,容貌姣好的个体其社会吸引力更强,人际交往能力、适应能力以及社会和职业胜任力都较好,这有助于他们获得更高的薪酬(Mobius 和 Rosenblat,2006;Langlois 等,2000;Scholz 和 Sicinski,2015)[22,24-25]。郭继强等(2017)[26]将相貌作为一种人际技能信号,指出相貌姣好者其人际能力更强。第三,雇主认为,外表吸引力较大的员工更有能力,人力资本价值更高,因而也会增加其收入(Mobius 和 Rosenblat,2006)[22]。美貌溢价效应不同于以往的最优契约理论,为高管的过高薪酬提供了一个全新的解释。因而,根据美貌经济学,本文认为,美貌溢价效应同样适用于超额薪酬,即公司董事会之所以愿意向高管支付超出应付数额的薪酬,原因之一是基于对高管容貌的考虑。故提出如下假设:

假设1:高管超额薪酬存在美貌溢价效应,即总经理容貌越好,其超额薪酬越高。

(二)高管容貌垂直对的调节作用

垂直对差异最初是指团队中上级与下级职位上的差异,反映的是个体在不同职位上的权力差距。随着高阶理论的完善和发展,这种差异被研究者引入到高管人口背景特征分析之中,主要包含年龄、性别、学历、任期等垂直对(赵丙艳等,2016)[27]。Tusi 和 Oreilly(1989)[28]指出,一定条件下的差异性能够给高管团队带来正向影响。如果团队中的上级相比下级而言年龄越大、任期越长以及受教育程度越高,则下级的工作活动和额外角色评价就会越积极(Tsui 等,2002)[29]。而高管容貌垂直对与这些垂直对不同,目前没有研究表明容貌较差者需要服从容貌较好者,因此高管容貌垂直对对于组织的影响如何目前尚无定论。

以往在解释高管垂直对作用时多采用相似相吸理论,这意味着在社会中人们会按照某些特质对自我和他人进行归类,进而愿意和那些与他们更为相似的人进行密切的交流(Riordan,2001)[30]。不过,在解释容貌对人类行为的影响时,社会比较理论较相似相吸理论有着更强的解释力(Butzer 和 Kuiper,

2006)[31]。社会比较理论指出,个体在社会比较中存在着对自身高人一等(BTA)或低人一等(WTA)的认识,这对社会比较的结果有直接的作用(Larrick 等,2007)[32]。上行比较中,如果个体将他人视为榜样,将会产生积极影响,反之则会产生嫉妒心理及消极影响;在下行比较中,如果个体发现自己的长处并发扬之,将会产生积极影响,反之,个体因自己比别人优秀而产生愉悦感,会导致过度自信和缺乏动力而产生消极影响(Van 等,1998)[33]。由于容貌是难以改变的先天因素,且容貌较好者在人际关系中更具吸引力,更容易受到他人关注、青睐和追随(Mobius 和 Rosenblat,2006;Langlois 等,2000;Scholz 和 Sicinski,2015)[22,24-25],Lee 等(2015)[34]在研究决策者与候选人关系时指出,如果决策者期望与候选人合作,该候选人会被其认为更有能力和魅力,是有力的竞争者,就会歧视和嫉妒他们。而沈艺峰等(2017)[35]的研究指出,选民更加偏好长相普通的政治候选人,而老板却倾向于招聘美貌的员工,对于这种差异的解释可以理解为在委托—代理关系中,合作者之间存在美貌偏好,而竞争者之间存在美貌厌恶。在官僚组织体系或存在等级的公司治理架构中,董事长与总经理既是合作者也是竞争者。可以推断出,当董事长与总经理之间出现容貌垂直对差异时,将会对他们各自的心态及行为产生较为明显的影响。

1. 高管容貌垂直对为正(即董事长容貌好于总经理)

在公司治理架构下,董事长与总经理是一组委托代理关系,董事长是委托人,总经理是代理人。根据《公司法》的规定,董事长是上市公司的法人代表,拥有实质最终决策权,因此对上市公司决策影响最大,总经理薪酬水平在很大程度上由以董事长为代表的董事会来决定。如果董事长容貌好于总经理,在组织内部董事长更具有吸引力(Mobius 和 Rosenblat,2006)[22],影响力更大,并拥有更多的追随者,且本来容貌较好者信心水平就较高,进而容易导致其过度自信。李娜和孙文刚(2015)[36]研究指出,管理者在企业运营过程中,过度自信的主观行为越严重,经营的效率和效果就越差,财务报告的可靠性也越低。而邢维全和宋常(2015)[37]发现,管理者过度自信水平较高的企业,其内部控制质量较低,在松懈的组织内部控制下,总经理能够通过权力来增加自己的超额薪酬(Bebchuk 和 Fried,2004)[38]。此外,由于董事长容貌好于总经理,使得其对总经理容貌水平拥有相当高的心理优势和自信心,即使组织内部对总经理容貌有明显的倾向性,董事长也会有较高水平的容忍度。基于以上分析提出如下假设:

假设 2:当董事长容貌好于总经理时,高管容貌垂直对能够增强总经理超额薪酬的美貌溢价效应。

2. 高管容貌垂直对为负（即总经理容貌好于董事长）

嫉妒是人们在争夺有限资源的过程中，对幸运者怀有的一种冷漠、排斥甚至敌视的心理状态（Lazear 和 Rosen，1981）[39]。欧阳文珍（2000）[40]的研究表明，人们普遍存有嫉妒之心且程度较强，而且嫉妒存在明显的内隐性。考虑到容貌是难以改变的先天因素，个体与他人在进行容貌比较的时候，如果对方更好，往往会产生嫉妒心理。基于社会比较理论的观点，个体在进行上行比较时，要么会产生追随心理，要么会产生嫉妒心理。在董事长与总经理的委托代理关系中，作为委托人的董事长拥有组织内部更为重要的角色和地位，如果其容貌差于总经理，则其有可能产生明显的嫉妒心理而不是追随心理。且每个人都会存在猴王心理和报复心理，这两种心理越强，嫉妒心产生的可能性和程度也越大（Pagano 和 Röell，1998）[41]。

综上所述，当总经理容貌好于董事长时，总经理在组织中因吸引力大而更容易受到其他人的青睐和追随，从而势必会对董事长的地位和影响力造成冲击，这也使得董事长极易产生嫉妒心理。出于报复心理，董事长可能会加强对总经理的监督力度，并通过自身权力降低总经理的超额薪酬。基于此分析，本文提出如下假设：

假设 3：当总经理容貌好于董事长时，高管容貌垂直对会抑制高管超额薪酬的美貌溢价。

三、研究设计

（一）数据来源

本文原始数据来自国泰安数据库 2009—2016 年创业板上市公司的高管个人资料。由于需要对高管容貌进行评判和比对，因此照片的选取最为关键。本文照片来源于百度、360、腾讯、新浪、搜狐、和讯人物以及全景网等大型网站，照片真实且可信度高。照片的处理方式参考胡援成等（2017）[6]的做法，保留原始照片以保证照片的标准性，着装统一为正装或者工作服，照片像素清晰，人物姿势状态等基本一致，照片背景简单清洁。

（二）样本处理

本文从创业板上市公司高管中选取职位为董事长、总经理和总裁的高管作为研究对象。搜集到照片的高管中，董事长、总经理、总裁或者兼任两职的有 3 544 人，其中存在兼任行为的有 1 796 人。由于本文研究的主要对象是董事长和总经理，并且要分析董事长和总经理的垂直对差异，故而剔除存在兼任行为的高管，最后得到的数据为 1 748。将 1 748 位高管的照片进行标准化处理后，使用经管世界公众号中的面部识别系统进行跑分,得出董事长、总经理的面部分数。其中,以总经理面部得分衡量总经理容貌,以董事长面部得分衡量董事长容貌,用董事长面部得分减去总经理面部得分来衡量高管容貌垂直对。由于女性高管人数较少,为控制性别,剔除了女性样本。此外,在建模过程中剔除了控制变量缺失的数据,且考虑到一家上市公司中董事长和总经理的对应关系,最终剩余830个高管数据,包含415位董事长和415位总经理。由于本文需要考虑高管容貌垂直对,故最后所得样本数据为415个。

本文容貌变量的测量采用机器学习方法。Halford和Hsu(2015)[42]在研究CEO长相影响股东价值时采用的是Anaface面部识别软件,Kramer等(2012)[43]在研究欧洲白人面孔宽高比时使用的是Image J软件;考虑到本文的研究样本是中国高管,且中西方审美观存在一定的差异,使用国外开发的面部识别软件有可能使研究结果存在较大误差,故选用国内金融博士团队开发的经管世界公众号中的面部识别软件进行高管照片跑分。已有对于容貌的研究多采用问卷调查法,此处参考胡援成(2012)[6]、顾天竹和季月清(2017)[23]的做法。问卷调查法虽然具有时间灵活、效率高、取样不受限制、调查者和被调查者无须面对面接触从而具有一定的回避效果、结论相对客观等特点之外,也存在获取信息的质量不高、被调查者填答问卷时可能出现估计作答或回避本质性问题的现象,从而影响信息的准确性等局限。Graham等(2010)[44]在研究CEO长相与公司业绩时,将Execucomp数据库中选取的CEO近照分别发送给杜克大学商学院和北卡教堂山商学院的学生,让其判断谁更好看(beauty)、更为胜任(competence)、更为亲和(like-ability)和更为可信(trustworthiness),结果表明没有确凿的实验证据支持心理学上的"颜值溢价"假说。出现这种情况可能的原因是学生们非常熟悉照片中的CEO,颜值信息早已被其他价值所湮没,研究基础较为薄弱,研究结果自然缺乏参考价值(沈艺峰等,2017)[35]。而机器学习法主要采用归纳综合的研究方式,通过大数据分析反应客观规律,使得输出结果更加客观公正。机器学习教父Mitchell(1997)[45]指出,人工智能领域中最活跃的就是机器学习领域,它涉及学习过程中的计算模型的研究和开发。该领域研究的主要目标是构建能够通过实践提高其性能并且能够自己获取知识的计算机,可见机器学习的重要性与价值。故本文认为机器学习方法比问卷法的实验结果更加客观公正。

(三)变量定义

1. 被解释变量:总经理超额薪酬(EXCOMP),为经理薪酬总额中超出期望薪酬的那部分薪酬。高管薪酬主要包括货币薪酬和股权激励薪酬两部分,由于激励薪酬数据缺失，本文仅使用货币薪酬作为研究对象。根据已有研究，取正的总经理超额薪酬作为研究对象。

2. 解释变量：总经理容貌（FS）。利用经管世界开发的面部识别软件获取总经理面部分数，具体为：通过微笑指数、情绪（高兴）指数、情绪（悲伤）指数、情绪（平静）指数、皮肤健康指数、皮肤色斑指数、青春痘指数、黑眼圈指数这 8 个面部指标进行综合测评得分。容貌分数是根据 100 多个人脸的关键点属性比对后的综合评判结果，测试结果指数范围为 0—100，数值越大表示容貌越好。一般来说，照片曝光度越高，面部越清晰，结果越准确。

3. 调节变量：高管容貌垂直对（DV）。利用面部识别软件对董事长和总经理照片进行测试并获取分数，用董事长的面部分数减总经理的面部分数得到高管容貌垂直对的数值。具体分为董事长总经理容貌垂直对为正、董事长总经理容貌垂直对为负，以及董事长总经理容貌垂直对绝对值三种情况。

4. 控制变量。根据已有研究，选取如下控制变量，具体如表 1 所示。

表 1　变量定义

变量符号	变量名称	变量说明
EXCOMP	总经理超额薪酬	总经理薪酬总额的对数减去总经理期望薪酬
FS	总经理容貌	总经理面部得分
DV	高管容貌垂直对	董事长面部得分减总经理面部得分的值
AQI	环境空气质量	综合考虑 SO_2、NO_2、$PM10$、$PM2.5$、CO、O_3 等六项污染物的污染程度，环境空气质量综合指数数值越大表明综合污染程度越重
SEXCOMP	总经理超额薪酬替代变量	总经理超额薪酬与前三名高管薪酬总额对数的比值
ROE	净资产收益率	净利润与净资产之比
SIZE	公司规模	年初总资产账面值之自然对数
NPR	企业性质	1 为国有企业，0 为私有企业
IOS	总资产增长率	企业年末总资产的增长额同年初资产总额之比
ZONE	区域	1 为东部地区，0 为中西部地区
Boardsize	董事会规模	董事总人数
MB	企业成长性	公司净资产市值与账面价值比，即市账比
YEAR	年度	年度虚拟变量
IND	行业分类	国泰安数据库证监会行业分类 2012 年版

（四）模型构建

首先参照 Core 等（1999）[12]、陆智强和李红玉（2014）[46]的研究，基于以下模型估计总经理超额薪酬 EXCOMP。其中总经理期望薪酬通过模型（1）

得出：

$$COMP = \alpha + \beta_1 SALE + \beta_2 MBV_{t-1} + \beta_3 RET_t + \beta_4 RET_{t-1} + \beta_5 ROE_t +$$
$$\beta_6 ROE_{t-1} + \sum IND + \sum YEAR + \varepsilon \quad (1)$$

式（1）中，$COMP$ 为总经理薪酬，选用公司年报披露的"金额最高的前三名高管薪酬总额对数"来代表；$SALE$ 为公司上一年度销售收入对数，MBV_{t-1} 为公司上一年年末市价与账面价值之比，RET_t 为公司本年度股票回报率，RET_{t-1} 为公司上一年度股票回报率，ROE_t 为公司本年度净资产收益率，ROE_{t-1} 为公司上一年度净资产收益率，IND 为行业虚拟变量，$YEAR$ 为年度虚拟变量，ε 为回归模型（1）的残差。

其次，对模型（1）进行回归，将回归结果中的系数代入模型（2），即可得出总经理期望薪酬 $NOMCOMP$：

$$NOMCOMP = \alpha + \beta_1 SALE + \beta_2 MBV_{t-1} + \beta_3 RET_t + \beta_4 RET_{t-1} + \beta_5 ROE_t +$$
$$\beta_6 ROE_{t-1} + \sum IND + \sum YEAR \quad (2)$$

最后，通过模型（3）将总经理薪酬减去总经理期望薪酬得出总经理超额薪酬：

$$EXCOMP = COMP - NOMCOMP \quad (3)$$

基于以上分析，可以得出本文的回归模型为：

$$EXCOMP = \alpha + \beta_1 FS + \beta_2 DV + \beta_3 FS \times DV + Control + \varepsilon \quad (4)$$
$$Control = \beta_4 ROE + \beta_5 SIZE + \beta_6 NPR + \beta_7 IOS + \beta_8 ZONE +$$
$$\beta_9 Boardsize + \beta_{10} MB + \sum IND + \sum YEAR \quad (5)$$

四、实证分析

（一）描述性统计

由表2的各变量描述性统计结果可知，总经理超额薪酬（$EXCOMP$）的最小值为0，最大值为2.2，表明不同公司总经理超额薪酬存在很大差异；总经理容貌（FS）最小值为19，最大值为76，说明不同公司总经理的容貌差距较大；高管容貌垂直对（DV）最小值为 -37，最大值为31，表明不同公司的董事长与总经理容貌差距存在不同程度的差异。其他控制变量的分散程度较为稳定，具体情况如表2所示。

表 2　各变量描述性统计

变量	N	均值	标准差	最小值	中位数	最大值
EXCOMP	415	0.410	0.350	0	0.340	2.200
FS	415	45.33	10.36	19	46	76
DV	415	-1.180	13.75	-37	-2	31
SEXCOMP	415	0.030	0.020	0	0.020	0.130
ROE	415	0.070	0.190	-3.240	0.080	0.280
SIZE	415	21.10	0.750	19.53	20.96	23.89
NPR	415	0.080	0.280	0	0	1
IOS	415	0.550	0.990	-0.440	0.170	10.74
ZONE	415	0.830	0.380	0	1	1
Boardsize	415	8.200	1.470	5	9	14
MB	415	4.060	2.870	0.740	3.340	19.30
YEAR	415	2013	1.980	2009	2014	2016
IND	415	2.080	2.340	1	1	13

(二) 相关性检验

通过表3各变量的Pearson相关系数可以看出，总经理超额薪酬与总经理容貌以及公司规模均显著正相关；总经理容貌与公司规模显著正相关，与企业性质显著负相关。

(三) 多元回归分析

表4分析了总经理容貌与其超额薪酬之间的关系，以及高管容貌垂直对对于总经理超额薪酬美貌溢价效应的调节作用。模型 (1) 是全样本回归；模型 (2) 至 (7) 中，$DV>0$ 表示董事长容貌好于总经理，$DV<0$ 表示总经理容貌好于董事长。稳健性检验亦按照以上定义进行。

表3 Pearson相关性系数表

	EXCOMP	FS	DV	SEXCOMP	ROE	SIZE	NPR	IOS	ZONE	Boardsize	MB	YEAR	IND
EXCOMP	1												
FS	0.157***	1											
	0.001												
DV	-0.069	-0.675***	1										
	0.163	0.000											
SEXCOMP	0.999***	0.156***	-0.070	1									
	0.000	0.002	0.154										
ROE	0.061	-0.001	-0.013	0.055	1								
	0.216	0.980	0.787	0.265									
SIZE	0.146***	0.161***	-0.091*	0.136***	0.097**	1							
	0.003	0.001	0.064	0.006	0.049								
NPR	-0.010	-0.166***	0.279***	-0.007	0.018	0.025	1						
	0.843	0.001	0.000	0.885	0.719	0.609							
IOS	0.009	0.079	-0.075	0.011	0.055	-0.008	0.013	1					
	0.856	0.107	0.126	0.823	0.266	0.864	0.796						
ZONE	0.143***	0.140***	-0.043	0.143***	-0.002	0.218***	-0.161***	0.027	1				
	0.004	0.004	0.385	0.004	0.963	0.000	0.001	0.588					
Boardsize	0.036	-0.237***	0.158***	0.036	0.004	0.137***	0.237***	0.009	0.071	1			
	0.467	0.000	0.001	0.465	0.939	0.005	0.000	0.858	0.151				
MB	0.029	0.037	-0.011	0.027	0.061	-0.268***	-0.069	0.067	-0.062	-0.179***	1		
	0.556	0.449	0.816	0.590	0.218	0.000	0.160	0.170	0.205	0.0002			
YEAR	-0.044	0.085*	-0.049	-0.061	-0.056	0.313***	-0.077	-0.300***	-0.034	-0.154***	0.246***	1	
	0.371	0.085	0.318	0.216	0.257	0.000	0.118	0.000	0.492	0.002	0.000		
IND	0.023	0.191***	-0.065	0.027	-0.008	0.231***	0.015	0.058	0.082*	0.012	-0.090*	-0.041	1
	0.647	0.0001	0.186	0.585	0.864	0.000	0.755	0.240	0.096	0.806	0.068	0.402	

说明：* $p<0.1$，** $p<0.05$，*** $p<0.01$。

表4 总经理容貌与其超额薪酬关系及高管容貌垂直对调节作用的回归结果

解释变量	被解释变量：EXCOMP						
	(1) 全样本	(2) DV>0	(3) DV<0	(4) DV>0	(5) DV>0	(6) DV<0	(7) DV<0
FS	0.005***	0.013***	0.007**	0.112***	0.117***	0.050*	0.066**
	(2.79)	(3.43)	(2.20)	(3.51)	(3.68)	(1.74)	(2.22)
DV				0.027	0.032	-0.021	-0.019
				(0.80)	(0.94)	(-0.68)	(-0.60)
FS×DV					0.044		-0.059*
					(1.37)		(-1.87)
ROE	0.005	0.261	-0.039	0.255	0.258	-0.048	-0.066
	(0.06)	(1.26)	(-0.40)	(1.23)	(1.24)	(-0.48)	(-0.65)
SIZE	0.101***	0.138***	0.132***	0.136***	0.127***	0.136***	0.136***
	(3.40)	(2.85)	(3.06)	(2.81)	(2.59)	(3.12)	(3.14)
NPR	0.027	0.073	-0.027	0.044	0.031	-0.018	-0.012
	(0.41)	(0.86)	(-0.20)	(0.47)	(0.33)	(-0.14)	(-0.09)
IOS	-0.016	-0.031	-0.003	-0.030	-0.030	-0.003	-0.004
	(-0.84)	(-0.95)	(-0.11)	(-0.89)	(-0.89)	(-0.12)	(-0.16)
ZONE	0.123**	0.160**	0.087	0.143*	0.136*	0.086	0.102
	(2.54)	(2.14)	(1.26)	(1.84)	(1.75)	(1.25)	(1.48)
Boardsize	0.003	-0.011	0.021	-0.010	-0.006	0.021	0.023
	(0.25)	(-0.55)	(1.22)	(-0.50)	(-0.31)	(1.23)	(1.33)
MB	0.022***	0.043***	0.007	0.043***	0.042***	0.008	0.009
	(2.86)	(3.15)	(0.70)	(3.10)	(3.04)	(0.81)	(0.93)
YEAR	控制	控制	控制	控制	控制	控制	控制
IND	控制	控制	控制	控制	控制	控制	控制
Constant	-1.547**	-2.306**	-3.151***	-2.259**	-1.426	-2.906***	-2.943***
	(-2.14)	(-2.12)	(-3.11)	(-2.22)	(-1.29)	(-2.87)	(-2.93)
Observations	415	179	231	179	179	231	231
Prob>F	0.0002	0.002	0.008	0.003	0.002	0.011	0.006
Adj.R^2	0.082	0.135	0.087	0.133	0.138	0.085	0.096

注：*$p<0.1$、**$p<0.05$、***$p<0.01$，括号内为T值。下表同。

由表4可知，模型（1）中总经理容貌与总经理超额薪酬在1%水平上显著正相关，说明在全样本中，总经理超额薪酬存在美貌溢价效应；模型（2）中，总经理容貌与总经理超额薪酬在1%水平显著正相关，说明当董事长容貌好于总经理时，总经理超额薪酬依然存在美貌溢价；模型（3）中，总经理容貌与总经理超额薪酬在5%水平显著正相关，说明总经理超额薪酬在总经理容貌好于董事长时，总经理超额薪酬美貌溢价现象同样存在。模型（1）至（3）的回归结果充分证明假设 1 成立。在各种情况下，总经理超额薪酬都存在美貌溢价效应，总经理容貌越好，其超额薪酬越高。因此，当总经理容貌较好时，总经理更加自信，个人魅力更强，在社会交往中更容易积累社会资本，且具有更高的社会吸引力、适应能力以及职业胜任力，董事会会认为其人力资本价值更高，未来人力资本增长的可能性更大。更高的超额薪酬是对其容貌溢价的合理回报以及对其个人能力和人力资本的肯定。

模型（4）和模型（5）中，总经理容貌与总经理超额薪酬在 1% 水平上显著正相关，说明在高管容貌垂直对为正（即董事长容貌好于总经理）的情况下，总经理超额薪酬的美貌溢价现象依然存在；在模型（5）中，总经理容貌与高管容貌垂直对的交乘项系数为正，这符合此前的推断，但并不显著，说明假设 2 并没有得到完全验证。也就是说，当董事长容貌好于总经理时，高管容貌垂直对并不会显著地增强总经理超额薪酬的美貌溢价效应。

模型（6）和模型（7）中，总经理容貌与总经理超额薪酬分别在 10% 与 5% 水平上显著正相关，说明在高管容貌垂直对为负（即总经理容貌好于董事长）的情况下，总经理超额薪酬的美貌溢价现象依然存在。而在模型（7）中，总经理容貌与高管容貌垂直对的交乘项在 10% 水平显著为负，证明高管容貌垂直对对总经理超额薪酬的美貌溢价效应起到负向调节作用，假设 3 成立。当总经理容貌好于董事长时，高管容貌垂直对会减弱总经理超额薪酬的美貌溢价，即与董事长相比，总经理在组织中更易受到员工的青睐和追随，这对董事长的地位和影响产生了一定的冲击作用，削弱了董事长的统治地位和话语权，使得董事长有可能产生嫉妒心理，从而加强对总经理的监督和内部控制，并通过自身权力降低总经理的超额薪酬。

（四）稳健性检验

1. 内生性分析

本文进行容貌测量使用的是高管照片，且测量指标仅仅是面部特征，但现实中一个人的容貌好坏还会受到个体气质、精神状态、健康状况等因素的影响，故本文的容貌测量可能存在变量遗漏而导致内生性问题。考虑到这一情况，进一步使用 python 对历史数据网记录的中国环境检测总站发布的全国空气质量状况进行文本抓取，获得了 2013—2016 年全国各城市的 AQI 指数（即环境空气质量指数，其数值越大，表明空气质量越差），并将企业所在地的 AQI 作为高管容貌的工具变量。孙涵等（2017）[47] 基于 Grossman 中国宏观健康生产函数，以 2001—2014 年珠江三角洲 9 个城市作为样本，研究发现空气污染对公共健康有着显著的负向影响；董阳（2018）[48]基于 G20 国家的实证研究得出同样的结论，即空气质量对于公众健康存在明显的消极影响。本文推测空气质量会影响人体健康，进而影响到人的气质、精神状态等外表特征，故空气质量对高管容貌起到消极影响。且考虑到环境空气质量是一个地区的地理因素，与高管超额薪酬并不直接相关，因此，环境空气质量 AQI 是一个较为合适的工具变量。

将空气质量 AQI 加入模型，并将所有连续变量进行上下 5% 的 Winsorize 处理，随后进行两阶段最小二乘法 2SLS 回归。由表 5 可知，在第一阶段，环境空气质量与总经理容貌在 1% 水平上显著负相关，证明环境空气质量指数越大，即空气质量越差时总经理容貌越差。在第二阶段，用环境空气质量估算出的总经理容貌与总经理超额薪酬在 10% 水平上显著正相关，表明总经理容貌越好时其超额薪酬确实越高。总体结果表明，在用工具变量法解决部分内生性问题之后本文的结论依然稳健。

表 5 2SLS 回归结果

被解释变量	FS	$EXCOMP$
解释变量	第一阶段	第二阶段
AQI	-0.077^{***}（-3.48）	
FS		0.014^{*}（1.65）
ROE	12.111（1.04）	1.035^{**}（2.40）
$SIZE$	1.097（1.05）	0.031（0.80）
NPR	-8.578^{***}（-5.70）	0.149（1.44）
IOS	2.559（1.64）	-0.023（-0.44）
$ZONE$	1.859（1.16）	0.085^{*}（1.96）
MB	0.170（0.55）	-0.0001（-0.02）
$YEAR$	控制	控制
IND	控制	控制
$Constant$	41.382^{*}（1.76）	-1.611^{**}（-1.97）
$Observations$	278	278
$Prob > F$	0.0000	0.0000
$R\text{-}squared$	0.293	0.078

2. 替换变量

为检验模型及结论的稳健性，选取总经理超额薪酬与金额排名前三的高管薪酬总额对数的比值作为总经理超额薪酬的替代变量，对总经理超额薪酬的美貌溢价效应与高管容貌垂直对对总经理超额薪酬美貌溢价效应的调节作用进行检验，回归结果见表 6。此处对标准化后的高管容貌垂直对进行上下 2% 的 Winsorize 处理。

表6 稳健性检验

解释变量	被解释变量：$SEXCOMP$						
	(1)	(2)	(3)	(4)	(5)	(6)	(7)
	全样本	DV>0	DV<0	DV>0	DV>0	DV<0	DV<0
FS	0.005***	0.013***	0.007**	0.112***	0.117***	0.050*	0.067**
	(2.79)	(3.43)	(2.20)	(3.51)	(3.68)	(1.74)	(2.24)
DV				0.027	0.032	−0.021	−0.018
				(0.80)	(0.94)	(−0.68)	(−0.59)
FS×DV					0.044		−0.0603*
					(1.37)		(−1.91)
ROE	0.005	0.261	−0.039	0.255	0.258	−0.048	−0.066
	(0.06)	(1.26)	(−0.40)	(1.23)	(1.24)	(−0.48)	(−0.66)
SIZE	0.101***	0.138***	0.132***	0.136***	0.127**	0.136***	0.136***
	(3.40)	(2.85)	(3.06)	(2.81)	(2.59)	(3.12)	(3.14)
NPR	0.027	0.073	−0.027	0.044	0.031	−0.018	−0.012
	(0.41)	(0.86)	(−0.20)	(0.47)	(0.33)	(−0.14)	(−0.09)
IOS	−0.016	−0.031	−0.003	−0.030	−0.030	−0.003	−0.004
	(−0.84)	(−0.95)	(−0.11)	(−0.89)	(−0.89)	(−0.12)	(−0.16)
ZONE	0.123**	0.160**	0.087	0.143*	0.136*	0.086	0.103
	(2.54)	(2.14)	(1.26)	(1.84)	(1.75)	(1.25)	(1.48)
Boardsize	0.003	−0.011	0.021	−0.010	−0.006	0.021	0.023
	(0.25)	(−0.55)	(1.22)	(−0.50)	(−0.31)	(1.23)	(1.34)
MB	0.022***	0.043***	0.007	0.043***	0.042***	0.008	0.009
	(2.86)	(3.15)	(0.70)	(3.10)	(3.04)	(0.81)	(0.94)
YEAR	控制	控制	控制	控制	控制	控制	控制
IND	控制	控制	控制	控制	控制	控制	控制
Constant	−1.547**	−2.306**	−3.151***	−2.259**	−1.426	−2.906***	−2.943***
	(−2.14)	(−2.12)	(−3.11)	(−2.22)	(−1.29)	(−2.87)	(−2.93)
Observations	415	179	231	179	179	231	231
Prob>F	0.0002	0.002	0.008	0.003	0.002	0.002	0.011
Adj. R^2	0.082	0.135	0.087	0.133	0.138	0.138	0.085

由表6可知，模型（1）（2）中总经理容貌与总经理超额薪酬在1%水平上显著正相关，模型（3）在5%水平上显著正相关。模型（4）（5）中总经理容貌与总经理超额薪酬在1%水平上显著正相关，但在模型（5）中总经理容貌与高管容貌垂直对的交乘项不显著。模型（6）（7）中总经理容貌与总经理超额薪酬分别在10%与5%水平上显著正相关，但在模型（7）中总经理容貌与高管

容貌垂直对的交乘项在10%水平上显著为负。综上所述，检验结果并未发生明显变化，证实结论具有稳健性。

五、进一步讨论

（一）容貌垂直对与高管过度自信

Hamermesh和Biddle（1994）[3]将个体的容貌划分为五个等级，研究发现一组个体的容貌总是呈现正态分布的特征，即以容貌中间值为界左右对称且数量大致相等。由此可以推测董事长的容貌分布也应该呈现此特点，本文将董事长容貌按中位数为界划分为四个等级：25%分位数以下的为非常差，25%分位数到50%分位数为较差，50%分位数到75%分位数为较好，75%以上为非常好。容貌水平处于25%分位数以下的董事长更加重视培养自己的能力，努力工作，对总经理的监督和控制也更强，其通过自身权力来抑制总经理的超额薪酬，因此高管容貌垂直对会对总经理超额薪酬的美貌溢价起到负向调节作用。容貌水平处于75%分位数以上的董事长很可能会表现出过度自信而放松内部控制，导致总经理有机会通过自身权力增加超额薪酬，因此高管容貌垂直对对总经理的超额薪酬有可能起到正向调节作用。当董事长容貌较差或较好时（处于25%分位数以上及75%分位数以下），董事长并不会表现出过度自信，对总经理的监督和控制程度适中，因此对总经理超额薪酬的美貌溢价不会有显著的影响。表7中，QS为董事长容貌，QS≤25%、25%<QS≤50%、50%≤QS<75%、QS≥75%分别表示为董事长容貌非常差、较差、较好、非常好。从表中数据可以看到，当董事长容貌非常差时，总经理容貌与高管容貌垂直对的交乘项在1%水平上显著为负；董事长容貌较差和较好时，总经理容貌与高管容貌垂直对的交乘项都不显著；当董事长容貌非常好时，总经理容貌与高管容貌垂直对的交乘项在1%水平上显著为正。因此，本文的推断得到验证。

表7 按董事长容貌分组的高管容貌垂直对调节作用

解释变量	被解释变量：EXCOMP							
	QS≤25%		25%<QS≤50%		50%≤QS<75%		QS≥75%	
FS	0.041 (0.31)	-0.265** (-2.20)	0.112*** (3.51)	0.117*** (3.68)	0.112*** (3.51)	0.117*** (3.68)	1.402*** (3.27)	0.689* (2.00)
DV	0.061 (0.55)	-0.485*** (-3.37)	0.027 (0.80)	0.032 (0.94)	0.027 (0.80)	0.032 (0.94)	0.878*** (3.19)	-0.030 (-0.11)
FS×DV		-0.502*** (-4.67)		0.044 (1.37)		0.044 (1.37)		0.572*** (4.75)

续表

解释变量	被解释变量：EXCOMP							
	QS≤25%		25%<QS≤50%		50%≤QS<75%		QS≥75%	
ROE	-0.405	-2.124	0.255	0.258	0.255	0.258	1.252*	0.146
	(-0.23)	(-1.57)	(1.23)	(1.24)	(1.23)	(1.24)	(1.83)	(0.27)
SIZE	0.186	0.248***	0.136***	0.127**	0.136***	0.127**	0.035	0.097
	(1.63)	(2.85)	(2.81)	(2.59)	(2.81)	(2.59)	(0.25)	(0.96)
NPR	-0.143	-0.187	0.044	0.031	0.044	0.031	2.154***	2.047***
	(-0.76)	(-1.32)	(0.47)	(0.33)	(0.47)	(0.33)	(3.32)	(4.34)
IOS	-0.190**	-0.080	-0.030	-0.030	-0.030	-0.030	0.149	0.044
	(-2.19)	(-1.16)	(-0.89)	(-0.89)	(-0.89)	(-0.89)	(1.47)	(0.57)
ZONE	0.186	0.149	0.143*	0.136*	0.143*	0.136*	0.415	0.744***
	(1.25)	(1.33)	(1.84)	(1.75)	(1.84)	(1.75)	(1.58)	(3.67)
Boardsize	-0.036	0.016	-0.010	-0.006	-0.010	-0.006	-0.155**	-0.212***
	(-0.90)	(0.49)	(-0.50)	(-0.31)	(-0.50)	(-0.31)	(-2.14)	(-3.93)
MB	0.057	0.073**	0.043***	0.042***	0.043***	0.042***	0.145**	0.055
	(1.48)	(2.52)	(3.10)	(3.04)	(3.10)	(3.04)	(2.61)	(1.23)
YEAR	控制	控制	控制	控制	控制	控制	控制	控制
IND	控制	控制	控制	控制	控制	控制	控制	控制
Constant	-1.942	-4.768**	-2.259**	-1.426	-2.259**	-1.426	-2.689	-3.719
	(-0.87)	(-2.68)	(-2.22)	(-1.29)	(-2.22)	(-1.29)	(-0.89)	(-1.67)
Observations Prob>F	46 0.527	46 0.009	179 0.003	179 0.002	179 0.003	179 0.002	43 0.017	43 0.0001
Adj. R^2	-0.017	0.425	0.133	0.138	0.133	0.138	0.399	0.684

（二）不同企业性质、行业和地区美貌溢价效应的差异

我国国有企业和私有企业在经营目标、薪酬政策、治理环境等方面存在较大差异，国有企业除了追求利润最大化目标之外，还要承担经济增长、社会稳定等责任，不同产权性质企业的超额薪酬现象的影响因素明显不同。本文借鉴现有研究成果，按照公司第一大股东是政府或个人来划分企业性质。高科技行业相对而言起步晚、发展快，规模和市场份额增长迅速，如创业板上市公司中的高科技行业多为年轻企业。借鉴唐清泉等（2011）[49]对高科技企业和传统企业的划分方法，结合2012版证监会行业分类标准，选取化学纤维制造业、化学原料及化学制品制造业、计算机、通信和其他电子设备制造业、医药制造业、仪器仪表制造业、软件和信息技术服务业为高科技行业。此外，本文还考虑到地区经济发展水平不同，总经理超额薪酬也会有所不同，故按照东、中、西部地区进行分组回归。借助以上分类标准，分别验证了不同企业性质、不同行业、

不同地区的总经理超额薪酬的美貌溢价效应结论是否恰当。

由表 8 可以看出，分企业性质来看，国有企业总经理容貌与其超额薪酬的关系不显著，私有企业在 5% 水平上显著正相关，表明国有企业总经理超额薪酬的美貌溢价效应证据不足，而私有企业总经理超额薪酬存在美貌溢价效应。分行业来看，高科技行业总经理容貌与其超额薪酬的关系不显著，传统行业在 10% 水平显著正相关，说明高科技行业总经理超额薪酬的美貌溢价效应证据不足，而传统行业存在美貌溢价效应。分地区来看，东部地区总经理容貌与其超额薪酬在 10% 水平显著正相关，中西部地区在 1% 水平显著正相关，证明假设 1 结论成立。但在回归结果中，东部地区的容貌系数明显小于中西部，说明总经理超额薪酬的美貌溢价效应在中西部地区更加明显。

表 8 不同企业性质、行业、地区回归结果

解释变量	被解释变量：$EXCOMP$					
	国有	私有	高科技	传统	东部	中西部
FS	0.005	0.005**	0.004	0.004*	0.004*	0.011***
	(0.46)	(2.42)	(1.45)	(1.87)	(1.93)	(2.72)
ROE	3.128**	-0.008	-0.015	0.287	-0.021	0.736
	(2.68)	(-0.09)	(-0.19)	(1.36)	(-0.21)	(0.94)
$SIZE$	-0.112	0.097***	-0.086*	0.123***	0.123***	-0.005
	(-0.75)	(3.13)	(-1.81)	(3.35)	(3.67)	(-0.08)
NPR			0.154	-0.041	0.008	0.107
			(0.83)	(-0.57)	(0.10)	(1.22)
IOS	0.106	-0.023	-0.019	-0.019	-0.013	-0.046
	(1.26)	(-1.10)	(-0.75)	(-0.73)	(-0.58)	(-0.84)
$ZONE$	-0.028	0.136**	0.092	0.086		
	(-0.17)	(2.58)	(0.76)	(1.56)		
$Boardsize$	0.104**	-0.003	-0.004	0.025	0.004	-0.006
	(2.12)	(-0.24)	(-0.21)	(1.56)	(0.24)	(-0.27)
MB	-0.015	0.022***	-0.011	0.031***	0.027***	-0.005
	(-0.27)	(2.74)	(-1.00)	(2.63)	(2.85)	(-0.34)
$YEAR$	控制	控制	控制	控制	控制	控制
IND	控制	控制	控制	控制	控制	控制
$Constant$	1.699	-2.469***	1.773*	-2.655***	-3.018***	0.154
	(0.61)	(-3.24)	(1.86)	(-3.49)	(-3.63)	(0.11)
$Observations$	35	380	115	300	344	71
$Prob > F$	0.114	0.000 3	0.407	0.000	0.005	0.106
$Adj. R^2$	0.275	0.083	0.007	0.111	0.062	0.140

六、结论与启示

随着美貌溢价效应研究的深入，越来越多的学者日益关注美貌溢价效应的形成原因及其对企业行为的影响，然而从代理视角探索高管超额薪酬的内在机理还缺乏相应的研究。本文以2009—2016年创业板上市公司为研究对象，实证分析总经理超额薪酬的美貌溢价效应，并利用高管容貌垂直对验证其对总经理超额薪酬美貌溢价效应的调节作用。此外，还考察了不同企业性质、行业、地区分类情况下，总经理超额薪酬的美貌溢价效应是否依然存在以及差异性。研究结果表明：第一，总经理较好的容貌会促使其获得更高水平的超额薪酬，即总经理超额薪酬同样存在着美貌溢价效应。第二，当董事长与总经理存在容貌差异时，高管容貌垂直对对总经理超额薪酬的美貌溢价效应存在截然不同的调节作用。只有当总经理容貌好于董事长时，高管容貌垂直对对总经理超额薪酬的美貌溢价效应有显著的调节作用，且表现为明显的抑制作用。第三，从私有企业、传统行业中都可以观察到总经理超额薪酬的美貌溢价效应，中西部地区比东部地区有更加明显的总经理超额薪酬的美貌溢价效应。

本文的管理实践意义主要体现在如下两个方面：一是高管容貌垂直对对高管超额薪酬的美貌溢价效应具有显著的调节作用，这意味着在董事长与总经理的人选安排上，适当考虑容貌因素可能会在一定程度上减弱超额薪酬现象，从而为薪酬—业绩敏感性较低等代理问题的解决提供了一个新思路。二是股东和董事会应根据董事长的容貌水平、企业性质、行业和地区等因素有针对性地实施合理的人事安排，特别是要充分考虑其容貌和与他人比较后的差异等对高管心理和组织内权力的影响，从而构建起更为合理有效的治理结构与运行机制。

未来的研究则可以从这样几个方面展开：一是由于高管照片较难收集，本文仅研究了董事长与总经理的相貌特征，但在组织的实际运作中，CTO、CFO等其他高管对组织发展同样起到重要作用，以后的研究应将这些高管考虑在内。二是创业板上市公司数量较少，信息披露相对也较少，后续研究可将范围扩大至A股上市公司。三是当董事长容貌好于总经理时，高管容貌垂直对对总经理超额薪酬美貌溢价效应的调节作用不显著的结论可能存在门槛效应。这可以理解为，当总经理与董事长之间的容貌差异达到一定程度时，才会令董事长形成过度自信，即存在着门槛效应。由于篇幅的限制，本文并未对此展开深入研究，期待在今后的研究中加以解决。

参考文献

[1] HAMERMESH D S. Beauty pays: why attractive people are more successful [M]. Princeton: Princeton University Press, 2011: 224.

[2] QUINN R E. Productivity and the process of organization improvement: why we cannot talk to each other [J]. Public Administration Review, 1978, 38 (1): 41-45.

[3] HAMERMESH D S, BIDDLE J E. Beauty and the labor market [J]. American Economic Review, 1994, 84 (5): 1174-1194.

[4] ROSZELL P, KENNEDY D, GRABB E, et al. Physical attractiveness and income attainment among Canadians [J]. The Journal of Psychology, 1989, 123 (6): 547-559.

[5] HARPER B. Beauty, stature and the labor market: a British cohort study [J]. Oxford Bulletin of Economics & Statistics, 2000, 62 (s1): 771-800.

[6] 胡援成, 刘元秀, 吴飞, 等. 高管薪酬、业绩与胜任力识别：一项行为金融实验——来自我国2012年沪深两市的经验证据 [J]. 经济学（季刊）, 2017 (3): 969-996.

[7] 权小锋, 吴世农, 文芳. 管理层权力、私有收益与薪酬操纵 [J]. 经济研究, 2010 (11): 73-87.

[8] 杨青, 陈峰, 龚懿婷. 外部冲击视角下的CEO薪酬研究：个体揩油还是集体辩护 [J]. 广东财经大学学报, 2018 (1): 99-112.

[9] 罗宏, 黄敏, 周大伟, 等. 政府补助、超额薪酬与薪酬辩护 [J]. 会计研究, 2014 (1): 42-48.

[10] BEBCHUK L A, FRIED J M, WALKER D I, et al. Managerial power and rent extraction in the design of executive compensation [J]. University of Chicago Law Review, 2002, 69 (3): 751-846.

[11] 吕长江, 赵宇恒. 国有企业管理者激励效应研究——基于管理者权力的解释 [J]. 管理世界, 2008 (11): 99-109.

[12] CORE J E, HOLTHAUSEN R W, LARCKER D F, et al. Corporate governance, chief executive officer compensation, and firm performance [J]. Journal of Financial Economics, 1999, 51 (3): 371-406.

[13] CHALMERS K, KOH P, STAPLEDON G P, et al. The determinants of CEO compensation: rent extraction or labour demand? [J]. British Accounting Review, 2006, 38 (3): 259-275.

[14] CORE J E, GUAY W, LARCKER D F. The power of the pen and executive compensation [J]. Journal of Financial Economics, 2008, 88 (1): 1-25.

[15] DOW J, RAPOSO C C. CEO Compensation, change, and corporate strategy [J]. Journal of Finance, 2010, 60 (6): 2701-2727.

[16] 罗建兵, 邓德胜. 企业激励和政府规制下的高管薪酬研究 [J]. 技术经济与管

理研究，2015（1）：45-49.

[17] 刘西友，韩金红. 上市公司薪酬委员会有效性与高管薪酬研究——基于"有效契约论"与"管理权力论"的比较分析 [J]. 投资研究，2012（6）：16-28.

[18] 陆智强，李红玉. 经理超额薪酬：权力腐败抑或人力资本溢价 [J]. 统计与决策，2012（17）：182-185.

[19] 谢德仁，林乐，陈运森. 薪酬委员会独立性与更高的经理人报酬-业绩敏感度——基于薪酬辩护假说的分析和检验 [J]. 管理世界，2012（1）：121-140.

[20] 沈小燕，王跃堂. 薪酬委员会设立、产权性质与高管薪酬 [J]. 北京工商大学学报：社会科学版，2015（5）：53-65.

[21] PERSICO N, POSTLEWAITE A, SILVERMAN D, et al. The effect of adolescent experience on labor market outcomes: the case of height [J]. Journal of Political Economy, 2004, 112（5）：1019-1053.

[22] MOBIUS M M, ROSENBLAT T S. Why beauty matters [J]. American Economic Review, 2006, 96（1）：222-235.

[23] 顾天竹，纪月清. 论社会资本中的美貌溢价——基于劳动力社会网络外貌差异的实证 [J]. 经济与管理研究，2017（9）：74-83.

[24] LANGLOIS J H, KALAKANIS L, RUBENSTEIN A J, et al. Maxims or myths of beauty? a meta-analytic and theoretical review [J]. Psychological Bulletin, 2000, 126（3）：390-423.

[25] SCHOLZ J K, SICINSKI K. Facial attractiveness and lifetime earnings: evidence from a cohort study [J]. The Review of Economics and Statistics, 2015, 97（1）：14-28.

[26] 郭继强，费舒澜，林平. 越漂亮，收入越高吗？——兼论相貌与收入的"高跟鞋曲线"[J]. 经济学（季刊），2017（1）：147-172.

[27] 赵丙艳，葛玉辉，王辉. TMT垂直对差异对创新绩效的影响——创新氛围的中介作用和行为整合的调节作用 [J]. 科技与经济，2016（4）：1-5.

[28] TSUI A S, OREILLY C A. Beyond simple demographic effects: the importance of relational demography in superior-subordinate dyads [J]. Academy of Management Journal, 1989, 32（2）：402-423.

[29] TSUI A S, PORTER L W, EGAN T D. When both similarities and dissimilarities matter: extending the concept of relational demography. [J]. Human Relations, 2002, 55（8）：899-929.

[30] RIORDAN C M. Relational demography within groups: past developments, contradictions, new directions [J]. Research in Personnel and Human Resources Management, 2001, 19：131-173.

[31] BUTZER B, KUIPER N A. Relationships between the frequency of social comparisons and self-concept clarity, intolerance of uncertainty, anxiety, and depression [J]. Personality &

Individual Differences, 2006, 41 (1): 167-176.

[32] LARRICK R P, BURSON K A, SOLL J B. Social comparison and confidence: when thinking you're better than average predicts overconfidence (and when it does not) [J]. Organizational Behavior & Human Decision Processes, 2007, 102 (1): 76-94.

[33] VAN D Z K, BUUNK B, SANDERMAN R. Neuroticism and reactions to social comparison information among cancer patients [J]. Journal of Personality, 1998, 66 (2): 175-194.

[34] LEE S, PITESA M, PILLUTLA M, et al. When beauty helps and when it hurts: an organizational context model of attractiveness discrimination in selection decisions [J]. Organizational Behavior and Human Decision Processes, 2015, 128: 15-28.

[35] 沈艺峰,王夫乐,黄娟娟,等.高管之"人"的先天特征在IPO市场中起作用吗?[J].管理世界,2017(9):141-154.

[36] 李娜,孙文刚.管理者过度自信对内部控制效果影响的研究——基于2011—2014年面板数据的实证分析[J].会计之友,2015(17):77-80.

[37] 邢维全,宋常.管理者过度自信、内部控制质量与会计稳健性——来自中国A股上市公司的经验证据[J].华东经济管理,2015(10):35-43.

[38] BEBCHUK L, FRIED J. Pay without performance: the unfulfilled promise of executive compensation [M]. Cambridge, MA: Harvard University Press, 2004.

[39] EDWARD P LAZEAR, SHERWIN ROSEN. Rank-order tournaments as optimum labor contracts [J]. Social Science Electronic Publishing, 1981, 89 (5): 841-864.

[40] 欧阳文珍.嫉妒心理及其内隐性研究[J].心理科学,2000(4):446-449,511.

[41] PAGANO M, RÖELL A. The choice of stock ownership structure: agency costs, monitoring, and the decision to go public [J]. Quarterly Journal of Economics, 1998, 113 (1): 187-225.

[42] HALFORD J T, HSU S H C. Beauty is wealth: CEO appearance and shareholder value [J]. Social Science Electronic Publishing, 2015.

[43] KRAMER R S S, JONES A L, WARD R. A lack of sexual dimorphism in width-to-height ratio in white European faces using 2D photographs, 3D scans, and anthropometry [J]. PLOS ONE, 2012, 7.

[44] GRAHAM J R, HARVEY C R, PURI M, et al. A corporate beauty contest [J]. Management Science, 2010, 63 (9): 3044-3056.

[45] MITCHELL M T. Machine learning [M]. New York: McGraw-Hill, 1997.

[46] 陆智强,李红玉.经理权力、市场化进程与经理超额薪酬——基于不同产权性质的比较分析[J].经济经纬,2014(3):108-113.

[47] 孙涵,聂飞飞,申俊,等.空气污染、空间外溢与公共健康——以中国珠江三

角洲9个城市为例［J］.中国人口·资源与环境，2017（9）：35-45.

［48］董阳.中国空气质量对公众健康的影响——基于与G20国家整体的比较［J］.人口与经济，2018（2）：57-68.

［49］唐清泉，夏芸，徐欣.我国企业高管股权激励与研发投资——基于内生性视角的研究［J］.中国会计评论，2011（3）：21-42.